道路工程建设与施工技术

尤亚鲁　著

吉林科学技术出版社

图书在版编目（CIP）数据

道路工程建设与施工技术 / 尤亚鲁著. -- 长春 : 吉林科学技术出版社, 2023.6

ISBN 978-7-5744-0614-8

Ⅰ. ①道… Ⅱ. ①尤… Ⅲ. ①道路施工－工程技术 Ⅳ. ①U415.6

中国国家版本馆CIP数据核字(2023)第130200号

道路工程建设与施工技术

著　　　尤亚鲁
出 版 人　宛　霞
责任编辑　王天月
封面设计　树人教育
制　　版　树人教育
幅面尺寸　185mm×260mm
开　　本　16
字　　数　240千字
印　　张　12.5
印　　数　1-1500册
版　　次　2023年6月第1版
印　　次　2024年2月第1次印刷

出　　版　吉林科学技术出版社
发　　行　吉林科学技术出版社
地　　址　长春市福祉大路5788号
邮　　编　130118
发行部电话/传真　0431-81629529 81629530 81629531
81629532 81629533 81629534
储运部电话　0431-86059116
编辑部电话　0431-81629518
印　　刷　三河市嵩川印刷有限公司

书　　号　ISBN 978-7-5744-0614-8
定　　价　82.00元

版权所有　翻印必究　举报电话：0431-81629508

前　言

交通运输是国民经济发展的动脉，是社会发展的基础产业。目前，我国已进入全面建成小康社会、加快推进社会主义现代化的新阶段，这对道路建设及其科学技术发展提出了更新更高的要求。本书基于道路工程最新相关规定和发展以及学生实践能力的培养，突出最新、实用和专业的特点，使学生全面掌握道路工程的基础理论和知识及道路工程设计方法和施工技术，为学生今后从事相关工作打下坚实基础。

随着21世纪我国经济的快速发展，交通运输行业的地位越来越重要，而道路桥梁等基础工程建设是交通运输行业的基本保障。作为我国一项基础设施建设工程，道路桥梁的施工技术已日益成熟，并伴随着科学技术的进步，越来越多的新设备投入道路桥梁的施工中来，道路桥梁的施工技术得到进一步发展。但是由于道路与桥梁工程施工空间具有不确定性，外来影响因素较多，并且工程施工比较复杂，注意事项较多，因此，施工单位必须精准掌握道路及桥梁工程的施工技术。

本书对道路桥梁的施工技术进行了简要的概述，然后从路表、路面、桥梁家础、桥面施工等多方面对道路施工的关键技术进行了详细分析，以期能够为相关工作人员提供一定帮助。

在本书的编写过程中，笔者参考了相关书籍，并从中引用了部分例题和习题，在此向相关作者表示感谢。

由于编写时间仓促，书中不妥和疏漏之处在所难免，敬请广大读者批评指正。

目　录

第一章　绪论

道路桥梁工程项目施工建设活动的积极有效开展，对满足民众日常生产生活质量水平需要、对保障提升工程行业施工建设质量水平，注重并积极强化道路桥梁施工及安全管理活动，具有极其重要的现实价值。本章主要结合现实情形，对道路工程施工技术、桥梁工程施工技术的相关知识进行了概述。

一、道路的分类及其工程组成

道路工程是供各类无轨车辆和行人等通行的基础设施。道路是一种带状构筑物，它的中心线是一条空间曲线，它具有高差大、曲线多且占地狭长的特点。道路工程施工图的表现方法与其他工程图有所不同。道路工程施工图由平面图、纵断面图、横断面图及构造详图组成。

1. 道路的分类

道路作为一个总称，它可分为城市道路、公路、农村道路、专用道路。

（1）城市道路

城市道路是在城市范围内，联系各组成部分，并供车辆及行人通行的、具备一定技术条件和设施的道路。按在道路系统中的地位、交通功能与对沿线建筑物的服务功能等来划分，城市道路可分为快速路、主干路、次干路与支路。

1）快速路是为较高车速的长距离交通而设置的重要道路。快速路对向车道之间应设中间带以分隔对向交通，当有自行车通行时，应加设两侧带。快速路与高速公路、快速路、主干路相交时，必须采用立体交叉；与交通量较小的次干路相交时，可采用平面交叉；与支路不能直接相交。在过路行人集中地点应设置过街人行天桥或地下通道。

2）主干路是城市道路网的骨架，为连接城市各主要分区的交通干路，以交通功能为主。自行车交通多时，宜采用机动车与非机动车分流形式，如三幅路或四幅路。

3）次干路是城市的交通干路，兼有服务功能。次干路配合主干路组成道路网，起广泛连接城市各部分与集散交通的作用。

4）支路是次干路与街巷路的连接线，解决局部地区交通，以服务功能为主。街巷内部道路，作为街巷建筑的公共设施组成部分，不列入等级道路以内。

（2）公路

公路是指在城市以外，连接相邻市县、乡村港口、厂矿和林区等，主要供汽车行驶，且具备一定技术条件和交通设施的道路。根据其功能、使用任务和远景交通量等综合因素可分为五个等级：高速公路、一级公路、二级公路、三级公路和四级公路。

1）高速公路为专供汽车分向、分车道行驶，并应全部控制出入的多车道公路，一般能适应将各种汽车折合成小客车的远景设计年限年平均昼夜交通量25000辆以上（四车道：25000~55000辆；六车道：45000~80000辆；八车道：60000~100000辆）。

2）一级公路为供汽车分向、分车道行驶，并可根据需要部分控制出入及部分立体交叉的多车道公路，一般能适应将各种汽车折合成小客车的远景设计年限年平均昼夜交通量15000~55000辆（四车道：15000~30000辆；六车道：25000~55000辆）。

3）二级公路为供汽车行驶的双车道公路，一般能适应将各种汽车折合成小客车的远景设计年限年平均昼夜交通量7500~15000辆。

4）三级公路为主要供汽车行驶的双车道公路，一般能适应将各种汽车折合成小客车的远景设计年限年平均昼夜交通量2000~6000辆，为沟通县及县以上城市的一般干线公路。

5）四级公路为主要供汽车行驶的双车道或单车道公路，一般能适应将各种汽车折合成小客车的远景设计年限年平均昼夜交通量2000辆（单车道400辆）以下，为沟通县、镇、乡的支线公路。

公路按其重要性和使用性质又可分为国家干线公路（国道）、省级干线公路（省道）、县级公路（县道）和乡级公路（乡道）。

（3）农村道路

农村道路一般是指在农村中联系乡、村、居民点的主要道路，其交通性质、特点、技术标准要求等均与公路不同。

（4）专用道路

专用道路包括厂矿道路和林区道路。厂矿道路是指修建在工厂、矿区内部以及厂矿到公路、城市道路、车站、港日衔接处的对外连接段，主要为工厂、矿山运输车辆通行的道路。林区道路是指修建在林区，主要供各种林业运输工具通行的道路。

2. 道路工程的组成

道路工程的基本组成部分包括路基、路面、桥梁、涵洞、隧道、防护与加固工程、排水设施、山区特殊构造物，城市道路还包括各种管线等，以及为保证汽车行驶的安全、畅通和舒适的各种附属工程，如公路交通安全设施、路用房屋、综合服务区（加油站、维修站、餐饮、宾馆等）及绿化栽植等。此外，还包括为防止路基填土或山坡土体坍塌而修筑的承受土体侧压力的挡土墙，以及为保持路基稳定和强度而修建的地表和地下路基排水设施，包括边沟、截水沟、排水沟、急流槽、渗沟、渗水井等。

二、道路工程施工的一般特点

新建、改造或扩建的道路工程，其施工都不同程度地呈现出以下特点：

1. 道路工程是固定在土地上的构筑物，而施工生产是流动的所以道路工程施工组织是复杂的，这是区别于工业生产的最根本的特点。由于道路工程的流动性，就需要把众多的劳力、施工机具、材料，在时间和空间上加以合理的组织，从而使它们在线性的施工现场按照科学的施工顺序流动，不致互相妨碍而影响施工，这是施工组织的重要内容。

2. 道路工程施工规模大、周期长，施工组织工作十分艰巨。由于道路工程往往工程量较大，需要消耗大量的人力和物力，施工组织工作不仅要做好统筹部署，还要考虑各种不同工种之间的开竣工的衔接，只有这样，才能保证公路工程施工生产连续且有序的进行。

3. 道路工程施工是在室外进行的，受气候和自然条件的影响与制约，决定了公路施工组织工作的特殊性和不能全年连续均衡地进行施工生产。因此，在施工组织中，要对雨季、冬季和高温季节采取特殊的技术措施和施工方法，在高空和地下作业时则要采取必要的防护措施，并尽可能连续而均衡地进行施工，注意避免气候、自然条件对施工生产所产生的不利影响，以确保工程质量和施工安全以及工期要求。

综上所述，道路工程施工的特点集中表现在施工条件复杂多变，给施工生产活动带来很大的困难，故要求针对道路工程的不同对象、不同的施工条件，从实际出发，充分做好准备工作，包括施工管理和组织计划工作。施工中实行流水作业，严格施工管理，健全岗位责任制，加强质量保证体系工作，每道工序都要严格把关，前一道工序未经验收不得进行下道工序，稳妥而科学地做好施工组织工作。

三、道路工程施工的基本程序

道路工程施工的基本程序是指施工单位从接受施工任务到工程竣工阶段必须遵守的工作程序。道路工程施工的基本程序如图 1-1 所示。

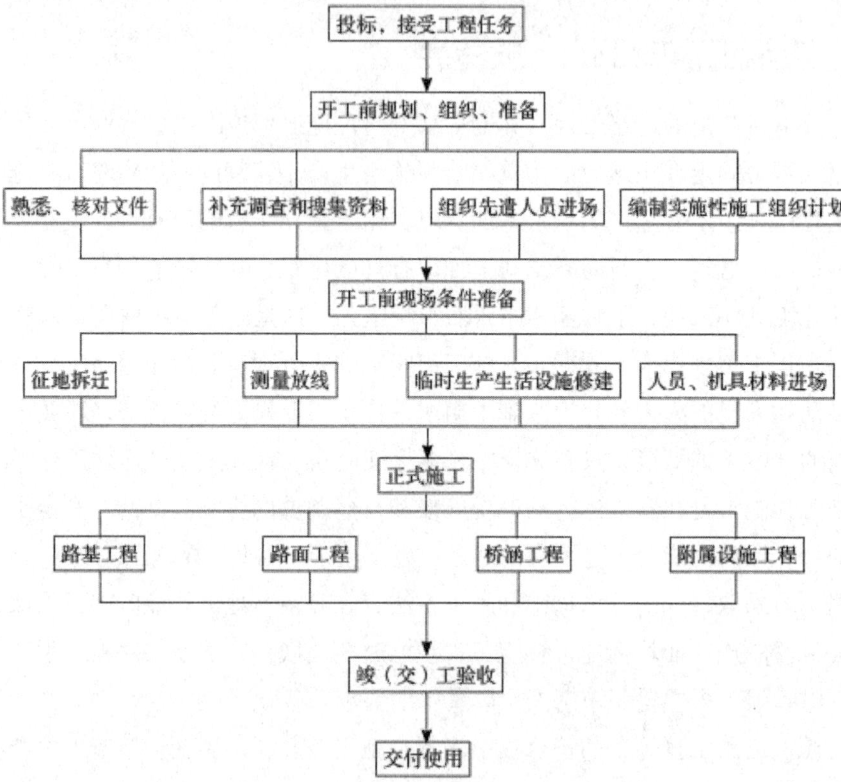

图 1–1　道路工程施工的基本程序

（一）施工准备工作

施工准备工作是为拟建工程的施工建立必要的技术和物质条件，统筹安排施工力量和现场。施工准备工作也是施工企业搞好目标管理、推行技术经济承包的依据。

为了保证施工顺利进行，在施工准备阶段，建设主管部门应根据计划要求的建设进度指定一个企业或事业单位组织基建管理机构，办理登记及拆迁，做好施工沿线有关单位和部门的协调工作，抓紧配套工程项目的落实，组织施工范围内的技术资料、材料、设备的供应；勘测设计单位应按照技术资料供应协议，按时提供各种图纸资料，做好施工图纸的会审及发放工作；施工单位应组织机具、人员进场，进行施工测量，修筑便道及生产、生活等临时设施，组织材料、物资采购、加工、运输、供应、储备，做好施工图纸的接收工作，熟悉图纸的要求。

（二）组织施工

施工准备就绪后，施工单位向上一级单位提交开工申请，主管技术部门报监理工程师，由总监下达开工命令。施工单位要遵照施工程序和施工组织计划中所拟定的施工方法合理组织施工。施工过程中应严格按照设计要求和施工规范施工，确保工程质量，安全施工。推广应用新工艺、新技术，努力缩短工期，降低造价，同时应注意做好施工记录，建立技术档案。

组织施工应具备的文件有：①设计文件；②施工规范和技术操作规程；③各种定额；④施工图预算；⑤施工组织设计；⑥道路工程质量检验评定标准和施工验收规范。

（三）竣（交）工验收、交付使用

竣（交）工验收阶段的主要工作是检查施工合同的执行情况，评价工程质量，对各参建单位工作进行初步评价。各合同段的设计、施工、监理等单位参加竣（交）工验收工作，由项目法人负责组织。公路工程竣（交）工验收工作一般按合同段进行，并应具备以下条件：合同约定的各项内容已全部完成；施工单位按《公路工程质量检验评定标准》及相关规定对工程质量自检合格；监理单位对工程质量评定合格；质量监督机构按“公路工程质量鉴定办法”对工程质量进行检测；竣工文件按要求完成，施工单位、监理单位完成本合同段的工作总结报告。

竣（交）工验收阶段的主要工作是对工程质量、参建单位和建设项目进行综合评价，并对工程建设项目做出整体性综合评价。竣（交）工验收时成立竣（交）工验收委员会，由交通运输主管部门、公路管理机构、质量监督机构、造价管理机构等单位代表组成。公路工程竣（交）工验收应具备以下条件：通车试运营 2 年以上；竣（交）工验收提出的工程质量缺陷等遗留问题已全部处理完毕，并经项目法人验收合格；工程决算编制完成，并经交通运输主管部门或其授权单位认定；档案、环保等单项验收合格；各参建单位完成工作总结报告，质量监督机构对工程质量检测鉴定合格，并形成工程质量鉴定报告。

四、道路工程施工准备工作

道路工程施工前施工单位的准备工作，是为了保证施工正常进行而必须做好的一项重要工作。它之所以重要，是因为道路施工是一项非常复杂的生产活动，需要处理一系列复杂的技术问题，耗用大量的物资，使用众多人力和动用机械设备资源，所遇到的条件也是多种多样的，因而，施工前准备工作考虑的影响因素越多，准备工作做得越充分，则施工越顺利。

施工企业在投标时应成立工程项目部，施工单位在获得工程任务并与建设单位签订工程施工承包合同后，应按照合同的要求着手进行施工准备工作。施工准备工作分为组织准备、技术准备、物资准备和施工现场准备等几个方面。

（一）组织准备工作

组织准备工作主要是建立和健全施工组织管理机构，制定施工管理制度，明确施工任务，确立施工应达到的目标。施工组织管理机构是为完成道路工程施工而设置的负责现场指挥、管理工作的组织机构，一般由项目经理部及下设各职能部门组成。建立严格的责任制，按计划将责任预先落实到有关部门甚至个人，同时明确各级技术负责人在施工准备工作中所负的责任，从而充分调动各部门和技术人员的积极性，使他们责任、权利相统一。建立完善的施工管理制度是公路施工管理的核心，施工管理制度包括施工计划管理制度、工程技术管理制度、工程成本管理制度、施工质量安全管理制度等。

（二）技术准备工作

技术准备工作，即通常所说的“内业”工作，是工程顺利实施的基础和保证。技术准备工作的好坏，直接影响着工程的进度、质量和经济效益，因此必须高度重视。技术准备工作的内容主要包括熟悉设计文件、现场调查核对、设计交桩和技术交底及建立工地试验室。

1. 熟悉和审核图纸，深化施工组织设计

项目负责人组织有关人员对施工图纸和资料进行学习和自审，如有疑问，应做好统计，在业主召开的设计交底和图纸会审中提出，请上级部门给予解答。

施工组织设计是全面安排施工生产的技术经济文件，是指导施工的主要依据。施工组织设计是以一个建设施工项目为编制对象，用以规划整个拟建工程施工活动的技术经济文件。它是整个项目施工任务总的战略性部署，主要内容包括工程概况、施工布置与施工方案、施工总进度计划、施工准备工作及各项资源需要量计划、施工总平面图、主要技术组织措施及主要技术指标。

2. 设计交桩和技术交底

建设单位负责人召集设计、施工、监理、科研人员参加图纸会审会议。设计人员向施工方做图纸交底，讲清设计意图和对施工的主要要求，并对设计桩点进行复测交接。施工人员应对图纸和有关问题提出质询。最终由设计单位对图纸会审中提出的合理化建议，按程序进行变更设计或做补充设计。

3. 建立工地试验室

工地试验室是为施工现场提供直接服务的试验室，主要任务是配合路基、路面、桥涵等工程施工，对工地使用的各种原材料、加工材料及结构性材料的物理力学性能，以及施工结构体的几何尺寸等进行检测。工地试验室的作用是通过各种材料试验，选用合适的材料及其性能参数，以保证工程结构物的强度和耐久性，并有利于掌握各种材料的施工质量指标，保证结构物的施工质量。工地试验室的试验检测人员必须是具有试验检测资质的检测机构的正式持证注册人员。

施工前的准备工作带有全局性，它是组织施工的第一步，没有这项工作，工程就不能顺利开工，更不能连续施工。没有准备的施工或准备不充分的施工，均会使以后的施工难以顺利进行。

（三）物资准备工作

物资准备工作是指施工中必需的劳动手段和施工对象的准备，它是根据各种物资需要量计划，分别落实货源、组织运输和安排储备，以保证连续施工的需要。物资准备是各种材料与机具设备购置、采集、调配、运输和储存，临时便道及工程房屋的修建，供水、供电、必需生活设施等的安装及建设等工作。

在道路施工前，各种生产、生活需用的临时设施，如各种仓库、搅拌站、预制构件厂（站、场）、各种生产作业棚、办工用房、宿舍、食堂、文化设施等均应按施工组织需要的数量、标准、面积、位置等在施工前修建完毕。修建完毕各种生产、生活需用的临时设施后，应及时根据施工组织设计确定的材料、半成品、预制构件的数量、品种、规格以及施工机具设备，编制好物质供应计划，按计划订货和组织进货，按照施工平面图要求在指定地点堆存或入库；对砂子、碎石、钢材等材料应提前做各种试验，确定其是否满足设计要求；对各种标号混凝土提前做好配比；对施工将使用的施工机械和机具需用量进行计划，按计划进场安装、检修和试运转。

施工队应提早调整，健全和充实施工组织机构，进行特殊工种、稀缺工种的技术培训和持证上岗，提前预招临时工和合同工，落实具有相应资质的专业施工队伍和外包施工队伍。同时，根据地理位置、气候条件，夏、冬、雨期施工也应做适当准备。

（四）施工现场准备工作

1. 恢复定线测量

恢复定线测量的主要程序为：①检查工程原测设的所有永久性标桩；②复测；③将施工中所有的标桩进行加固保护，并对水准点、三角网点等设立易于识别的标志；④向监理工程师提供全部的测量标记资料；⑤完成全部恢复定线、施工测量设计和施工放样；⑥各合同段衔接处的测量应在监理工程师的统一协调下由相邻两合同段的承包人共同进行，将测量结果协调统一在允许的误差范围内。

2. 建造临时设施

（1）工地临时房屋设施包括行政办公用房、宿舍、文化福利用房及作业棚等，其需要量根据职工与家属的总人数和房屋指标来确定。

（2）仓库用来存放施工所需要的各种物资器材，按物资的性质和存放量要求其形式可以是露天、敞棚、房屋或库房，仓库物资贮存量应根据施工条件通过计算确定。

3. 临时交通便道

在工地布设临时交通便道时应遵循下列原则：

（1）临时交通道路以最短距离通往主体工程施工场所，并连接主干道路，使内外交通便利；

（2）充分利用原有道路，对不满足使用要求的原有道路，应在充分利用的基础上对其进行改建，节约投资和施工准备时间；

（3）在本工程的施工与现有的道路、桥涵发生冲突和干扰之处，承包人都要在本工程施工之前完成改道施工或修建临时道路；

（4）利用现有的乡村道路作为临时道路，应将该乡村道路进行修整、加宽、加固及设置必要的交通标志，并经监理工程师验收合格后方可通行；

（5）工程施工期间，应配备人员对临时道路进行养护，以保证临时道路的正常通行；

（6）尽量避开洼地和河流，不建或少建临时桥梁。

4. 工地临时用电

施工现场用电，包括生产用电和生活用电。其中，生活用电主要是照明用电；生产用电包括各种生产设施用电、主体工程施工用电、其他临时设施用电。临时供电总用量按式（1-1）计算：

$$P=\eta\left(\frac{K_1\Sigma P_1}{\cos\varphi}+K_2\Sigma P_2+K_3\Sigma P_3+K_4\Sigma P_4\right)$$

式中

P——供电设备总需要容量，kW；

η——用电不均衡系数，一般取1.05~1.20；

K_1——全部动力同时用电系数，视电动机台数而定；

P_1——动力设备用电额定功率，kW；

Cos ϕ——动力用电设备功率因数；

K_2——电焊机同时用电系数，视台数而定；

P_2——电焊机用电额定功率，kW；

K_3，K_4——分别为室内与室外同时照明时室内与室外的用电系数；

P_3，P_4——分别为室内与室外照明用电量，kW。

5. 工地临时用水

根据施工现场平面布置图中的临时用水、临时用电设计方案，做好施工现场的正常施工、生活和消防的临时用水管线铺设工作。

五、道路工程施工常用机械

（一）土石方机械

1. 推土机

推土机是一种多用途的自行式土方工程建设机械，它能铲挖并移运土壤。例如，在道路建设施工中，推土机可完成路基基底的处理，路侧取土横向填筑高度不大于 2m 的路堤，沿道路中心线移运土壤的路基挖填工程，傍山取土修筑半堤半堑的路基。推土机还可用于平整场地、局部碾压、给铲运机助铲和预松土、堆集松散材料、清除作业地段内障碍物，以及牵引各种拖式土方机械等作业。

推土机按行走装置的不同分为履带式和轮胎式，按工作装置的不同分为固定式铲刀（直铲）和回转式铲刀（斜铲），按操纵方式的不同分为钢丝绳机械操纵和液压操纵等类型。对工程量较为集中的土石方工程，一般采用液压操纵的履带式推土机。推土机适用的经济运距为 50~100m，不宜超过 100m。

2. 铲运机

铲运机是一种利用铲头在随机械一起行进中依次完成铲削、装载、运输和铺筑的铲土运输机械。它广泛用于公路、铁路、水利、港口及大规模的建筑等施工中的土方作业。铲运机按行走方式不同分为牵引式（拖式）和自行式，按操纵方式不同分为机械传动、液压传动、电力传动和静压传动等类型。在施工作业时，铲运机作业的卸土有强制式、半强制式、自行式卸土三种。

铲运机的特点是能独立完成铲土、运土、卸土、填筑、压实等工作。铲运机对行驶道路要求较低，常用于坡角在 200 以内的大面积场地平整，开挖大型基坑、沟槽，以及填筑路基等土方工程。

一般来说，铲运机可在 I~ Ⅲ类土中直接挖土、运土，适宜运距为 600~1500m，当运距为 200~350m 时效率最高。铲运机的经济运距和行驶道路坡度是铲运机选型的重要依据。如果运距短、坡度大、路面松软，以选择拖式铲运机为宜；如果运距较长、坡度大，宜采用双发动机驱动的自行式铲运机比较经济；如果路面较平坦，则选用单发动机驱动的自行式铲运机较为经济。铲运机适用于中等运距（100~200m）和道路坡度不大条件下的大量土方转移工程。如果运距太短（100m 以内），采用铲运机是不经济的。这时采用推土机或轮胎式自装自运较为适宜，运距特长（200m 及 200m 以上）则采用自卸汽车较为经济。

3. 单斗挖掘机

单斗挖掘机是一个刚性或挠性连续铲斗，以间歇重复式循环进行工作，是一种周期作业自行式土方机械。当场地起伏高差较大、土方运输距离超过 1000m，且工程量大而集中时，可采用单斗挖掘机挖土，配合自卸汽车运土，并在卸土区配备推土机平整土堆。

单斗挖掘机有内燃驱动、电力驱动、复合驱动的装置，挖斗有正铲挖掘机、反铲挖掘机、拉铲挖掘机、抓铲挖掘机等形式。正铲挖掘机的特点是“前进向上，强制切土”，能开挖停机面以上的Ⅰ～Ⅳ级土，适用在地质较好、无地下水的地区工作。反铲挖掘机的特点是“后退向下，强制切土”，能开挖停机面以下的Ⅰ～Ⅲ级土，适宜开挖深度 4m 以内的基坑，对地下水位较高处也适用。拉铲挖掘机的特点是“后退向下，自重切土”，能开挖停机面以下的Ⅰ～Ⅱ级土，适宜大型基坑及水下挖土。抓铲挖掘机的特点是“直上直下，自重切土”，特别适于水下挖土。

4. 装载机

装载机具有轮胎式及履格式的全回转式、半回转式和正回转式三种形式。它的优点是兼有推土机和挖掘机两者的工作能力，适应性强、作业效率高、操纵简便。

装载机常用于公路建设中的土石方铲运，以及推土、起重等多种作业，在运距不大或运距和道路坡度经常变化的情况下，如采用装载机与自卸车配合使用装运作业，会使工效下降，费用增高。在这种情况下，可单独采用装载机作为自铲运设备使用。

5. 平地机

平地机是用装在机械中央的铲土刮刀进行土壤的切削、刮送和整平连续作业，并配有其他多种辅助作业装置的轮式土方施工机械。当配置推土铲、土耙、松土器、除雪犁、压路辊等附属装置、作业机具时，平地机可进一步扩大使用范围，提高工作能力或完成特殊要求的作业。

平地机主要用于修筑路基路面横断面、路基边坡整理工程的刷坡作业，开挖边沟及路槽，平整场地等；还可用来在路基上拌和路面材料、摊铺材料，修整和养护土路基路面，推土，疏松土壤，清除杂物、石块和积雪等。

（二）压实机械

压路机一般分为光轮压路机、轮胎压路机和振动压路机三种。光轮压路机的自重可以在一定范围内调整以改变单位线压力，一般用于整理性压实工作，对于容重要求较低的黏性土、沙砾料、风化料、冲击砾质土较为适合。轮胎压路机具有弹性，在碾压时与土体同时变形，其碾压作用力主要取决于轮胎的内压力。接触面积与压实深度有着密切的关系，为了得到较大的接触面积，又增加压实深度，在轮胎允许范围内尽可能增加轮胎碾的负荷。一般来说，刚性碾轮由于受到土壤极限强度的限制，机重不能太大，而轮胎碾则没有这个缺点，所以轮胎碾适合于压实黏性土及非黏性土，如壤土、砂壤土、砂土、沙砾料等土质，同时对于路面施工也常常采用。振动压路机俗称振动碾，其主要优点有：一是单位面积压力大，可适当增加压实厚度，碾压遍数也可适当减少；二是结构重力小，外形尺寸小。其最大缺点就是振动及噪声大，易使机械手过度疲劳。

六、道路工程现场施工安排

道路施工是一项非常复杂的生产活动，它不仅需要有诸如进度计划、质量和成本等实际管理和劳动力、建设物资、工程机械、工程技术及财务资金等要素管理，还要为完成施工目标和实现组织施工要素的生产事务服务，否则就难以充分地利用施工条件，发挥施工要素的作用，甚至无法进行正常的施工活动，实现施工目标。

（一）现场施工管理的基本任务

现场施工管理的基本任务是根据生产管理的普遍规律和施工的特殊规律，以每一个具体工程和相应的施工现场为对象，正确处理施工过程中的劳动力、劳动对象和劳动手段的相互关系及其在空间布置上和时间安排上的各种矛盾，做到人尽其才、物尽其用，安全地完成施工任务。

（二）现场施工管理基本内容

现场施工管理包括以下基本内容：

①编制施工作业计划并组织实施，全面完成计划指标；②做好施工现场的平面布置，合理利用空间，创造良好的施工条件；③做好施工中的调度工作，及时协调施工工种和专业工种之间，以及总包与分包之间的关系，组织交叉施工；④做好施工过程中的作业准备，为连续施工创造条件；⑤保护施工环境，节约社会资源，建设优良工程；⑥科学合理地设置管理机构，保证现场管理全面协调运作；⑦认真填写施工日志、施工记录及施工影像资料，为交工验收和技术档案积累资料。

（三）道路施工组织管理内容

道路工程施工要多快好省地完成施工生产任务，必须有科学的施工组织，并合理地解决一系列问题，其具体任务如下：

①确定开工前必须完成的各项准备工作；

②计算工程数量，合理部署施工力量，确定劳动力、机械台班、各种材料、构件等的需要量和供应方案；

③确定施工方案，选择施工器具；

④安排施工顺序，编制施工进度计划；

⑤确定工地上的设备停放场、料场、仓库、办公室、预制场地等的平面布置。

此外，道路工程的施工总方案可以是多种多样的，应该依据道路工程的具体特点、工期需求、劳动力数量及技术水平、机械设备能力、材料供应以及构件生产、运输能力、地质、气候等自然条件及技术经济条件进行综合分析，进行方案比选，选择最理想的施工方案。

把上述各项问题加以综合考虑，并做出合理的决定，形成指导施工生产的技术经济文件——施工组织设计。施工组织设计本身是施工技术准备工作，是指导施工的准备工作，是全面布置施工生产活动、控制施工进度、进行劳动力和机械调配的基本依据，对是否能多、快、好、省地完成道路工程的施工生产任务起着决定性作用。

七、道路工程安全文明施工和环境保护

（一）安全施工措施

在建筑安装施工生产中，有近 80% 的生产安全事故都是由于职工自身的不安全行为造成的。从构成事故的三因素，即人、机械设备、环境的关系分析，“机械设备”和“环境”相对比较稳定，唯有“人”是最活跃的因素，而“人”又是操作机械设备、改变环境的主体，因而，紧紧抓住“人”这个活跃因素，通过科学的管理，有效的培训和教育，正确的引导和宣传，以及合理、及时的班组安全活动，不断提高员工的安全素质，是做好安全生产管理工作的关键。

具体的安全保证措施有以下几点：

①建立健全项目安全生产保证体系，实施安全生产责任制，确保各专业项目负责人及技术负责人对劳动保护和安全生产的工作负责。工程项目经理部必须建立安全生产领导小组，各班组设安全员，各作业点应有安全监督岗，并将安全生产责任制层层落实。

②组织工程项目施工的安全教育和技术培训考核，对管理人员和施工操作人员，按其各自的安全职责范围进行教育，并建立安全生产奖惩制度，认真落实。

③确保必需的安全投入，购置必备的劳动保护用品、安全设备及设施，确保完全满足安全生产的需要。另外，积极做好安全生产检查，发现事故隐患要及时整改。

④所有工程在开工前必须编制有安全技术的施工组织设计（包括施工用电组织设计）及技术复杂的专项方案，必须严格审核批准手续、程序。必须逐级进行安全技术交底，技术交底应有书面资料或有作业指导书（或操作细则）。技术交底针对性要强，并履行签字手续，保存资料。项目经理部安全员负责监督检查，严格按照安全技术交底的规定要求进行作业。

⑤施工现场应实施机械安全管理及安装验收制度。使用的施工机械、机具和电气设备，在安装前，应当按照规定的安全技术标准进行检测，经检测合格后方可安装，机械安装要按平面布置进行。在投入使用前，应按规定进行验收，并办好验收登记手续。经验收，确认机械状况良好，能安全运行的，才准投入使用。所有机械操作人员都必须经过培训合格后，持证上岗。机械操作人员要进行登记存档，按期复验。使用期间，应当指定专人负责维护、保养，保证机械设备的完好率和使用率以及安全运作。

⑥安全检查由项目经理或主管施工生产负责人主持，项目经理部有关人员参加。对查出的隐患，要建立登记、整改、验证、消项制度，要定人、定措施、定经费、定完成日期，在隐患没有消除前，必须采取可靠的防护措施，如有危及人身安全的紧急险情，应立即停止作业。

⑦施工现场临时用电要有施工组织设计或方案，应按《施工现场临时用电安全技术规

范》（JGJ46—2005）的要求进行设计、验收和检查，临时用电还要有安全技术交底及验收表，要有变更记录，健全安全用电管理制度和安全技术档案。临时用电应落实四项技术措施：a. 防止误触带电体的措施；b. 防止漏电措施；c. 实行安全电压措施；d. 采用三相五线制。所有接地和重复接地电阻值，经检验应符合规范要求。

此外，在做好工地内安全工作的同时应对沿线居民做好安全宣传工作，提高广大行人的安全意识，确保在整个施工过程中无安全事故发生。

（二）文明施工措施

文明施工能够展示施工单位的形象，体现施工队伍的素质。施工的文明性主要包括场容场貌、料具管理以及综合治理。

（1）场容场貌

施工现场进出口大门外应悬挂"六牌二图"，即工程概况牌、管理人员名单及监督电话牌、现场出入制度牌、安全生产牌、消防保卫牌、文明施工牌和现场平面布置图、建筑物效果图。工地设有施工总平面图及安全生产、消防保卫、环境保护、文明施工等制度牌，施工危险区域或夜间施工均有醒目的安全警示标志，各类标牌整齐、规范。施工现场应将工程项目名称，建设、监理及施工单位名称，工程开、竣工时间等内容标注在醒目位置。

（2）料具管理

施工现场外临时存放的施工材料，须经有关部门批准，并应按规定办理临时占地手续。材料要码放整齐，符合要求，不得妨碍交通和影响市容，堆放散料时应进行围挡。料具和构配件应按施工平面布置图指定位置分类码放整齐。预制圆管、预制板等大型构件和大模板存放时，场地应平整夯实，有排水措施，码放应符合规定。施工现场的材料保管，应依据材料性能采取必要的防雨、防潮、防晒、防冻、防火、防爆、防损坏等措施。贵重物品、易燃、易爆和有毒物品应及时入库，专库专管，加设明显标志，并建立严格的领退料手续。

（3）综合治理

首先，要加强职工的教育，应经常对参与施工过程的职工（包括新入场的工人）进行文明施工的教育。除对全体职工进行文明施工教育外，还应分工种进行文明施工教育以及根据施工进度部位对职工进行有针对性的文明施工教育。此外，要加强对职工宿舍卫生的管理，生活污水要及时处理，做到卫生区内无污水、无污物，不得出现废水乱流等现象。

（三）环境保护措施

依照国家、地方环境及相关法规，确定施工过程中要做的环境保护工作及具体的工作安排，使施工期的环境保护工作有序、有效进行，减少施工过程对周围环境造成的不利影响。环境保护的目标是：在工程施工期间，对废水、废气和固体废弃物进行全面控制，尽量减少这些污染排放所造成的影响，文明施工，保护农田和农作物。

施工中的环境污染问题，主要包括水污染、大气污染、噪声污染及固体废弃物污染等。

针对这几种问题，有以下几种处理方法：

①在开工前完成工地排水和废水处理设施的建设，保证工地排水和废水处理设施在整个施工过程的有效性，做到现场无积水、排水不外溢、不堵塞、水质达标。

②对易产生粉尘、扬尘的作业面和装卸、运输过程，制定操作规程和洒水降尘制度，在旱季和大风天气适当洒水，保持湿度。合理组织施工，优化工地布局，使产生扬尘的作业、运输尽量避开敏感点和敏感时段（人群活动的时段），运输车辆应设有有效的封闭措施。易飞扬细颗粒散体物料尽量安排库内存放，堆土场、散装物料露天堆放场要压实、覆盖。此外，尽量使用清洁能源。

③施工中各种临时设施和场地，如堆料场、加工厂、轧石厂、沥青厂等距居民区不宜小于 300m，而且应设于居民区主要风向的下风处。使用机械设备的工艺操作，要尽量减少噪声、废气等污染，施工场地的噪声应遵守当地有关部门对施工场地的具体规定。

④回填土方时，减少回填土方的堆放时间和堆放量，堆土场周围加护墙或护板，保证回填土的质量，不将有毒有害物质和其他工地废料、垃圾用于回填。制订泥浆和废渣的处理方案，选择有资质的运输队伍，及时清运施工弃土和渣土，建立登记制度，防止中途倾倒事件的发生并做到运输途中不撒落。剩余料具、包装即时回收、清退。对可利用的废弃物尽量回收利用，各类垃圾及时清扫、清运，不随意倾倒，一般要求每班清扫，每日清运。施工现场无废弃砂浆和混凝土，运输道路和操作面落地料及时清用，砂浆、混凝土倒运采取防撒落措施。

第二章　道路设计

第一节　道路平面设计

（一）道路的平面线形

道路平面线形是指道路中线投影到水平面的几何形状和尺寸，它由直线、圆曲线、缓和曲线等各种基本线形组成。道路的平面线形，在受地形、地物等障碍的影响而产生转折时，转折处需要设置曲线。曲线通常是圆曲线，为了使线形更符合汽车行驶轨迹从而确保行车的顺适与安全，在直线与圆曲线间或不同半径的两圆曲线之间要插入缓和曲线。行驶中的汽车其导向轮旋转面与车身纵轴之间有三种关系，即角度为零、角度为常数、角度为变数。与上述三种状态对应的行驶轨迹线为：曲率为零的线形——直线，曲率为常数的线形——圆曲线，曲率为变数的线形——缓和曲线。因此，构成道路平面线形的主要组成要素是直线、圆曲线和缓和曲线，如图 2-1 所示。

平面线形各要素的选择应根据道路等级、设计速度，充分考虑沿线自然环境和社会环境，做到该直则直，该曲则曲，设计的平、纵面线形舒顺流畅，采用的平、纵指标高低均衡，并与地形、景观、环境等相协调。

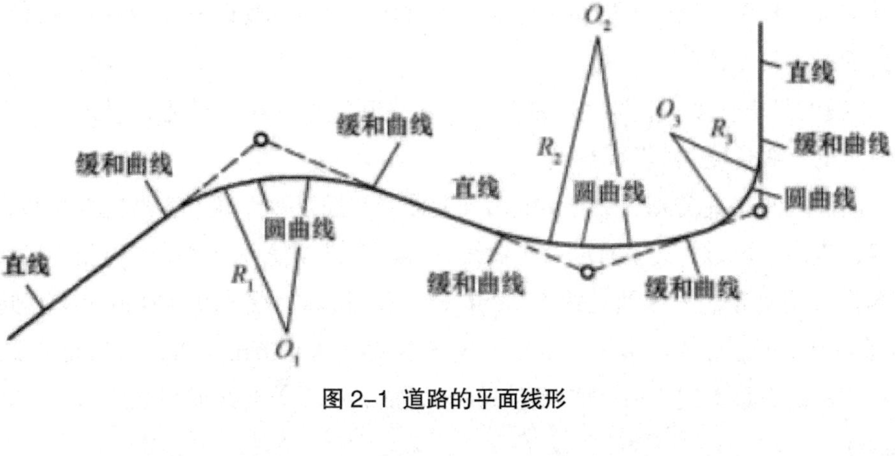

图 2-1 道路的平面线形

1. 直线

（1）直线是平面线形的基本要素之一，具有短捷、直达，两点之间直线最短，汽车受力简单，方向明确，便于测设，直线过长易使司机疲劳，行车安全性差，难以与地形相协调，工程量大等特点。一般在下述路段宜采用直线：

1）不受地形、地物限制的平坦开阔地区和城镇、市镇及近郊或规划方正的农耕区等以直线条为主的地区，以更加适应地形，减少工程造价；

2）长大桥梁、隧道等构造物路段，以减小施工和设计难度；

3）路线交叉点及其前后，以增大交叉口行车视距，利于交通安全；

4）双车道公路提供超车的路段，以增加行车视距，便于超车，利于安全。

（2）直线作为平原地区道路的主要线形，具有路线直接、前进方向明确和测设简便等优点。但由于直线线形缺乏变化，不易与地形相适应，应用于位于山岭重丘区的道路时，往往造成工程量增大、破坏自然环境等弊端。因此，在线形设计中，选取直线及其长度时必须慎重考虑，应避免使用过长直线，并注意直线的设置应与地形、地物、环境相协调。直线的最大与最小长度应有所限制，从理论上求解是非常困难的，主要根据线驶员的视觉反应及心理承受能力来确定。

1）直线的最大长度。虽然直线的优点很多，适应性也较广，但是直线过长并不好。一方面，在过长的直线上驾驶，使人感到单调、疲倦，容易导致交通事故；另一方面，直线线形难以与地形协调，所以运用直线不宜过长。《公路路线设计规范》（JTGD202006）（以下简称《设计规范》）规定直线的最大K度应有所限制。当采用K的直线线形时，为弥补景观单调的缺陷，应结合沿线具体情况采取相应的技术措施。根据国外资料介绍，对设计速度大于或等于60km/h的公路，一般直线路段的最大长度应控制在设计速度的20倍，最大直线长度为以汽车按照计算行车速度行驶70s左右的距离控制，通向曲线之间直线的最小长度以不小于设计速度的6倍为宜，设计速度小于等于40km/h的公路可以参照执行。因此，在实际工作中，设计人员应根据地形、地物、自然景观以及经验等来进行判断，以决定直线的最大长度。

2）直线的最小长度。直线也不能过短，考虑到线形的连续和驾驶的方便，相邻曲线间应有一定的直线长度。

①同向曲线间的直线最小长度lmin。同向曲线间插以短直线，容易把直线和曲线看成反向曲线，直线更短时，甚至看成一个曲线，容易造成驾驶上的失误。观测资料证明，行车速度越高，司机越注视远处大约6V（m）距离的目标，故《设计规范》推荐同向曲线间的最短直线长度为：V≥60km／h时，lmin为6V；V≤40km／h时，lmin参照上述规定执行；若不能满足上述要求，应调整线形使之成为一个单曲线或组合成卵形、凸形、复合形等曲线。

②反向曲线间的直线最小长度。考虑到设置超高和加宽的需要（未设缓和曲线时）及

驾驶人员转向的需要，《设计规范》规定：V≥60km/h 时，L 为 2V；V≤40km/h 时，lmin 参照上述规定执行；若不能满足上述要求，可使线形组合成为 S 形。

③相邻回头曲线间直线的最小长度。PI 头曲线是指山区公路为克服高差在同一坡面上回头曲线时所采用的曲线。两相邻回头曲线之间，应争取有较长的距离。由一个回头曲线的终点至下一个回头曲线起点的距离，在设计速度为 40km/h、30km/h、20km/h 分别应不小于 200m、150m、100m。

2. 圆曲线

在平面线形中，圆曲线是使用最多的基本线形。圆曲线在现场容易设置，可以自然地表明方向的变化。采用平缓而适当的圆曲线，既可以引起驾驶员的注意，又常常促使他们紧握方向盘，还可以使驾驶员正面看到路侧的景观，起到诱导视线的作用。

3. 缓和曲线

缓和曲线是设置在直线与圆曲线之间或半径相差较大的两个转向相同的圆曲线之间的一种曲率连续变化的曲线。为了缓和汽车的行驶，符合汽车行驶轨迹，在直线和圆曲线间或在不同半径的两圆曲线之间，一般采用曲率由零渐渐地向某一定值不断变化的缓和曲线进行组合。具体而言，缓和曲线的作用如下：

（1）曲率连续变化，符合车辆行驶轨迹。

（2）离心加速度逐渐变化，使旅客感觉舒适。

（3）超高横坡度逐渐变化，行车更加平稳。

（4）与圆曲线配合得当，增加线形美观。

（二）道路平面设计的主要内容

平面设计的主要内容包括以下几方面：

（1）图上和实地放线，即确定所设计路线的起、终点及中间各控制点在地形图上和实地上的具体位置。

（2）平曲线半径的选定以及曲线与直线的衔接，根据情况设置超高、加宽和缓和曲线等。

（3）验算弯道内侧的安全行车视距及障碍物的清除范围。

（4）进行沿线桥梁、道口、交叉口和广场的平面布置，道路绿化和照明布置，以及加油站和汽车停车场等公用设施的布置。

（5）绘制道路平面设计图。道路平面设计图的比例可以根据具体需要而定，一般为 1 ∶ 500 或 1 ∶ 1000。

（三）道路平面设计的基本要求

（1）道路平面设计必须遵循保证行车安全、迅速、经济以及舒适的线形设计的总原则，并符合设计任务书和设计规超、技术标准等有关文件的各项有关规定和要求。

（2）道路平面线形应适应相应等级的设计行不速度。

（3）综合考虑平、纵、横三个断面的相互关系。在平面线形设计中，应兼顾其他两个断面在线形上可能出现的问题。

（4）道路平面线形确定后，将会影响交通组织和沿街建筑物、地上地下管线网以及绿化、照明等设施的布置，所以，平面定线时必须综合分析有关因素的影响，做出适当的处理。

（四）道路平面选线

1. 选线的一般原则

道路路线是道路的骨架，道路选线是整个道路勘测设计的关键。它对道路的使用质量和工程造价都有很大的影响，所以需要综合考虑多种因素，妥善处理好各方面的关系，其基本原则如下：

（1）应根据道路使用任务和性质，综合考虑沿线国民经济发展情况和远景规划，正确处理好远期和近期的关系，使路线在路网中能够起到应有的作用。

（2）选线应在保证行车安全、舒适、迅速的前提下，做到工程量小、造价低、营运费用省、效益好及有利于施工和养护。

（3）应注意与农田基本建设相配合，做到少占耕地，且尽量避免占用经济作物田或穿过经济林园等。

（4）应注意选择地质稳定、水文地质条件较好的地带通过。

（5）应重视环境保护，注意由于道路修建、汽车交通运行产生的影响和污染。

（6）充分利用有利地形，正确运用技术标准，搞好路线平、纵、横三方面的结合，力求短捷舒顺、纵面平缓均匀及横断面经济稳定。

运用上述选线原则选择路线时，对不同的地形条件、不同等级的道路，要有不同的侧重。

2. 各种地形条件下路线走向的选择

（1）平原区选线。平原区地面起伏变化微小，有时有轻微的起伏和倾斜。平原区选线，地形对路线的制约不大，平、纵、横三方面的几何线形容易达到较高的技术标准，但往往会受当地自然条件和地物的影响。路线布设时应注意以下几点：

1）根据平原区地形条件和地物分布的特点，路线布设应尽可能顺直短捷，一般采用较长直线、较大半径的曲线及中间加入缓和曲线的线形；

2）路线布设要注意支援农业，少占用农田，与农田水利建设紧密结合，使路线既不片面求直而占用大片良田，也不片面强调不占用农田而使路线弯曲过多，造成行车条件恶化；

3）路线穿越城镇居民区时，要做到靠城不进城，利民不扰民；

4）平原区河渠湖泊较多，桥涵工程量大，路线在跨越水道时，无论在平面还是纵断面上都要尽可能不破坏路线的平顺性。

（2）山岭区选线。山岭地区，山高谷低，地形较为复杂；同时，地质、气候、水文等变化较大，这些均影响到路线的布设。山岭区路线一般顺山沿河布设，必要时横越山岭。按路线通过的部位和地形特征，山岭区路线又可分为以下几种线形：

1）沿河线。沿河线是沿山谷溪流两岸布设的路线。般地面纵坡较缓，纵而受制约小，由于溪谷较窄，溪流又多曲折，路线平面受制约较大，所以沿河线的布设主要应处理好对岸的选择、线位高低和跨河岸地点三者之间的关系。

①河岸选择。路线应选在台地较低、支流小且少和水文地质条件较好的一岸；在积雪冰冻地区，应选在阳坡和迎水的一岸；除高等级公路外，一般路线可以选择村庄居民点较多、人口较密的一岸，以方便群众。

②跨河换岸地点。跨主河桥与河岸选择相互依存、互相影响，跨支流桥应服从路线走向。所以，要处理好桥位和桥头布设问题，可以采用斜、直桥等以适应线形设计的要求。

③线位高低。线位高低应综合考虑地形、地质、水流情况、路线的技术等级和T，程经济而定。一般采用低线位，但必须做好洪水调查，把路线放在设计洪水位的安全高度上，以保证路基稳定和安全。

2）越岭线。越岭线是在适当地点穿越垭口，走向与山脉方向大致垂直的路线。其特点是需要克服很大的高差，路线的长度和平面位置主要取决于纵坡的安排。因此，越岭线的选线以纵断面设计为主导，布线时主要处理好垭口的选择、过岭标高和城口两侧路线展线方案三者之间的关系。

①垭口选择。垭口是决定越岭线方案的重要控制点，在符合路线总方向的前提下，应综合地质气候、地形等条件，从可能通过的垭口中，选择标高较低和两侧利于展线的垭口；对于垭口虽高但山体薄窄的分水岭，采用过岭隧道方案有可能成为最合适的越岭方案。

②过岭标高。过岭标高应结合路线等级、地质情况、两侧山坡展线方案和过岭方式等因素，经过技术经济比较后选定，通常高等级公路采用隧道，低等级公路采用路堑。采用路堑形式时，深挖可使路线平顺；浅挖可使土石方数量减少，但路线较曲折。当深挖超过25~30m时，采用隧道往往比路堑经济。

③垭口两侧展线方案。越岭线两侧展线时，中间各控制点的地形、地质条件可采用以下三种形式：

a. 自然展线。自然展线是以适当坡度顺着自然地形，利用绕山嘴、侧沟来延展距离、克服高差。

b. 向头曲线。向头曲线是指当中间控制点的高差较大，靠自然展线无法取得必需的距离以克服高差时，路线可以利用地形设置向头曲线进行展线。

c. 螺旋展线。当路线受限制很严，需要在某处提高或降低某一高度才能充分利用有利地形，而且无法采用其他展线方式时，考虑采用螺旋展线的方法。

3）山脊线。在合乎路线总方向的前提下，大体上沿分水岭布设的路线称为山脊线。山脊线设置在分水岭平面不迂回曲折、各城口间高差也不悬殊处。山脊线的布设应主要处理好控制垭口、侧坡及控制垭口间的平均坡度三者的关系。

①选择控制垭口。当分水岭方向顺直、起伏不大时，每个垭口均可以暂定为控制点；当地形复杂、起伏较大且较频繁、各垭口高低悬殊时，一般以低垭口作为控制点，而突出的高垭口可以舍去，在有支脉横隔时，对相距不远、并排的几个垭口，应选择其中一个与前后联系条件较好的理口作为控制垭口。

②侧坡的选择。当分水岭宽阔，起伏不大时，路线以布设在分水岭的顶部为宜；如分水岭顶部起伏大，可以将路线设在两侧山坡上，并选择坡面整齐、横坡较缓、地质情况良好及积雪冰冻和支脉分布较少的一侧。

③控制垭口间的平均坡度。两控制垭口之间应力求距离短捷、坡度平缓。若控制垭口间平均坡度超过规定，则应视具体地形、地质条件，采用深挖、旱桥、隧道等工程措施，也可以利用侧坡、山脊等有利地形展线。

（3）丘陵区选线。丘陵区是介于平原和山岭之间的地形区。丘陵区一般具有岭低脊宽、山丘连绵、分水岭较多、垭口不高等特点，因此布线方案较多。丘陵区布线要因地制宜，掌握好线形技术指标。通常是微丘地形按照平原区掌握，重丘地形按照山岭区处理。

微丘区路线的布设应注意利用地形协调平、纵的组合。既不宜过分迁就微小地形，造成线形不必要的曲折，也不应过分追求直线，从而造成纵面线形不必要的起伏。

重丘区地形起伏较多、高差不太大、横坡不太陡，故采用技术指标的活动余地较大。选线时应综合考虑平、纵、横三者的关系，恰当地掌握标准，以提高线形质量。一般应注意以下几点：

1）路线设计应充分考虑随地形的变化而变化，在注意路线平、纵而线位选择的同时，应注意横向填挖的平衡。横坡较缓地段，可以采用半填半挖或填多于挖的路基；横坡较陡的地段，可以采用全挖或挖多于填的路基。同时，还应注意纵向土、石方平衡，以减少废方和借方。

2）平、纵、横三个方面应综合考虑，不应只顾纵坡的平缓，而使平面弯曲，过分降低平面标准；也不应只顾平面直接、纵坡平缓，而造成高填深挖，工程量过大；或者只顾工程经济、过分迁就地形，而使平、纵面过多地采用极限或接近极限的标准。

3）冲沟比较发育的地段，高等级道路可以考虑采用高路堤、高架桥或隧道等直穿方案，等级较低的道路可以多采用绕越方案。

（4）桥隧与道路线形的配合。当道路跨河时，桥梁的位置对道路线形有相当大的影响，因此，桥位的选择除了考虑一般桥位选择的要求，如河床稳定、河面较窄、水力水文条件好、基础条件好等条件以外，还应充分注意桥位与路线的配合，以取得良好而又顺适的线形。桥头布线通常有以下几种情况：

1）道路跨越支流的桥头布线。通常有直跨方案和绕线方案两种。

①直跨方案路线短，线形好，标准较高，但桥跨工程量大、基础较深。

②绕线方案路线较长，线形较差，标准较低，桥头引道常采用较小半径，不利于行车。但绕线方案桥跨孔径较小，基础条件较好。

采用方案时，要根据道路等级和桥位处地质、地形条件，经过技术经济比较后确定。

2）利用河弯或S形河段跨主河，以争取桥轴线与河流成较大的交角，改善桥头线形。

当道路跨越主河时，路线与河流接近平行，因此，桥头布线通常较为困难。若跨河位置选在河曲线附近或S形河段中部，桥头线形将显著改善，但要注意防止河曲地段水流对桥台的冲刷，需采用一定的防护措施。

3）适当斜交改善桥头线形。在直河段跨河时，正交桥头线形差；对中小桥可以使用适当斜交的方法，这样桥头线形可以得以改善。

当大桥不宜斜交时，可以对桥头路线适当处理，通常，把桥头线做成勺形或布置一段弯引桥，以争取较大半径，改善桥头线形。

（5）隧道洞口路线布设。隧道洞口路线布设应注意以下几点：

1）隧道以采用直线线形为宜，如必须设置平曲线时，应采用不设超高的圆曲线半径并满足停车视距的要求。当受地形条件及其他特殊情况限制，需要布置在设超高的圆曲线区段时，其各项技术指标应符合路线布设的有关规定。

2）隧道洞口的连接线应与隧道线形相协调。

3）隧道两端洞口连接线的纵坡应有一段距离与隧道纵坡保持一致，并满足公路停车或会车视距的要求。

4）当隧道净宽大于该公路等级路基宽度时，在两端洞口连接线不小于50m的范围内应同隧道等宽，并设计过渡段与之衔接。如隧道净宽小于该公路路基宽度时，两端洞口连接线仍按照该等级公路的标准路基宽度设计，在隧道洞口端墙外设置，过渡段与之衔接。

（五）道路平面定线

定线是根据既定的技术标准和路线方案，结合地形、地质条件，综合考虑平、纵、横三个方面的合理安排，具体定出道路中线的确切位置。要求在平面上定出路线的交点和平曲线半径，在纵断面上定出变坡点及设计坡度；在横断面上定出中心填挖尺寸和边坡坡率。定线是道路设计中很关键的一步，它不仅要解决工程、经济方面的问题，而且对如何使道路与周围环境相协调，满足驾驶人员视觉和心理反应要求，以及道路本身线形的美观等问题都要进行充分考虑。

影响定线的因素很多，涉及的知识面也很广，因而，应当吸收桥梁、水文、地质等专业人员参加，发挥各种专业人员的才能和智慧，使定线成为各专业组协作的共同目标。道路定线质量在很大程度上取决于所采用的定线方法，常用的方法有纸上定线、实地定线和航测定线三种。

1. 纸上定线

纸上定线是在大比例尺地形图上具体确定道路中线的位置。

（1）准备工作。在地形图上标绘各个控制点、应避让的地段和区域。

（2）根据地形和地物初定路线的位置。在相邻控制点之间，根据所经过的不同地形和地物分布情况，参照准备工作所标绘应避让的地段和区域，满足一定标准和要求，选择合适的路线位置，沿着前进方向加密中间控制点。

（3）定线。定线必须满足技术标准的有关规定，同时，又要参照初拟的路线位置进行。根据不同地形特点，定线方法有直线型定线法和曲线型定线法。直线型定线法是先定出与地形相适应的一系列直线，然后用适当的曲线把相邻的直线连接起来的传统定线方法；曲线型定线法是借助弯尺先定出圆曲线，然后用缓和曲线相互连接的以曲线为主的定线方法。

确定平面线形是一个反复试定、检查和调整的过程，直到找出符合标准的最佳路线后，再进行下一步工作。

（4）纵断面设计。路线的平面线形确定以后，可以按照规定要求设置中桩，绘制路线的纵断地面线，进行纵断面设计。

（5）最佳横断面修整。在基本确定路线的平面和纵断面以后，应绘制出地面横坡较陡地段及其他可能高填深挖处的横断面，找出最佳横断面位置，由此修整平面或横断面设计线形。

（6）现场核对。在室内利用地形图进行纸上定线后的平、纵、横断面的成果，应到现场再进行实地核对检查。

2. 实地定线

实地定线即直接在现场确定中线，此方法常用于技术标准较低和地形等条件简单的公路。

3. 航测定线

航测定线是利用航空测量资料（航摄像片、航测地形图等）借助航测仪器来建立立体模型进行定线，再到实地放线。如此可以将大量野外工作移到室内，能够扩大视野，不受气候和自然地理环境的限制。

第二节　道路纵断面设计

一、概述

路线纵断面是沿着道路中线竖直剖切然后展开得到的断面。反映路线在纵断面上的形状、位置及尺寸等的图形叫作路线纵断面图。把道路的纵断面图与平面图、横断面图结合起来，就能完整地表达出道路的空间位置和立体线形。

纵断面线形设计是根据道路的性质、任务、等级、地形、地质、水文等因素，考虑路基稳定、排水及工程量等要求，对纵坡的大小、长短、前后纵坡情况、竖曲线半径大小及平面线形的组合关系等进行的综合设计，从而设计出纵坡合理、线形平顺圆滑的理想线形，以达到行车安全迅速、运输经济合理及乘客感觉舒适的目的。

在道路纵断面图上主要有两条线：一条是地面线，它是路中线各桩点的原地面高程连线，反映了沿着道路中线地面的起伏变化情况；另一条是设计线，它是路中线各桩点设计高程的连线，反映了道路的路线起伏变化情况。

道路纵断面线形由直线和竖曲线组成。其设计内容包括纵坡设计和竖曲线设计两项，通过纵断面设计所完成的纵断面图是道路设计文件重要内容之一。

在进行具体路线纵断面设计时，应先弄清楚以下几个问题：

1. 对路基设计高程的规定

（1）公路纵断面上的设计标高即指路基设计标高（包含路面厚度）。新建公路的路基设计标高：高速公路和一级公路宜采用中央分隔带的外侧边缘标高；二级公路、三级公路、四级公路宜采用路基边缘标高，在设置超高、加宽路段为设超高、加宽前该处边缘标高。改建公路的路基设计标高：宜按照新建公路的规定执行，也可以视具体情况而采用中央分隔带中线或行车道中线处标高。

（2）道路的设计高程是指建成后的行车道中线路面高程或中央分隔带中线高程。

2. 纵坡度

（1）纵坡度不用角度表示，而用百分数（%），即每一百米的路线长度其两端高差几米，就是该路段的纵坡度，简称纵坡，上坡为“+”，下坡为“-”。如某段路线长度为 80m，高差为 -2m，则纵坡度为 -2.5%。

（2）一般认为道路上 3% 的纵坡对汽车行驶不会造成困难，即上坡时不必换挡，下坡时不必制动。对于小于 3% 的纵坡，可以不做特殊考虑，只是为了排水的需要（公路边沟的沟底纵坡与路线纵坡一般是相同的），一般要有一个不小于最小纵坡的坡度。如果排水上无困难，可以用平坡。但是采用大于 5% 的纵坡时，必须慎重考虑，因为纵坡太大，上坡时汽车的燃料消耗过大，而下坡时又必须采用制动，重车或有拖挂车的车辆都易出事故。

3. 注重路线平面和纵断面设计的配合

为设计方便，路线平面设计和纵断面设计一般是分开进行的，但必须注意平面设计和纵断面设计要互相配合，设计中要发挥设计人员对平、纵组合的空间想象力；否则，不可避免地会在技术上、经济上和美学上产生缺陷。

二、道路纵断面设计

（一）纵坡设计

纵断面线形主要由纵坡线和竖曲线组成。纵坡的大小与坡段的长度反映道路的起伏程度，直接影响道路服务水平、行车质量和运营成本，也关系着工程是否经济、适用，因此设计中必须对纵坡、坡长及其相互组合进行合理安排。

为使纵坡设计在技术上满足要求且在经济上合理，纵坡设计一般应满足以下要求：

（1）纵坡设计必须满足《规范》《标准》和《设计规范》的各项规定。

（2）纵坡应具有一定的平顺性，起伏不宜过大和过于频繁，以保证车辆能以一定速度安全顺适的行驶。尽量避免采用《规范》中的极限纵坡值，尽量留有一定的余地。合理安排坡度组合情况，不宜连续采用极限长度的陡坡加最短长度的缓坡。避免在连续上坡或下坡路段设置反坡段。

（3）设计应综合考虑沿线地质、地形、水文、气候和排水、地下管线等，并根据实际需要采取合理的技术方法，以保证道路通畅与路基的稳定性。

（4）一般情况下，纵坡设计应通过考虑路基工程的填挖平衡，尽量减少土石方数量和其他工程的数量，以降低造价和节约用地。

（5）高速公路、一级公路的纵坡设计，应考虑农用水利、通道等方面的要求；低等级公路纵坡设计，应注意考虑民间运输、农业机械等方面的要求；道路的纵坡设计还应充分考虑管线的要求。

（6）大中桥引道及隧道两端连接线等连接段的纵坡应缓和，避免突变的产生；考虑到安全、竖向设计的要求，交叉口附近的纵坡也应相对平缓。

（7）对地下水位较高的平原微丘区或地表水相对较丰富的地段，纵坡设计除满足排水要求外，为保证路基的稳定，还需要满足最小填土高度的要求。

1. 最大纵坡

最大纵坡是指设计纵坡时各级公路允许采用的最大纵坡值。它是道路纵断面设计的一项重要控制指标，直接影响着公路路线长短、使用质量的好坏、行车安全以及运输成本和工程的经济性。纵坡越大，道路里程越短，工程数量也越少，但由于汽车的动力性能有限，纵坡又不能过大，因此必须对纵坡的大小加以限制。最大纵坡主要是依据汽车的动力特性、道路等级、自然条件、车辆安全行驶及工程、运营经济等因素进行确定。

汽车沿陡坡行驶时，因升坡阻力增加而需要增大牵引力，从而降低车速，若长时间爬陡坡，不但会引起汽车水箱沸腾、气阻，使行驶无力以至发动机熄火，驾驶条件恶化，而且在爬陡坡时汽车的机件磨损也将增大。因此，应从汽车爬坡能力考虑对最大纵坡加以限制。与上坡相比，汽车下坡时的安全性更为用要。汽车下坡时，制动次数增加，制动器易因发热而失效，驾驶员心理紧张，也容易发生车祸。根据行车事故调查分析可以知道，坡度大于 8%、坡长为 360m 或坡长很短但坡度很大（11%~12%）的路段下坡的终点是发生交通事故的主要地点。同时，调查资料表明，当纵坡大于 8.5% 时，制动次数急增，所以，最大纵坡的制定从下坡安全来考虑，其最大值应控制在 8% 为宜。另外，还要考虑拖挂车的要求。调查资料表明，拖挂车爬 8% 的纵坡需要使用一挡；爬 7%~8% 的纵坡需要使用二挡或一挡，从不致使拖挂车行驶困难来看，最大纵坡也应控制在 8% 为宜。各级公路最大纵坡见表 2-1。

表 2-1 各级公路最大纵坡

设计速度 /（$km \cdot h^{-1}$）	120	100	80	60	40	30	20
最大纵坡 /%	3	4	5	6	7	8	9

（1）设计速度为 120km/h、100km/h、80km/h 的高速公路受地形条件或其他特殊情况限制时，经技术经济论证，最大纵坡值可以增加 1%。

（2）公路改建中，设计速度为 40km/h、30km/h、20km/h 的利用原有公路的路段，经技术经济论证，最大纵坡值可以增加 1%。

（3）四级公路位于海拔 2000m 以上或积雪冰冻地区的路段，最大纵坡不应大于 8%。

（4）桥上及桥头路线的最大纵坡。

1）桥与涵洞处的纵坡应随路线纵坡设计。

2）桥梁及其引道的平、纵、横技术指标应与路线总体布设相协调，各项技术指标应符合路线布设的规定。大桥的纵坡不宜大于 4%，桥头引道纵坡不宜大于 5%，紧接大中桥桥头两端的引道纵坡应与主桥上纵坡相同。

3）位于市镇附近非汽车交通较多的地段，桥上及桥头引道纵坡均不应大于 3%。

（5）隧道部分路线纵坡

1）隧道内纵坡不应大于 3%，并不小于 0.3%，但独立明洞和短于 50m 的隧道其纵坡不受此限；紧接隧道洞口的路线纵坡应与隧道内纵坡相同。

明洞是指采用明挖法修筑的一种浅埋隧道，用于边坡易发生坍方落石的地段；明挖法是先将地面挖开，在露天情况下修筑衬砌，然后再覆盖回填，如城市中浅埋地铁等；明挖法的优点是完成的结构质量很高，可以使用外贴式防水层进行防水。

2）当条件受限时，高速、一级公路的中短隧道经技术经济论证后最大纵坡可以适当加大，但不宜大于 4%。

3）隧道的纵坡宜设置成单向坡；地下水发育的隧道及特长、长隧道宜采用人字坡。

2. 道路最大纵坡

道路最大纵坡见表 2-2。但是对新建道路应采用小于或等于道路最大纵坡的一般值，改建道路、受地形条件或其他特殊情况限制时，可以采用最大纵坡极限值：除快速路外的其他等级道路，受地形条件或其他特殊情况限制时，经技术经济论证后，最大纵坡值可增加 1%；积雪或冰冻地区的快速路最大纵坡不应大于 3.5%，其他等级道路最大纵坡不应大于 6%；海拔 3000m 以上的高原道路的最大纵坡坡度一般值按照表 2-2 所列数值减少 1%。

表 2-2 道路机动车最大纵坡

设计速度 /（km • h⁻¹）		100	80	60	50	40	30	20
最大纵坡	一般值 /%	3	4	5	5.5	6	7	8
	限制值 /%	4	5	6	6	7	8	8

一般设计工作中，不应轻易取用最大纵坡及纵坡长度限制值，只有考虑地形情况，需争取高度、缩短里程或避让不利工程地质条件时方可采用。

3. 最小纵坡

最小纵坡是指为保证道路的排水要求和路基的稳定性所规定的纵坡最小值。从道路的运营、安全等角度出发，希望道路纵坡设计得较小为好。但是在挖方路段、设置边沟的低填方路段及其他横向排水不良的路段，为了满足道路的排水要求，防止水渗入路基而影响路基的稳定性，各级公路的最小纵坡均应不小于 0.3%（一般情况下以不小于 0.5% 为宜）。

当纵坡设计成平坡或小于 0.3% 时，边沟应做纵向排水设计。干旱地区及横向排水良好、不产生路面积水的路段，可以不受此限制。

在道路中特殊困难处，当纵坡小于 0.3 时，应设置锯齿形边沟或采取其他排水措施。

三、道路平、纵线形组合设计

道路的空间线形是指山道路的平面线形和纵面线形所组成的空间立体形状。道路线形设计首先是从路线规划开始的，然后经选线、平面线形设计、纵面线形设计和平纵线形组合设计的过程，最终以平、纵组合的立体线形展现在驾驶员眼前。在行驶过程中，驾驶员所选择的实际行驶速度，是由他对立体线形的判断做出的，因此，设计中仅仅满足平面、纵面线形标准还是不够的。道路的空间线形应能够保持视觉的连续性，并有足够的舒适感和安全感。

设计车速 ≥60km/h 的公路，应注重空间线形设计，不仅要满足汽车运动学和力学要求，还应充分考虑驾驶者在视觉和心理的要求，尽量做到线形连续、指标均衡、视觉良好、景观协调、安全舒适。设计车速越高，平、纵组合设计所考虑的因素应越周全。当设计车速 ≤40km / h 时，首先应在保证行驶安全的前提下，正确运用线形要素规定值，在条件允许的情况下，力求做到各种线形要素的合理组合，并尽量避免和减少不利组合。

道路平面线形和纵面线形的组合设计，就是要得到一个既满足汽车行驶安全、舒适的要求，又能使工程造价和运营费用经济，在驾驶员视觉和心理状态方面引起良好的反应；同时，还能使道路与沿线周围环境和景观相协调的道路立体线形，从而达到安全、舒适、快速和经济的目的。

（一）平、纵线形组合形式

平、纵线形组合设计是指在满足汽车运动学和力学要求的前提下，研究如何满足视觉和心理方面的连续性、舒适性，与周围环境的协调和良好的排水条件，依次对平、纵线形进行调整，使其组合后能成为连续、舒适且美观的空间线形。

平、纵线形组合是指由平面线形（直线或曲线）和纵断面线形（直线或凸形、凹形竖曲线）组合而成的空间线形，通过分解立体线形的要素，可得出平、纵线形的六种组合形式。

1. 组合 1

该组合形式在平面上为直线，纵断面也是直线——构成具有恒等坡度的直线。

这种线形单调、枯燥，行车过程中路线的视景缺少变化，容易产生驾车疲劳和超车次数的增多，易引发交通事故。在设计中可采用画车道线、设置标志、绿化和与周围景观设施配合等方法加以调节，缓解单调的视觉，起到视线诱导的作用。

2. 组合 2

该组合形式在平面上为直线，纵断面上是凹形竖曲线——构成下凹的直线。

这种组合具有较好的视距条件，在纵断面上插入了凹形竖曲线，改善了组合 1 生硬、呆板的状态，给驾驶员动态的视觉效果，行车条件得以提高。

在组合设计中应注意以下几点：

（1）组合中竖曲线的长度不能过短，竖曲线的半径不能过小（一般情况竖曲线半径要取大于最小半径的 3~4 倍），避免产生折点。

（2）在两个凹形竖曲线间不要插入短的直坡段，否则会导致视觉上的错误判断，应将这两个竖曲线合并成一个凹形竖曲线，以改善视觉条件。

（3）长直线的末端不宜插入小半径的凹形竖曲线。

3. 组合 3

该组合形式在平面上为直线，纵断面上是凸形竖曲线——构成凸起的直线。

这种凸起的直线视距条件较差、线形单调会使驾驶员无法准确判断前方道路的情况，应该避免。而且要选用大半径的曲线以保证视距。如果与组合 2 连接时，应注意避免“波浪”“暗凹”和“驼峰”等不良视觉效果的出现。

4. 组合 4

该组合在平面上为曲线，纵断面上为直线——构成具有恒等坡度的平曲线。

大量透视图分析结果表明，如果平曲线半径选择适当，纵坡不太陡，这种组合视觉效果良好，汽车在这种线形上行驶，可以获得较好的景观效果。司机对外界变化的景观感觉新鲜，方向盘操纵舒适。

设计时还需要注意检查合成坡度是否超限，避免急弯陡坡的组合。

如果平曲线与直线组合不当（如断背曲线），平曲线半径过小或坡长过短，平曲线半径与纵坡不协调，都会导致线形曲折。

5. 组合 5 和组合 6

组合 5 在平面上为曲线，纵断面上是凹形竖曲线——构成下凹的平曲线；组合 6 在平面上为曲线，纵断面上是凸形竖曲线——构成凸起的平曲线。这两种组合设计是较为常见的，但又较为复杂。如果几何要素的大小选取适当且均衡协调，可以获得视觉舒适、视线诱导良好的空间线形；反之，则会出现一些不良后果。因此，设计时要特别重视。

（二）线形组合设计原则与要点

1. 线形组合设计的原则

（1）应在视觉上能自然地诱导驾驶员的视线，并保持视觉的连续性。这样，可以使驾驶员及时和准确地判断路线的变化情况，不致因错觉而发生事故。任何使驾驶员感到茫然、迷惑或判断失误的线形，必须尽力避免。在视觉上，能否自然地诱导驾驶员的视线，是衡量平、纵线形组合好否的基本条件。

（2）平、纵面线形的技术指标应大小均衡，使线形在视觉上、心理上保持协调。

平曲线与竖曲线的大小如果不均衡，会给人以不愉快的感觉，失去了视觉上的均衡性。纵面线形反复起伏，而平面上却采用高标准的线形是无意义的，反之亦然。

（3）合成坡度应组合得当，以利于路面排水和行车安全。合成坡度过大对行车不利，合成坡度过小则对排水不利也影响行车。在进行平纵组合设计时，如条件可能，一般最大合成坡度不宜大于 8%，最小合成坡度不宜小于 0.5%。

（4）注意与道路周围环境的配合。配合得好，它可以减轻驾驶员的疲劳和紧张程度，还可以起到引导视线的作用。

2. 线形组合设计的要点

（1）平曲线与竖曲线应相互重合，且平曲线应稍长于竖曲线，或者平曲线与竖曲线错开。一般情况下，当平曲线、竖曲线半径较大时，应使平竖曲线顶点对应。平曲线长度应大于竖曲线长度，最好使竖曲线的起、终点分别放在平曲线的两个缓和曲线内，不要落在直线段或圆曲线上，即所谓的“平包竖”。这种立体线形不但能起诱导视线的作用，而且可以取得平顺而流畅的效果。

采用平、竖曲线对应布置的优点是：有利于视线诱导，当车辆驶入凸形竖曲线的顶点之前，能够清楚地看到平曲线的始端，辨明转弯的走向，不致因判断错误而发生事故；有利于行车安全，线形舒适美观。

如果平曲线与竖曲线不能较好地配合，两者的半径都小于某一限度时，宜将平曲线和竖曲线错开一定的距离（最小应为以相应速度行驶的 3s 行程），使平曲线位于直坡段上或使竖曲线位于直线上。

（2）平曲线与竖曲线的大小保持均衡。不要把过缓与过急、过长与过短的平、竖曲线组合在一起。如果平曲线和竖曲线其中一方大而平缓，那么另一方就不能多而小。一个长的平曲线内有两个以上凹、凸相间的竖曲线，或一个大的竖曲线含有两个以上反向平曲线，要避免做这样看上去非常别扭的线形组合。

缺乏视觉均衡性的线形易给人不愉快的感觉，大半径长的平曲线与小半径短的竖曲线相结合，在透视图上会有中间凹陷的视觉，线形的连续会受到破坏。为使平、竖曲线半径达到均衡，当平曲线半径小于1000m时，平曲线与竖曲线半径的比值以1：20~1：10为宜。此时可以获得视觉与工程费用的经济平衡。

（3）避免线形的突变，以顺适的线形连接与配合。避免在凸形竖曲线的顶部或凹形短曲线的底部插入小半径平曲线，从而使线形失去视线的诱导或产生扭曲感。凸形竖曲线的顶部或凹形竖曲线的底部不得与反向平曲线拐点重合，尤其是凹形竖曲线，易造成判断失误。

避免平面转角小于7° 的平曲线与坡度较大的凹形竖曲线组合。这种组合方式将使平面线形产生折点，易形成“暗凹”或“跳跃”现象。

（4）长直线不宜与坡陡或半径小且长度短的竖曲线组合。

（5）长的平曲线内不宜包含多个短的竖曲线，短的平曲线不宜与短的竖曲线组合。

四、爬坡车道设计

爬坡车道是陡坡路段正线行车道外侧增设的供载重车或慢速车行驶的专用车道。当道路的纵坡大于或等于4%时，如果载重车混入率较大，为了使小汽车能够以较高的车速行驶，而不影响通行能力，且不违反坡长限制的规定，需要将大型车和慢速车从主线车流中分离出去，宜在陡坡路段增加辅助的爬坡车道。

一般情况下，较为理想的纵断面设计应具有较缓的坡度，而不设置爬坡车道。但这样的设计可能造成路线的迂回或路基的高填深挖，引起工程量和工程造价的增加。因此，在某些特殊情况下，选用的纵坡值较大，配合爬坡车道会达到经济且安全的效果。设置爬坡车道不一定是最好的措施，解决问题的根本方法在于精选路线，选出纵坡较小且经济适用的路线。

（一）爬坡车道的功能

在道路纵坡较大的路段上，载重车爬坡过程中需要克服的坡度阻力较大，使得输出功率与车重之比降低，车速随之下降，致使大型车与小汽车的速度相差较大，超车次数因此增加，这样对行车的安全不利。当速度相差较大的车辆混合行驶时，将使小车的行驶自由区大大下降，造成道路的通行能力降低。爬坡车道的设置将大型车和慢速车从正线车流分离出去，可以提高小汽车的行驶自由度，确保行车安全，增加道路的通行能力。

（二）爬坡车道的设置条件

1. 公路

高速公路、一级公路纵坡长度受限制的路段，应对载重汽车上坡行驶速度的降低值和设计通行能力进行验算。符合下列情况之一者，在上坡方向行车道右侧设置爬坡车道：

（1）沿连续上坡方向载重汽车的运行速度降低到容许最低速度以下；

（2）上坡路段的实际通行能力小于设计小时交通量的；

（3）经设置爬坡车道与改善主线纵坡不设爬坡车道技术经济比较论证，设置爬坡车道的效益费用与行车安全性较优的。

2. 道路

道路快速路及行车速度为 60km/h 的主干道，纵坡度大于 5% 的路段或符合下列情况之一时，可以在上坡方向行车道右侧设置爬坡车道：

（1）沿上坡方向大型车辆的行驶速度降低到 50km/h 时（设计车速为 80km/h）或行驶速度降低到 40km/h 时（设计车速为 60km/h）；

（2）由于上坡路段混入大型车辆的干扰，降低路段通行能力的；

（3）经综合分析认为设置爬坡车道比降低纵坡经济合理的。

（三）爬坡车道的设计

1. 横断面组成

爬坡车道设于上坡方向主线行车道右侧。爬坡车道的宽度一般为 3.5m，包含设置于其左侧 0.5m 的路缘带宽度。

爬坡车道的路肩同样由硬路肩和土路肩组成。但在爬坡车道上行驶的汽车速度较低，其硬路肩宽度可以不按照主线的安全标准要求设计，一般为 1.0m。而土路肩宽度以按照主线要求设计为宜。

当长而连续的爬坡车道路肩较窄，尤其是高速公路、一级公路爬坡车道氏度大于 500m 时，为了临时停车的需要应按照规定设置紧急停车带。

2. 横坡度

如上所述，因为爬坡车道的行车速度比主线小，为了行车安全起见，高速公路主线超高坡度与爬坡车道的超高坡度之间的对应关系。超高坡度的旋转轴为爬坡车道内侧边缘。

若爬坡车道位于直线路段，其横坡度的大小同正线路拱坡度，采用直线式横坡，坡向向外。另外，爬坡车道右侧路肩的横坡度大小和坡向，应参照正线与右侧路肩之间关系的有关规定进行确定。爬坡车道的曲线加宽按照一个车道曲线加宽规定执行。

3. 平面布置与长度

爬坡车道的平面布置，其总长度由起点处渐变段长度 L1、爬坡段长度 L 和终点处附加长度 L2 组成。

起点处渐变段长度 L 用来使主线车辆驶离主线而进入爬坡车道，其长度高速公路、一级公路为 100m，二级公路为 50m。

爬坡车道的位置与长度 L，一般应根据所设计的纵断面线形，通过加、减速行程图绘制出载重车行驶速度曲线，找出小于容许最低速度的路段，从而得到需设爬坡车道的位置及长度 L。对于 L > 500m 的高速公路和一级公路，应按照规定在右侧设置紧急停车带。

爬坡车道终点处附加 K 度 L2 用来供车辆驶入主线前加速至容许最低车速，其值与附加段的纵坡度有关，该附加长度包括终点渐变长度在内。对于高速公路和一级公路终点渐变长度取 150~200m，对于二级公路取 90m。

爬坡车道起、终点的具体位置除按上述方法确定外，还应考虑与线形的关系。通常应设在通视条件良好、便于辨认和过渡顺适的地点。

五、纵断面设计方法和成果

纵断面设计的主要内容是根据沿线自然条件、道路等级和构造物控制高程等，确定路线合适的高程、各坡段的纵坡度和坡长，并设计竖曲线。其基本要求是纵坡均匀平顺、起伏和缓、坡长和竖曲线长短适当、平面与纵面组合设计协调以及填挖经济、平衡。

（一）纵断面设计要点

1. 不同地形条件下的纵坡设计

对于不同的地形，纵坡设计要在初次拟定设计高程控制的基础上进行，为使纵坡设计合理，须按照以下要求进行设计：

（1）平原、微丘区地形平坦，河沟纵横交错，地面水源较多，地下水位较高。纵坡应均匀平缓，设计中注意保证最小填土高度和最小纵坡的要求，以保证路基的稳定性。

（2）丘陵地形具有一定的高差，大部分地段路线在纵断面上克服高差不是很困难。注意纵坡应顺适，不产生突变，纵坡设计应避免过分迁就地形而起伏过大，尽量保证土石方量均衡，降低工程造价。

山岭、重丘区地形变化频繁，地面自然坡度大，布线有困难。设计中尽量采用平缓的纵坡，坡长不宜过短，纵坡度不宜过大，高等级的公路更应注意不宜采用陡坡。

（3）越岭线的纵坡应力求均匀，尽量不采用极限或接近最大纵坡值的坡度，更不宜在连续采用不同纵坡最大坡长值的陡坡之间加短距离的缓和坡段。越岭线一般不应设置反坡，要满足平均坡度的要求。

（4）山脊线和山腰线除结合地形不得已时采用较大纵坡外，在可能条件下纵坡应平缓。

沿水库上游岸边的路线，路基设计标高应考虑水库水位升高后地下水位壅升及水库淤积后塞水曲线抬高和浪高的影响；在寒冷地区还应考虑冰塞塞水对水位增高的影响。

（5）大中桥桥头引道（在洪水泛滥范围内）的路基设计高程，一般应高于该桥设计洪水位（包括壅水和浪高）至少 0.5m；小桥涵附近的路基设计高程应高于桥涵前建水水位至少 0.5m（不计浪高）。

（6）根据特殊地区和不良地质地区的路基要求对纵断面设计高程进行控制。

（7）根据桥涵和通道要求的最低路基设计高程对纵断面设计高程进行控制。

2. 纵坡极限值的运用

（1）根据汽车动力特性，考虑经济等因素制定的最大纵坡和最大坡长等极限值，设计时不可轻易采用，应留有余地。在受限制较严重的地段，如越岭线为争取高度、缩短路线长度或避开艰巨工程等，才有条件地采用。好的设计应尽量考虑人的视觉和心理上的要求，使驾驶员有足够的安全感、舒适感和视觉上的美感。

（2）一般来讲，纵坡设计平缓为宜。但为了路面和边沟排水，最小纵坡不应小于 0.3%~0.5%，否则应做专门的排水设计。

3. 坡长值的运用

坡长是指纵断面两变坡点之间的水平距离。坡长不宜过短，以不小于计算行车速度 9s 的行程为宜。对于连续起伏路段，坡度应尽量小，坡长和竖曲线应争取到极限值的一倍或两倍以上，避免锯齿形的纵断面，以使增重与失重变化不太频繁，但不能超过最大坡长限制。

4. 竖曲线设计的要求

（1）竖曲线半径应选用较大值。当受限制时可以采用一般最小值，特殊困难方可采用极限最小值。

（2）坡差小时，应尽量采用大的竖曲线半径。设计速度大于或等于 60km/h 的公路，竖曲线设计宜采用长的竖曲线和长直坡段组合；有条件时，宜采用大于或等于视觉所要求的竖曲线半径值。

（3）相邻竖曲线的衔接。相邻两个同向凹形或凸形竖曲线，特别是同向凹形竖曲线之间，如果直坡段接近或达到最小坡长时，则应取消直坡段，将两竖曲线合并为单曲线或复曲线，避免出现“断背曲线”，这样要求对行车是有利的。

相邻反向竖曲线之间，为使增重与失重之间缓和过渡，中间最好插入一段直坡段。如两竖曲线半径接近极限值时，这段直坡段至少应为计算行车速度的 3s 行程。

（4）考虑排水要求。设计前坡为下坡（上坡）、后坡为上坡（下坡）的竖曲线时，为全凹竖曲线和全凸竖曲线。不宜采用过大半径的竖曲线，避免竖曲线的底部（顶部）小于最小纵坡的路段长度过大。

（二）纵断面设计方法

在道路的路线位置拟定后，首先，应先根据中桩的桩号和地面高程给出纵断面图的地面线，将平面资料以曲率图的形式填到平曲线一栏。其次，按照选线的意图和地质、桥涵等路线纵断面设计的要求决定控制点和其高程。考虑填挖平衡和与周围地形景观的协调，按照平、纵、横三个断面综合考虑的原则试定坡度线。再次，对照横断面检查核对，确定坡度。最后，确定各变坡点处的竖曲线半径，进行竖曲线计算，得到设计高程，完成纵断面图。

1. 纵断面的设计步骤

（1）准备工作。

1）搜集有关设计资料：有关技术指标和设计任务书要求、平面设计成果、里程桩号和地面高程、沿线地质资料等。

2）根据中桩及水准记录，在图纸上按照比例标注中桩位置和相应的地面高程，并点绘地面线，填写有关内容。

3）根据中线测设资料绘出全线的交点和相应的平曲线曲率图。

4）将地形、地质、水文、桥涵和材料等资料标注在图纸上。

（2）确定控制点。控制点是指影响路线纵坡设计的高程控制点。如路线的起讫点高程、越岭垭口、重要桥涵、地质不良地段的最小填土高度和最大挖方深度、沿溪线的洪水位、隧道的进出口要求高程、路线交叉点的高程、铁路道口和重要城镇通过点、沿街地坪高度和街坊竖向设计要求及其他影响路线高程位置的点位，都应作为控制纵坡设计的依据。

对于山岭重丘区的道路，除考虑上述高程类的控制点外，还要考虑各横断面上横向填挖平衡的经济点，以求降低工程造价。

横断面上的经济点有以下三种情况：

1）当地面横坡不大时，可以在中桩地面标高上下找到填方和挖方基本平衡的高程，该高程为其经济点。纵坡通过此高程时，在该横断向上的挖方数量和填方数量基本相等。

2）当地面横坡较陡时，填方往往不易填稳，有时坡脚伸得较远，采用多挖少填甚至全部挖出路基的方法比做砌石护坡经济，这时多挖少填或全挖路基的标高为经济点。

3）当地面横坡很陡而无法填方时，需要砌筑挡土墙，此时应全部挖出路基或深挖，该全部挖出或深挖路基的标高为其经济点。

（3）试坡。试坡主要是在已标出控制点的纵断面图上，根据技术标准、选线意图，考虑各控制点和经济点的要求，结合地面起伏情况，初步定出纵坡设计线的工作。

试坡应本着以“控制点”为依据，照顾多数“经济点”的原则。当个别控制点确实无法满足时，应对控制点市新研究，以便采取弥补措施，试坡的要点可以归纳为：“前后照顾，以点定线，反复比较，以线交点。”前后照顾就是要整体考虑前后坡段，不能只局限在某一坡段上；以点定线就是按照纵断面技术标准的要求，满足控制点，参考经济点，初步定出坡度线；反复比较就是用三角板推平行线的办法，移动坡度线，反复试坡，对各种可能的坡度线方案进行比较，最后确定既符合技术标准，又满足控制点要求而且土石方量又最省的坡度线；以线交点就是将得到的坡度线延长，交出变坡点的初步位置。

（4）调坡。调坡是检查初定的坡度、选线时的坡度和《标准》检查设计的各项指标是否符合规定，线形组合等是否合理。若发现问题，则及时进行调整。调整时，应少脱离控制点、少变动填挖值。调坡的方法有平抬、平降、延伸、缩短或改变坡度值等。

调坡主要依据以下两个方面进行：

1）考虑选线意图。将试坡线与选线时所考虑的坡度进行比较，两者应基本相符。如果有脱离实际或考虑不周的情况，应全面分析，找出原因，权衡利弊。

2）与技术标准和规范对照。详细检查设计的最大纵坡、最小纵坡、坡长限制以及平纵线形结合等是否符合技术标准和规范的要求。特别注意的是，陡坡与平曲线、竖曲线、桥头接线和路线交叉等处的坡度是否合理。若发现问题，则需要及时调整修正。

（5）核对。核对主要选择有控制意义的特殊横断面进行，如选择高填深挖、重要桥涵段、挡土墙与人工构造物以及其他重要控制点的断面等。

核对要在纵断面图上根据填挖高度用路基横断面透明模板套在相应横断面地面线上。若有坡脚落空或过远、填挖过大挡土墙过大、桥涵填土不够以及其他边坡不稳现象，应及时调整坡度线。核对是保证纵断面设计质量的重要环节，对如山区横坡陡峻的傍山线等复杂地段，这一工作更为重要。

（6）定坡。经调整核对合理后，即可确定坡度线。定坡就是逐段把坡值、变坡点位置（桩号）和高程确定下来。坡度值要求取值到万分之一，即变坡点位置一般要调整到10m 的整数桩号上。变坡点标高由纵坡度和坡长依次推算而得，要精确到 0.001m。

（7）设置竖曲线。在变坡点处，为了缓和冲击、满足视距等要求要设置竖曲线。

1）根据技术标准、平纵组合平衡等原则确定竖曲线半径、长度等竖曲线设计指标。

2）根据选定的竖曲线设计指标计算竖曲线要素，从而计算各桩位处的设计高程。

2. 纵断面设计时应注意的问题

（1）设置回头曲线的地段，由于越高值较大，拉坡时应按照回头曲线技术标准先定出该地段的纵坡。然后从两端接坡，注意在回头曲线地段不宜设竖曲线。

（2）桥梁、隧道地段应按照桥梁、隧道路线纵坡的特殊要求进行。大中桥上不宜设置竖曲线，特别是凹形竖曲线。桥头两端不得已设置竖曲线时，其起、终点应设置在桥头10m 以外。

（3）小桥涵允许设在斜坡路段或竖曲线上，为保证行车平顺性，应尽量避免在小桥涵处出现突变的“驼峰式”纵坡。

（4）要注意平面交叉口纵坡及两端接线要求。公路与公路交叉时，一般宜设置在水平坡段接线，其长度应不小于最短坡长规定。两端接线纵坡应不大于3%，山区工程艰巨地段不大于5%。

（5）拉坡时，如受“控制点”或“经济点”制约，导致纵坡起伏过大，或土石方工程量太大，经调整仍然难以解决时，可以用纸上移线的方法局部修改线形。

（6）通过城镇的路段，应结合城镇规划和两侧建筑物的布置，合理确定纵坡和设计高程，使路线与两侧建筑相协调。

3. 纵断面图的绘制

道路纵断面设计图是道路设计的重要技术文件之一，也能够表示纵断面设计的最后成果。

道路纵断面图采用直角坐标，以横坐标（水平方向）表示里程及桩号，纵坐标（垂直方向）表示水准高程。为了反映出地形起伏，纵横坐标通常采用不同的比例尺。横坐标比例尺一般与路线平面图一致，为1 ∶ 2000（道路采用1 ∶ 1000~1 ∶ 500），纵坐标的比例尺相应为1 ∶ 200（道路采用1 ∶ 100~1 ∶ 50）。

（1）纵断面图的内容。道路的纵断面图由上半部和下半部两部分组成。在纵断面图中，图的上半部应包括以下主要内容：

1）高程、地面线、设计线、竖曲线及其要素；

2）桥涵（桥梁按桥型、孔数及孔径标绘、注明桥名、结构类型、中心桩号、设计水位，跨线桥示出交叉方式，涵洞与通道按桩号及底高绘出，注明结构类型、中心桩号、孔数及孔径）；

3）隧道（按长度、高度标绘、注明名称和起始点桩号）；

4）与道路、铁路交叉时的桩号及路名；

5）水准点的位置、编号及高程；

6）断链桩位置及长短链关系；

7）沿线跨越河流的现有水位和设计洪水位，影响路基稳定的地下水位等。

图的下部表格各栏应自上而下分别标示出以下内容：

1）土壤地质说明；

2）坡度及坡长；

3）填挖高度；

4）设计高程

5）地面高程；

6）里程及桩号；

7）直线及平曲线；

8）超高示意图（高等级公路）。

（2）纵断面设计图的绘制步骤

1）按照一定的比例，在毫米方格纸上标出适应的横向和纵向坐标，横向坐标标出百米桩号，整桩桩号；纵向标出高程标尺。

2）在坐标系中，按照水准测量提供的各桩号地面高程与相应的桩号配合，点绘出各桩号地面标高点，并将各地面标高点用折线依次连接后成为纵断面图的地面线。

3）在坐标图上绘出各水准点的位置、编号，并注明高程。

4）将桥涵位置绘制在坐标图上，并注明孔数、孔径、结构类型、桩号等。

5）在纵断面设计图下部表格内分别注明土壤地质资料，描绘出平面直线和平曲线的位置、转向（平曲线以曲率图表现表示，开口向上为左转，开口向下为右转），并注明平面线有关资料（交点编号、曲线要素）。

6）纵坡和竖曲线确定后，将设计线（包括直坡线和竖曲线）绘出，并注明纵坡度、坡长（以分式表示，分子为纵坡度，分母为坡长），在各竖曲线范围内分别注明各竖曲线的基本要素（包括变坡点、桩号、竖曲线半径、切线长和外距）。

第三节　道路横断面设计

道路横断面设计是根据道路的用途，结合当地的地形、地质、水文等自然条件来确定横断面的形式、各部分的组成和几何尺寸的过程。道路横断面是指沿道路前进方向的中线各里程桩号垂直的法向切面图，是由横断而设计线和地面线构成的。横断面设计线包括行车道、路肩、分隔带、边沟、边坡、截水沟、护坡道、取土坑、弃土堆及环境保护等设施。地面线是反映横断面方向地面起伏变化的线形，横断面线形设计中所讨论的设计内容主要和汽车几何尺寸及行驶特性相关，即各部分宽度、高度和坡度等问题。

道路用地是指为修建、养护道路及其沿线设施而按照国家规定所征用的土地。道路用地的征用，必须严格遵守国家有关的土地法规，依据道路横断面设计的要求，在保证其修建、养护所必须用地的前提下，尽量节省每一寸土地。

（1）公路用地范围。填方地段为公路路堤两侧排水沟外边缘（无排水沟时为路堤或护坡道坡脚）以外，挖方地段为路堑坡顶截水沟外边缘（无截水沟为坡顶）以外，不小于1m的土地范围。在有条件的地段，高速公路、一级公路不小于3m，二级公路不小于2m的土地范围。

桥梁、隧道、互通式立体交叉、分离式立体交叉、平面交叉、交通安全设施、服务设施、管理设施、绿化以及料场、苗圃等应根据实际需要确定用地范围。在风沙、雪害等特殊地质地带，设置防护设施（防护林、种植固沙植物、防沙、防雪栅栏）及反压护道设施等时，应根据实际需要确定用地范围。

对于改建公路，在原有的基础上，可以参考以上有关规定执行。

（2）道路用地范围。道路用地范围为道路红线宽度。道路红线是指划分道路用地和城市建筑用地、生产用地及其他备用地的分界控制线。红线宽度为包括车行道、人行道、绿化带等在内的规划道路的总宽度。因此也称为规划路幅。道路的

红线规划考虑道路的功能与性质、横断面形式和其各组成部分的合理宽度以及今后发展的需要，其由城市规划部门确定。

一、道路横断面组成

道路是具有一定宽度的带状构筑物。在垂直道路中心线的方向上所做的竖向剖面称为道路横断面。道路横断面组成和各部分的尺寸要根据道路功能、等级、交通量、服务水平、设计速度、地形条件等因素确定。在保证必要的通行能力和交通安全与畅通的前提下，尽量做到节省用地、减少投资，使道路发挥其最佳的经济效益和社会效益。

（一）公路的横断面组成与类型

1. 高速公路和一级公路

高速公路和一级公路的整体式路基横断面包括行车道、中间带、路肩及紧急停车带、爬地车道、避险车道等组成部分，而分离式不包括中间带。

高速公路、一级公路的多车道公路，中间一般都设有分隔带或做成分离式路基而构成“双幅路”。有时公路为了利用地形或处于风景区等需要与自然条件相适应，设计成两条独立的单向行车道路，上下行车道不在同一平面。根据路基标准横断面可分为整体式横断面和分离式横断面。这种类型的公路设计车速高、通行能力大、每条车道单幅交通量比一条双车道公路还多，而且行车顺适、事故率低，但是占地较多、造价较高。

2. 二、三级、四级公路

不设置中间带公路的路基横断面包括行车道、路肩、错车道及避险车道等组成部分。城郊混合交通量大，实行快慢车道分开的路段，其横断面组成还有人行道、自行车道等，根据实际情况选用。

单幅双车道公路是整体式路基形式供双向行车的双车道公路。这类公路在我国公路总里程中占的比而最大，二、三级和部分四级公路采用此形式的横断面。这类公路适应的交通量范围大，折合成小客车的年平均口最高交通量达 15000 辆。行车速度允许范围为 20~80km / h。

在这种公路上行驶，只要各行其道，视距良好，车速一般都不会受到影响。当二级公路做“集散”公路或不可避免街道化时，应考虑交通量大、非机动车混入率高、视距条件又差时，其车速和通行能力大大降低。因此，对混合行驶相互干扰较大的此类路段，可以

采取设置慢车道和人行道，将汽车和其他车辆分开。

对交通量小、地形复杂、工程艰巨的山区公路或地方性道路，可以采用单车道，其适用于地形困难的四级公路，《规范》中规定的四级公路路基宽度为4.50m，路面宽度为3.50m。此类公路虽然交通量很小，但仍然会出现错车和超车。为此，应在不大于300m的距离内选择有利地点设置错道、使驾驶人员能够看到相邻两错车道之间的车辆。

公路路基横断面宽度为行车道和路用宽度之和。当设直中间带、加减速车道、爬坡年道、紧急停车带、避险车道和错车道时，还应计入该部分宽度。在半径小于或等于250m的平曲线上，会进行路基加宽。该曲线段的路基宽度包括路基加宽的宽度。

3. 道路横断面组成与布置形式

道路在行车道断面上，供汽车、无轨电车、摩托车等机动车行驶的部分称为机动车道；供自行车、三轮车、板车等非机动车行驶的部分称为非机动车道。另外，还有供行人步行使用的人行道和分隔各种车道（或人行道）的分隔带及绿化带。道路的横断面包括车行道（机动车道、非机动车道）、分隔带、路侧带（人行道、绿化带、设施带）等。

（1）单幅路。单幅路俗称“一块板”断面，各种车辆在车道上混合行驶。单幅路适用于机动车交通量不大、非机动车较少的次干路、支路以及用地不足、拆迁困难的旧城改建的道路。

（2）双幅路。双幅路俗称“两块板”断面，在行车道中心用分隔带或分隔墩将行车道分为两半，上下行车辆分向行驶，各自再根据交通需要决定是否划分快慢车道。双幅路主要用于各向两条机动车道以上、非机动车较少的道路，地形、地物特殊或有平行道路可供非机动车通行的快速路和郊区道路。

（3）三幅路。三幅路俗称“三块板”断面，其中间为双向行驶的机动车车道，两侧为靠右侧行驶的非机动车道。对于机动车交通量大、非机动车多的道路宜优先考虑采用三幅路。但三幅式断面占地较多，只有当红线宽度大于或等于40m时才能满足车道布置的要求。

（4）四幅路。四幅路俗称“四块板”断面，即在三幅路的基础上，再将中间机动车车道分隔为二，分向行驶。四幅路不但将机动车和非机动车分开，还将对向行驶的机动车分开，安全和车速较二幅路更为有利。它适用于机动车辆车速较高、各向两条机动车道以上、非机动车多的快速路与主干路。

道路的交通性质和组成比较复杂，行人和各种非机动较多，各种交通工具及行人的交通问题都需要在横断面设计中综合考虑并予以解决。因此，道路路线设计中，横断面设计是难点。设计时，首先保证车辆和行人的安全畅通，同时，要与道路两侧的各种建筑物及自然景观相协调，并能满足地面、地下排水和各种管线埋设的要求。横断面设计应注意近期与远期相结合，使近期工程成为远期工程的组成部分，并预留管线位置，控制道路用地，给远期实施留有余地。

二、横断面各组成部分几何设计

（一）行车道

行车道是指专为纵向排列、以安全顺适地通行车辆为目的而设置的公路带状部分。其横断面组成包括快车道和慢车道。在道路上，还有非机动车道。车道宽度是为了交通上的安全和行车上的舒适，根据汽车大小、车速快慢而确定的各种车辆以不同速度行驶时所需的宽度。行车道的宽度要根据车辆最大宽度加上错车、超车所必需的余宽来确定。

1. 一般双车道公路车道宽度的确定

双车道公路有两条车道，车道宽度包括汽车宽度和应满足错车、超车行驶所必需的余宽。汽车宽度取载重汽车车厢的总宽度，为 2.5m。余宽是指对向行驶时两车主箱之间的安全间隙、汽车轮胎至路面边缘的安全距离。

行车道的余宽不仅与车速有关，还与路侧的环境、司机心理、车辆状况等有关。当设计速度为 80km/h 时，一条车道宽度为 3.75m 是合适的；对车速较低、交通量不大的公路可以取较小的宽度。

二、三级公路应是双车道。二级公路混合交通量大，非汽车交通对汽车运行影响较大时，可以画线分快慢车道（慢车道即利用硬路肩及加固上路肩的宽度），这种公路仍属于双车道范畴。四级公路宜采用双车道，交通量小且工程艰巨的路段可以采用单车道，但车道宽度应采用 3.50m。《标准》中对于不同设计速度的公路做了相应的车道宽度的规定。

2. 有中央分隔带的车道宽度

高速公路、一级公路有四条以上的车道， 应满足车辆并列行驶所需的宽度，一般设置中 央分隔带，分隔带两侧的行车道只有同向行驶的汽车。车速、交通组成和大型车混入率对行车道宽度的确定有较大的影响。

《标准》中设计速度为 80~120km/h，每条车道宽度均采用 3.75m。高速公路为八车道，内侧车道宽度可以采用 3.50m。高速公路、一级公路各路段的车道数应根据设计交通量、设计速度、采用的服务水平确定。高速公路、一级公路的车道数为四车道以上时，应按照双数增加。

3. 道路的车道宽度

在道路上供各种车辆行驶的路面部分统称为车行道。其中：供汽车、无轨电车、摩托车等机动车行驶的部分称为机动车道；供自行车、三轮车、板车等非机动车行驶的部分称为非机动车道。

（1）机动车道。机动车道按车在行车方向上的不同位置，可以分为内侧车道、中间车道和外侧车道。按照车道的不同性质，可以分为变速车道、超车车道、爬坡车道、停车道、错车道、会车道、专用车道等。机动车道的宽度应计入分车带及两侧路缘带的宽度，路缘带宽度一般为 0.5m。

根据我国道路的实际经验，机动车道的宽度一般是：双车道为 7.5~8.0m，三车道为 10.0~11.0m，四车道为 13.0~15.0m，六车道为 19.0~22.0m。

（2）非机动车道。非机动车的单一车道宽度是根据车半身宽度和车身两侧所需的横向安全距离而确定的。与机动车道合并设置的非机动车道，车道数单向不应小于 2 条，宽度不应小于 2.5m；非机动车专用道路面宽度应包括车道宽度及两侧路缘带宽度，单向不宜小于 3.5m，双向不宜小于 4.5m。

（二）路肩

1. 路肩的作用

路肩是位于行车道外缘至路基边缘之间，具有一定宽度的带状结构部分。路肩通常包括路缘带（高速公路和一级公路才设置）、硬路肩、土路肩三部分。路肩的作用如下：

（1）为发生机械故障或紧急情况的车辆提供在车道外的停车空间；

（2）由于路肩紧靠在路面的两侧设置，保护行车道等主要结构的水、温度稳定性；

（3）提供侧向余宽，能够增强驾驶的安全性和舒适感；

（4）作为道路养护操作的工作场地；

（5）改善挖方路段视距，提高交通安全性；

（6）在满足公路建筑限界的前提下，为设置标志和护栏提供横向净距。

路肩按其功能和所用材料的不同，可以分为硬路肩和土路肩。硬路肩是指进行了铺装的路肩，它可以承受汽车荷载的作用力，在混合交通的公路上便于非机动车、行人通行。在填方路段，为使路肩能够汇集路面积水，在路肩边缘应设置路缘石。土路肩是指不加铺装的土质路肩，它起到保护路面和路基的作用，并提供侧向余宽。

2. 路肩的宽度

（1）右侧路肩宽度。《设计规范》规定各级公路的右侧路肩宽度。一般值在正常情况下采用，最小值在条件受限时采用。

高等级公路应在右侧硬路肩宽度内设右侧路缘带，其宽度一般为 0.50m。二级公路在村镇附近及混合交通最大的路段，可以采用全铺式，以供非机动交通充分利用。计算行车速度为 120km/h 的四车道高速公路，宜采用 3.50m 宽的硬路肩；六车道、八车道高速公路可以采用 3.00m 的硬路肩。二、三级、四级公路在路肩上设置的标志、防护设施等不得侵入公路建筑限界，否则应加宽路肩。

（2）左侧路肩宽度。高速公路、一级公路采用分离式路基横断面时，行车道左侧应设置路肩。左侧硬路肩宽度内含左侧路缘带宽度，其宽度一般为 0.50m。

（3）紧急停车带。高速公路、一级公路，有条件时宜采用大于 2.50m 的右侧硬路肩，使发生故障的车辆因避让其他车辆能够尽快离开车道。当右侧硬路肩的宽度小于2.50m时，应设紧急停车带。紧急停车带的设置间距不宜大于2000m，包括右侧硬路肩在内的宽度为5.0m，有效长度一般大于50m。从干线进入和驶出紧急停车带应设缓和过渡段，一般为100m和150m长。高速公路、一级公路的特长桥梁、隧道，根据需要设置紧急停车带，其间距不宜大于750m。二级公路根据需要可设置紧急停车带，其间距视实际情况而定。

考虑我国土地的利用情况和路肩的功能，在满足路肩功能最低需要的条件下，原则上尽量采用较窄的路肩。

3. 路肩横坡

（1）硬路肩。硬路肩一般应设置向外倾斜的横坡，其坡度值可以与车道横坡度相同；路线纵坡平缓，且设置拦水带时，其坡度值宜采用3%~4%。曲线路段内外侧硬路肩横坡的横坡值及其方向：当曲线超高小于或等于5%时，其横坡值和方向应与相邻车道相同；当曲线超高大于5%时，其横坡值则不大于5%，且方向相同。对于大中桥梁、隧道区段硬路肩的横坡度值，应与行车道相同。

（2）土路肩。直线或位于曲线较低一侧的土路肩横坡度，当行车道或硬路肩横坡度大于或等于3%时，应与行车道或硬路肩横坡度相同，否则应比行车道或硬路肩横坡度大1%或2%。曲线或过渡段位于较高一侧的土路肩横坡度，应采用3%或4%的反向横坡度。

4. 道路路肩

道路一般设置地下管渠和集水井排水，两侧设置人行道。采用边沟排水的道路应在路面外侧设置保护性路肩，中间设置排水沟的道路应设置左侧保护性路肩。保护性路肩宽度门路缘带外侧算起，快速路不应小于0.75m；其他道路不应小于0.50m；当有少量行人时，不应小于1.50m。当需要设置护栏、杆柱、交通标志时，应满足其设置要求。

（三）中间带

（1）中间带的作用。中间带是指沿道路纵向路中线设置分隔上下行车道行驶的带状设施。《标准》规定，高速公路和一级公路整体式断面必须设置中间带。中间带由两条左侧路缘带和中央分隔带组成，其作用如下：

1）分隔不同方向交通流，防止无序的交叉运行和随意转弯运行，减少因车辆高速行驶进入对向行车道造成迎面碰撞的严重交通事故；

2）可以作为预埋公路标志牌及其他交通管理设施的构件场地；

3）设置一定宽度的中间带并种植花草灌木或设置防眩网，可防止对向车辆灯光造成眩光的现象，还可起到美化路容和环境的作用；

4）设置于中央分隔带两侧的路缘带，由于具有一定宽度且颜色醒目，既引导驾驶员视线又增加了行车所必需的侧向余宽，从而提高了行车的安全性和舒适性；

5）为超高路段设置路面排水设施提供场所，并为养护人员提供避车带、安全岛。

（2）中间带的宽度。中间带的宽度应根据行车安全、道路用地和经济条件等综合确定。《标准》规定的中间带宽度随公路等级、地形条件变化为 2.00~1.50m。宽中间带的作用明显，但投资和占地多，不宜采用。我国原则上均采用窄的中间带，以节约用地。

《标准》规定，高速公路、一级公路整体式断面必须设置中间带。中间带由中央分隔带和两条左侧路缘带组成，中央分隔带的两侧设置左侧路缘带。中央分隔带由防护设施和两侧对应的余宽组成。不再指定中央分隔带宽度推荐值，中央分隔带宽度应从对向隔离、安全防护的主要功能出发，综合考虑中央分隔带护栏的防护形式和防护功能确定。

（3）中间带的设计。中间带的设计是指中央分隔带的表面形式，有凹形和凸形两种。前者用于宽度大于 4.5m 的中间带，后者用于宽度小于 4.5m 的中间带。宽度大于 4.5m 的，一般植草皮、栽灌木；宽度不大 4.5m 的可铺面封闭。

（四）路侧带

路侧带由人行道、绿化带、公共设施带等组成。路侧带的宽度根据道路类别、功能、人流密度、绿化、沿街建筑性质及布设地下管线等要求来综合确定。

（1）人行道。人行道是指在道路上用路缘石或护栏及其他类似设施加以分隔的专门供人行走的部分，人行道宽度不仅取决于道路功能、沿街建筑物性质、人流密度，还应满足在人行道下埋设地下管线等的要求。

（2）绿化带。道路路侧一般种有树木或设置绿化带，为保证植物的正常生长，需要保证其合理的宽度。当种植单排行道树时，株距一般为 4~6m，植树带最小宽度为 1.5m，也有种植草皮与花丛的。绿化带宽度应符合现行标准《道路绿化规划与设计规范》（CJJ75—1997）的相关要求。车行道两侧的绿化应满足侧向净宽度的要求，并不得侵入道路建筑限界和影响视距。

（3）设施带。设施带宽度包括设置行人护栏、照明灯柱、标志牌、信号灯等的宽度。设施带内各种设施布局应综合考虑，可与绿化带结合设置，但应避免相互之间的干扰。当红线宽度较窄或条件困难时，设施带与绿化带可以合并。经调查，我国各城市设置杆柱的设施带宽度多数为 1.0m，有些城市为 0.5~1.5m，考虑有些杆线需要制作基座，则宽度应更大一些，最小宽度不小于 1.0m，最大不超过 1.5m，设计时可根据实际情况选用。地下管线应尽可能布置在路侧带下面，并要布置得紧凑和经济。当管线埋设在路侧带下面时，如管线种类较多，且管线间还应有安全距离，则路侧带的宽度需要较宽。

现有道路中，人行道的宽度按规划设计为 3.0~5.0m，设施和绿化所占用的宽度不计入在内，设计时，要明确人行道、绿化带、设施带各自合适的宽度。

（五）分车带

分车带按照其在横断面中的不同位置及功能，可分为中间分车带（简称中间带）及两侧分车带（简称两侧带）。分车带的作用与公路中间带相同，分隔主路上对向车辆。两侧带可以分隔快车道与慢车道、机动车道与非机动车道、车行道与人行道等。

（六）路缘石

路缘石是设置在路面与其他构造物之间的界石，简称缘石。在分隔带与路面之间、人行道与路面之间一般都需要设置路缘石，在公路的中央分隔带边缘、行车道右侧边缘或者路肩外侧边缘常设路缘石。其形状有立式、斜式和曲线式等几种。

高速公路和一级公路中央分隔带上的路缘石起导向、连接和便于排水的作用，高度不宜太高。因为高的路缘石（高度大于 20cm），高速行驶的车辆一旦偏离方向驶入便会影响行车的安全，所以高速公路的分隔带因排水必须设置路缘石时，应使用低矮光滑的斜式或曲线式的路缘石，高度宜小于 12cm。

道路的人行道及人行横道宽度范围内的路缘石宜做成低矮的，而且坡面为较平缓的斜式，便于儿童车、轮椅及残疾人通行。在分隔带端头或交叉口的小半径处，缘石宜做成曲线式。

路缘石宜高出路面 10~12cm，桥上、隧道内线形弯曲段或陡峻路段等处可高出路面 25~40cm，并应有足够的埋置深度，以保证稳定。缘石宽度宜为 10~15cm。

（七）边沟

边沟的主要作用是排除路面及边坡处汇集的地表水，以确保路基与边坡的稳定。一般在公路路堑及高度小于边沟深度的低填方地段设置边沟。

边沟的断面形状主要取决于排水流量的大小，公路性质、土质情况及施工方法等。石质地段大多采用三角形；排水量大的路段多采用梯形或矩形截面形式。

边沟设计遵循以下基本规定：

（1）底宽与深度不小于 0.4m。

（2）边沟纵坡一般不应小于 0.5%，特殊困难路段也不得小于 0.2%；当陡坡路段沟底纵坡较大时，为防止边沟冲刷，应采取加固措施。

（3）梯形边沟内侧一般为 1 ： 1.5~1 ： 1，边坡外侧；路堤段边坡与内侧边坡相同，路堑段边坡与挖方边坡一致；三角形边沟内侧边坡一般为 1：4~1 ： 2，外侧边坡一般为 1 ： 2~1 ： 1。

（4）边沟长度不宜过长，一般不宜超过 500m，即应选择适当地点设置出水口，多雨地区不宜超过 300m，三角形边沟长度一般不宜超过 200m。

三、车行道路拱的形式及选择

为了迅速排除落在路面上的雨水，防止雨水渗入路基而降低路基强度及减少轮胎与路面之间的摩擦力，路面通常做成中间高并向两侧倾斜的拱形，称为路拱。其倾斜横坡度的大小以百分率表示。

路拱坡度的大小视路面类型、表面平整度、当地气候（降雨量）与道路纵坡大小等而定。在确定横坡时应考虑以下因素。

1. 横向排水

横向排水与路面结构类型和气候条件有关。车行道面层越粗糙，雨（雪）水在路面流动越缓慢，路拱横坡就要做得大一些。路拱坡度可以根据路面种类和当地自然条件，在一般情况下，干旱地区可取低值，多雨地区宜取高值。

2. 道路纵坡

当确定路拱横坡时，要考虑道路纵坡的大小，以控制合成坡度。如果道路纵坡较大，则路拱坡度宜用小值；反之，路拱坡度可以大些。

3. 车行道宽度

车行道宽，路拱横坡度应选择得平缓一些，否则路拱各点间的高度太大，会影响行车和道路横断面的视觉效果。所以，在设计中，应算出路拱各点间的高度和横坡，从而检查是否都满足排水、行车和美观的要求。

由于高速公路和一级公路路面较宽，迅速排除其路面降水尤为重要。高速公路、一级公路整体式路基的路拱宜采用双向路拱坡度，由路中央向两侧倾斜。位于中等强度降雨地区时，路拱坡度宜为 2%；位于降雨强度较大地区时，路拱坡度可适当增大。高速公路、一级公路分离式路基的路拱宜采用单向横坡，并向路基外侧帧斜，也可以采用双向路拱坡度。积雪、冰冻地区，宜采用双向路拱坡度。六车道、八车道高速公路和六车道一级公路，当超高过渡段的路拱坡度过于平缓时，可以设置两个路拱。二、三级、四级公路的路拱应采用双向路拱坡度，由路中央向两侧倾斜。路拱坡度应根据路面类型和当地自然条件确定，但不应小于 1.5%。

道路路拱横坡应根据路面宽度、路面类型、纵坡及气候条件确定，宜采用 1.0%~2.0%。快速路及降雨量大的地区宜采用 1.5%~2.0%，严寒积雪地区、透水路面宜采用 1.0%~1.5%。保护性路肩横坡度可比路面横坡度加大 1.0%。人行道宜采用单向横坡，坡度为 1.0%~2.0%。路缘带横坡与路面相同。

路拱的形式有直线形、直线加抛物线形、折线形、抛物线形四种。可以根据路面宽度和类型、排水和交通组成等选用，低等级公路可采用抛物线形路拱，高等级公路一般采用直线形或直线加抛物线形路拱，多车道水泥混凝土路面采用折线形路拱。

四、路基土石方调配

（一）土石方量调配

路基土石方调配的目的是将路堑的挖方合理地调用于路堤的填方或布置适当的弃土堆，合理地布设取土坑以满足路堤填方的需要，从而减少公路用地，且使运量最少。

1. 土石方调配原则

（1）在半填半挖断面中，应首先考虑在本路段内移挖做填进行横向平衡，然后再作纵向调配，以减少总的运输量。

（2）土石方调配应考虑桥涵位置对施工运输的影响，一般大沟不做跨越调运，同时，应注意施工的可能与方便，尽可能避免和减少上坡运土。

（3）为使调配合理，必须根据地形情况和施工条件，选用适当的运输方式，确定合理的经济运距，用以分析工程用土是调运还是外借。

（4）对于土石方调配的借土和弃土，应事先同地方商量，妥善处理。借土应结合地形、农田规划等选择借土地点，并综合考虑借土还田、整地造田等措施。弃土应不占或少占耕地，在可能条件下宜将弃土平整为可耕地。防止乱弃乱堆、堵塞河流、损坏农田。

2. 土石方调配方法

路基土石方数量计算完毕后，应进行土石方调配，借以确定填方的来源及挖方的去向，以便合理地利用挖余方，减少借方，达到综合平衡、少占农田的目的。土石方的调配在路基土石方数量计算表上进行。

（1）调配时，首先进行横向调配，满足本桩号利用方的需要，然后计算挖余和填缺的数量。

（2》横向调配完毕后，根据挖余和填缺量分布情况，即能大抵看出调运的方向及数量，再根据纵坡和经济运距，就能对可利用力进行纵向调配。

（3）纵向调配一般在本公里范围进行；调配后填方如尚不足或者挖方尚未用尽，再选定适当借方及弃方地点，并计算借方和弃方数量。

（4）对于跨公里的调配，须注明数量及方向。

（5）调配完成后，应进行复核。

①横向调运＋纵向调运＋借方＝填方；

②横向调运＋纵向调运＋弃方＝挖方；

③挖方＋借方＝填方＋弃方。

最后算得计价土石方数量：

计价土石方数量＝挖方数量＋借方数量

3. 免费运距、平均运距和经济运距

（1）免费运距是指只计算挖方费用而不计算运费的某一特定距离。在该距离内的运输消耗已反映在公路工程概算定额和公路工程预算定额的基本定额工作中，因而不再计算运费。

人工运输的免费运距为 20m，轻轨运输的免费运距为 50m，推土机为 20m，铲运机为 100m 等。

（2）平均运距是指土石方调配时，从挖方体积重心到填方体积重心的距离。为简化设计计算，通常，平均运距按挖方路段中心到填方路段中心的距离计。

当平均运距小于或等于免费运距时，不另计运费；当平均运距大于免费运距时，超出的运距称为超运运距。超运运距的运输应另加运费。

（3）经济运距：在某限度距离内，可以用路堑挖方作为路提的填方，该限度的距离称为经济运距。

4. 设计要求

横断面设计，必须结合地形、地质、水文等条件，本着节约用地的原则，选用合理的断面形式，以满足行车顺适、工程经济、路基稳定且便于施工和养护的要求。路基横断面设计必须满足以下基本要求：

（1）路基的结构设计应根据其使用要求和当地自然条件（包括水文地质和材料情况），并结合施工条件进行设计。设计前，应充分收集沿线地质、水文、地形、气象等资料。在山岭市丘区要特别注意地形和地质条件的影响，选择适当的路基断面形式、边坡坡度及防治病害的措施；在平原微丘区应注意最小填土高度，并设置必要的排水设施。

（2）路基的断面形式和尺寸应根据道路的等级、设计标准和设计任务书的规定以及道路的使用要求，结合具体条件确定。一般路基可以参照典型横断面设计，特殊路基则应进行单独计算设计。

（3）路基设计应兼顾当地农田基本建设的需要。在取土、弃土、取土坑设置、排水设计等方面与农田改土、农田水利、灌溉沟渠等相配合，尽量减少废土占地、防止水土流失和淤塞河道。

5. 公路横断面设计

（1）横断面设计方法

1）在计算纸上绘制横断面的地面线。地面线是在现场测绘的，若是纸上定线，可以从大比例尺的地形图上内插获得。在计算机辅助设计中，可以通过数字化或数字地面模型自动获得。横断面图的比例尺一般是 1 ： 200。

2）从路基设计表中抄入路基中心填挖高度，对于有超高和加宽的曲线路段，还应抄入左高、右高、左宽、右宽等数据。

3）根据现场调查的土壤、地质、水文资料，参照标准横断面图，画出路幅宽度，填或挖的边坡坡线，在需要设置各种支挡和防护工程的地方画出该工程结构的断面示意图。

4）根据综合排水设计，画出路基边沟、截水沟、排灌渠等的位置和断面形式。必要时需注明各部分尺寸。另外，也应尽可能画出取土坑、弃土堆、绿化等。

对于分离式断面的公路和具有变速车道、爬坡车道、紧急停车车道的断面，可以参照上述步骤绘制。一条道路的横断面因数量极大，为提高手工绘制的工作效率，可以事先制作若干透明模板；但根本的解决办法是“路线 CAD”，它不但能准确自动绘制横断面图，而且能自动解算横断面面积。对于一般的横断面设计，可以利用路基透明模板进行“戴帽子”。绘图比例尺按照需要采用。

（2）路基标准横断面。在具体设计每个横断面之前，先确定路基的标准横断面（或称典型横断面）。在标准横断面图中，一般要包括：路堤、路堑、半填半挖路基、护肩路基、挡土墙路基、砌石路基等。断面中的边坡坡率、边沟尺寸、挡墙断面等必须按照现行《公路路基设计规范》（JTGD30—2015）的规定处理。对于高填、深挖、特殊地质、浸水路堤等应单独设计。路基标准横断面图是路基横断面设计图中所出现的所有路基形式的汇总。它示出了所有设计线（包括边坡、边沟、挡墙、护肩等）的形状、比例及尺寸，用以指导施工。

（3）路基设计表。路基设计表是路线设计和路基设计成果的体现，在道路设计文件中占有重要地位。

6. 道路横断面设计

道路横断面设计是道路设计的主要内容之一。当按照道路的交通性质、地形条件及近期与远期相结合的原则确定了横断面组成和宽度以后，即可绘制横断面设计图。道路的横断面设计图与公路横断面图的作用是相同的，即指导施工和计算土石方数量。

道路横断面设计图一般要用的比例尺为 1 ∶ 100 或 1 ∶ 200，在图上应绘出红线宽度、行车道、人行道、绿化带、照明、新建或改建的地下管道等各组成部分的位置和宽度，以及排水方向、路面横坡等。

对道路横断面的设计应特别注意下列要点：

（1）应与道路上的交通性质与组成相协调。因为道路有机动、非机动车辆、行人交通以及公交汽车站，所以横断面要依据机动、非机动车辆与行人交通量的比例，并考虑公交线路及车辆停靠等问题进行布置设计。

（2）要注意道路与环境的关系，特别是地形、气候以及噪声、灰尘、废气污染等环境影响。

（3）要根据道路路段的交通组织设计进行横断面设计。交通组织设计主要是合理地布置机动、非机动车道、人行道以及设置停车站、交通岛、交通信号灯和交通标志等，以保证道路车流和行人交通的畅通与安全。因此，路幅断面形式（单、双、三、四幅路）的选定及机动车辆的组织往往影响横断面的合理布置。例如，中小道路一般可以采取机、非混合交通，而大城市的道路则需要组织各机动车的专用车道。

（4）要注意路幅与沿街建筑物高度的关系。从日照、通风、防震及建筑艺术要求，一般 H ： B=1 ： 2 左右为宜。

（5）横断面布置与道路功能相适合。不同功能的道路应有不同的风貌与建筑艺术，如商业性大街，因沿街有大型商店、影剧院等，一般以行人与客运交通为主，禁止过境载货车辆入内，断面布置上人行道宜宽，车行道一般为四车道，并考虑车辆的沿街停靠。

第三章　路基施工工程技术

第一节　一般路基施工

一、土质路基施工

土质路基施工分为土质路堤施工与土质路堑施工。

（一）土质路堤施工

1. 填料要求

含草皮、生活垃圾、树根、腐殖质的土严禁作为填料。泥炭、淤泥、冻土、强膨胀土、有机质土及易溶盐超过允许含量的土，不得直接用于填筑路基；确需使用时，必须采取技术措施进行处理，经检验满足设计要求后方可使用。液限（土的流动状态与可塑状态间的界限含水率）大于 50%、塑性指数（液限与塑限的差值）大于 26、含水量不适宜直接压实的细粒土，不得直接作为路堤填料；需要使用时，必须采取技术措施进行处理，经检验满足设计要求后方可使用。粉质土不宜直接填筑于路床，不得直接填筑于冰冻地区的路床及浸水部分的路堤。

2. 填筑取土

路基填方取土，应根据设计要求，结合路基排水和当地土地规划、环境保护要求进行，不得任意挖取。施工取土应不占或少占良田，尽量利用荒坡、荒地，取土深度应结合地下水等因素考虑，以利于复耕。原地面耕植土应先集中存放，以利再用。地面横向坡度大于 10% 时，取土坑应设在路堤上侧。桥头两侧不宜设置取土坑。取土坑与路基之间的距离，应满足路基边坡稳定的要求。取土坑与路基坡脚之间的护坡道应平整、密实，表面设 1%~2% 向外倾斜的横坡。取土坑兼作排水沟时，其底面宜高出附近水域的常水位或与永久排水系统及桥涵出水口的标高相适应。线外取土坑等与排水沟、鱼塘、水库等蓄水（排洪）设施连接时，应采取防冲刷、防污染的措施。对取土造成的裸露面，应采取整治或防护措施。

3. 土质路堤基底处理

二级及二级以上公路路堤基底的压实度（指筑路材料压实后的干密度与标准最大干密度之比，以百分比表示）应不小于 92%；三级、四级公路应不小于 90%。路基填土高度小于路面和路床总厚度时，基底应按设计要求处理。原地面有坑、洞、穴等情况的，应在清除沉积物后，用合格填料分层回填，分层压实，其压实度要求同路堤基底。陡坡地段、土石混合地基、填挖界面、高填方地基等都应按设计要求进行处理。地基为耕地、土质松散、水稻田、湖塘、软土、高液限土等时，应按设计要求进行处理，局部松软的部分也应采取有效的处理措施。地下水位较高时，应按设计要求进行处理。施工中应对地下水情况进行记录并及时反馈。泉眼或露头地下水，应按设计要求采取有效导排措施后方可填筑路堤。

4. 土质路堤填筑施工

性质不同的填料，应水平分层、分段填筑，分层压实。同一水平层路基的全宽应采用同一种填料，不得混合填筑。填筑路床顶最后一层时，压实后的厚度应不小于 100 mm。对潮湿或冻融敏感性小的填料应填筑在路基上层。强度较小的填料应填筑在下层。在有地下水的路段或临水路基范围内，宜填筑透水性好的填料。路堤施工中，各施工作业层面应设 2%~4% 的双向排水横坡，层面上不得有积水，并采取相应的防水措施，防止水流冲刷边坡。不得在透水性较好的填料所填筑的路堤边坡上覆盖透水性不好的填料。每种填料的松铺厚度应通过试验确定。每一填筑层压实后的宽度不得小于设计宽度。路堤填筑时，应从最低处起分层填筑，逐层压实。填方分几个作业段施工时，接头部位如不能交替填筑，则先填路段，应按 1 ∶ 1 坡度分层留台阶；如能交替填筑，则应分层相互交替搭接，搭接长度不小于 2 m。

施工机械应根据工程特点、土石种类及数量、地形、填挖高度、运距、气候条件、工期等因素，做出经济合理的选择。填方压实应配备专用碾压机具。

（二）土质路堑施工

1. 开挖要求

土质路基开挖前，应先根据地面坡度、开挖断面、纵向长度及出土方向等因素，结合土方调配，确定安全、经济的开挖方案。施工时要满足以下要求：

①土方开挖应自上而下进行，不得乱挖超挖，严禁掏底开挖。

②可作为路基回填料的土方，应分类开挖，分类使用。非适用材料作为弃方处理。

③开挖过程中，应采取措施保证边坡稳定。开挖至边坡线前，应预留一定宽度，预留的宽度应保证刷坡过程中设计边坡线外的土层不受到扰动。

④路基开挖中，基于实际情况，如需修改设计边坡坡度、截水沟和边沟的位置及尺寸，应及时按规定报批。边坡上稳定的孤石应保留。

⑤开挖至零填、路堑路床部分后，应尽快进行路床施工；如不能及时进行，宜在设计

路床顶标高以上预留至少 100 mm 厚的保护层，防止下层土受到水的扰动。挖方路基路床顶面终止标高，应考虑因压实而产生的下沉量，其值通过试验确定。

2. 开挖排水

路堑施工中，应采取临时排水措施，及时将地表水排走，确保施工作业面不积水。路堑边沟与截水沟应从下游向上游开挖。截水沟通过地面坑凹处时，应将坑凹处填平、夯实。边沟及截水沟开挖后，应及时进行防渗处理，不得渗漏、积水和冲刷边坡及路基。

路堑开挖遇到地下水时应采取排导措施，将水引入路基排水系统，不得随意堵塞泉眼。施工中应对地下水情况进行记录并及时反馈。路床土含水量高或为含水层时，应采取设置渗沟、换填、改良土质、土工织物等处理措施。

二、石质路基施工

（一）填石路堤施工

填石路堤，是指用粒径大于 40 mm 且含量超过总质量 70% 的石料填筑的路堤。

1. 填料要求

膨胀岩石、易溶性岩石不宜直接用于路堤填筑，强风化石料、崩解性岩石和盐化岩石不得直接用于路堤填筑。路堤填料粒径应不大于 500 mm，并不宜超过层厚的 2/3，不均匀系数宜为 15~20。路床底面以下 400 mm 范围内，填料粒径应小于 150 mm。路床填料粒径应小于 100 mm。

2. 基底处理

填石路堤基底处理除应满足土质路堤基底处理要求外，其承载力应满足设计要求。在非岩石地基上，应按设计要求设过渡层后，再填筑填石路堤。

3. 填筑要求

①施工前，应先通过试验路段，确定满足现行《公路路基施工技术规范》（JTG F10—2006）关于填石路堤孔隙率标准、路床最大干密度要求的松铺厚度、压实机械型号及组合、压实速度及压实遍数、沉降差等参数。

②二级及二级以上公路的填石路堤应分层填筑、压实。二级以下砂石路面公路在陡峻山坡地段施工特别困难时，可采用倾填的方式将石料填筑于路堤下部，但在路床底面以下 1 m 范围内仍应分层填筑、压实。

③岩性相差较大的填料应分层或分段填筑。严禁将软质石料与硬质石料混合使用。

④中硬、硬质石料填筑路堤时，应进行边坡码砌，码砌边坡的石料强度、尺寸及码砌厚度应符合设计要求。边坡码砌与路基填筑宜基本同步进行。

⑤压实机械宜选用自重不小于 18 t 的振动压路机。

⑥在填石路堤顶面与细粒土填土层之间应按设计要求设过渡层。

（二）石质路堑施工

石方开挖应根据岩石的类别、风化程度、岩层产状、岩体断裂构造、施工环境等因素确定合理的开挖方案。

爆破法施工应先查明空中缆线和地下管线的位置、开挖边界线外可能受爆破影响的建筑物结构类型、居民居住情况等，然后制订详细的爆破技术安全方案。爆破施工组织设计应进行专家论证后按相关规定进行报批。

爆破施工必须符合现行《爆破安全规程》。施工严禁采用硐室爆破（采用集中或条形硐室装药，爆破开挖岩土的作业），近边坡部分宜采用光面爆破（沿开挖边界布置密集炮孔，采取不耦合装药或装填低威力炸药，在主爆区爆破之后起爆，以形成平整的轮廓面的爆破作业）或预裂爆破（沿开挖边界布置密集炮孔，采取不耦合装药或装填低威力炸药，在主爆区爆破之前起爆，从而在爆区与保留区之间形成预裂缝，以减弱主爆破对保留岩体的破坏并形成平整轮廓面的爆破作业）。

爆破施工宜按以下程序进行：爆破影响调查与评估→爆破施工组织设计→专家论证→培训考核、技术交底→主管部门批准→布设安全警戒岗→清理爆破区施工现场的危石等→炮眼钻孔作业→爆破器材检查测试→炮孔检查合格装炸药及安装引爆器材→布设安全警戒岗→堵塞炮孔→撤离施爆警戒区和飞石、震动影响区的人、畜等。爆破作业信号发布及爆破→安全员检查、清除盲炮→解除警戒→测定、检查爆破效果（包括飞石、地震波及对施爆区内构造物的损伤、损失等）。

边坡整修：挖方边坡应从开挖面往下分段整修，每下挖 2~3 m，宜对新开挖边坡刷坡，同时清除危石及松动石块。石质边坡不宜超挖。

路床清理：路床欠挖部分必须凿除。超挖部分应采用无机结合料稳定碎石或级配碎石填平、碾压密实，严禁用细粒土找平。

三、土石混合路基施工

土石路堤，是指石料含量占总质量 30%~70% 的土石混合材料修筑的路堤。

（一）填料要求

能用于填筑土石路堤的天然土石混合填料中，中硬、硬质石料的粒径不得大于压实层厚的 2/3；强风化石料或软质石料的粒径不得大于压实层厚。

（二）基底处理

土石路堤基底处理除应满足土质路堤基底处理要求外，在陡、斜坡地段，土石路堤靠山一侧应按设计要求，做好排水和防渗处理。

（三）填筑要求

①压实机械的选用以及通过试验路段确定施工参数要求同填石路堤。

②土石路堤不得倾填（含抛填），应分层填筑、压实。

③碾压前应使大粒径石料均匀分散在填料中，石料间孔隙应填充小粒径石料、土和石渣。

④压实后，透水性差异大的土石混合材料应分层或分段填筑，不宜纵向分幅填筑；如确需纵向分幅填筑，应将压实后渗水良好的土石混合材料填筑于路堤两侧。

⑤土石混合材料来自不同料场，其岩性或土石比例相差较大时，宜分层或分段填筑。

⑥填料由土石混合材料变化为其他填料时，土石混合材料最后一层的压实厚度应小于300 mm，该层填料最大粒径宜小于150 mm，压实后，该层表面应无孔洞。

⑦中硬、硬质石料的土石路堤应进行边坡码砌，码砌边坡的石料强度、尺寸及码砌厚度应符合设计要求。边坡码砌与路堤填筑宜基本同步进行。软质石料土石路堤的边坡按土质路堤边坡处理。

四、路基的冬季和雨季施工

（一）冬季施工

室外日平均气温连续5天稳定低于5℃的施工过程称为冬季施工。

1. 冬季施工情况

高速公路、一级公路的土质路堤和地质不良地区二级及二级以下公路路堤不宜进行冬季施工；河滩低洼地带，可被水淹没的填土路堤不宜冬季施工；土质路堤路床以下1 m范围内，不得进行冬季施工；半填半挖地段、挖填方交界处不得在冬季施工。

2. 冬季施工路基基底处理

冬季施工路基在冻结前应完成表层清理，挖好台阶；填筑前应将基底范围内的积雪和冰块清除干净；对需要换填土地段或坑凹处需补土的基底应选用适宜的填料回填，并及时进行整平压实；基底处理后应立即采取保温措施防止冻结。

3. 冬季填方路堤施工要求

路堤填料应选用未冻结的砂类土、碎石、卵石土、石渣等透水性良好的材料。不得用含水量过大的黏性土。填筑应按横断面全宽平填，每层松铺厚度应比正常施工减少20%~30%，且松铺厚度不得超过300 mm。当天填土应当天完成碾压。中途停止填筑时，应整平填层和边坡并进行覆盖防冻，恢复施工时应将表层冰雪清除，并补充压实。当填至距路床底面下1 m时，碾压密实后应停止填筑，在顶面覆盖防冻保温层，待冬季过后整理复压，再分层填至设计标高。冬季过后必须对填方路堤进行补充压实，使压实度达到现行《公路路基施工技术规范》相关要求。

4. 冬季挖方路基施工要求

挖方边坡不得一次挖到设计线，应预留一定厚度的覆盖层，待到正常施工季节后再修整到设计坡面。路基挖至路床顶面以上 1 m 时，完成临时排水沟后，应停止开挖，待冬季过后再施工。河滩地段可利用冬季水位低，开挖基坑，修建防护工程，但应采取措施保证工程质量。

（二）雨季施工

雨季路基施工宜选在丘陵和山岭地区的砂类土、碎砾石、岩石地段、路堑的弃方地段。重黏土、膨胀土、盐渍土地段和平原区排水困难路段不宜在雨期施工。

1. 防排水要求

在雨季施工的路段，要进行详细的现场调查研究，编制好施工组织计划，制订雨季施工安全预案，做好防洪抢险的准备工作。重点解决防排水问题，具体应注意以下几点：

第一，雨季施工应综合规划、合理设置现场防排水系统，采取有效措施，及时引排地面水。要把临时排水和永久排水衔接好，把水引入沿线桥涵及排水沟渠，形成完整的排水系统，保证雨季施工场地不被淹没，不积水。

第二，对施工临时挤占的沟渠、河道应采取措施保证不降低原有的排水能力。

第三，路堤填筑的每一层表面应设 2%~4% 的排水横坡。

第四，在已填路堤路肩处，应采取设置纵向临时挡水土埋、每隔一定距离设出水口和排水槽等措施，引排雨水至排水系统。

第五，雨季路堑施工宜分层开挖，每挖一层均应设置纵横排水坡，使水排放畅通。

2. 雨季施工路基基底处理

在雨季来临前应将基底处理好，孔洞、坑凹处填平夯实，整平基底，并设纵横排水坡。低洼地段，应在雨季前将原地面处理好，并将填筑作业面填筑到可能的最高积水位 0.5 m 以上。

3. 填方路堤雨季施工要求

填料应选用透水性好的碎（卵）石土、沙砾、石方碎渣和砂类土等。利用挖方土做填料，含水量符合要求时，应随挖随填，及时压实。含水量过大而难以晾晒的土不得用作雨季施工填料。雨季填筑路堤需借土时，取土坑的设置应满足路基稳定的要求。路堤应分层填筑，当天填筑的土层应当天或雨前完成压实。

4. 挖方路基雨季施工要求

挖方边坡不宜一次挖到设计坡面，应预留一定厚度的覆盖层，待雨季过后再修整到设计坡面，目的是防止地面水冲坏已成边坡和路床。雨季开挖路堑，当挖至路床顶面以上300~500 mm时应停止开挖，并在两侧挖好临时排水沟，待雨季过后再施工。雨季开挖岩石路基，炮眼宜水平设置。

五、路基防护工程施工

路基的填挖施工会改变原地层的天然平衡状态，新修筑路基在填挖不平衡荷载、行车荷载及其他复杂自然因素的长期作用下，可能产生各种变形和破坏。为保证路基的稳定和防治路基病害，要因地制宜地采取有效的措施，对各类土、石边坡及软弱地基予以必要的防护与加固。

防护工程主要是指防治风化、冲刷等路基病害的工程措施，主要起隔离、封闭、改善环境、保护生态平衡、增强路基稳定性的作用。一般认为防护工程不承受外力作用，所以要求路基本身必须是稳定的，其实路基防护工程均有一定的加固作用。路基边坡防护分为一般路基坡面防护和沿河路基坡面防护。

加固工程主要是指防止路基坍滑、沉陷，支撑天然边坡或人工边坡，保持路基稳定，增强其承载力的工程措施。加固工程具备承受外力的能力，能够加固路基，改善本身不稳定的情况，显然也具有边坡防护作用。路基加固一般分为边坡支挡工程和湿弱地基处理加固工程。

（一）路基防护施工的原则

进行路基防护工程施工应遵循以下原则：

1. 路基防护

工程宜与路基挖填方工程紧密、合理衔接，开挖一级防护一级，并及时进行养护。各类防护和加固工程应置于稳定的基础或坡体上。

2. 路堑防护

应根据开挖坡面地质水文情况逐段核实路基防护设计方案，应尽量采用边坡自然稳定下的植物防护或不防护。

3. 坡面防护

施工前，应对边坡进行修整，清除边坡上的危石及不密实的松土。坡面防护层应与坡面密贴结合，不得留有空隙。

4. 在多雨地区或地下水发育地段

路基防护工程施工中，应采取有效措施截排地表水和导排地下水。

临时防护措施应与永久防护工程相结合。

（二）一般路基坡面防护施工

坡面防护主要用于防护易受自然因素影响而破坏的土质和石质边坡。常用的坡面防护包括植被防护、骨架植物防护、圬工防护等方法，要根据坡面变形及土石的具体工程情况，做出经济、合理的选择。

1. 植物防护施工

（1）种草、铺草皮和植树

植物防护主要用于适宜植物生长的土质边坡。

种草适用于坡度不大于 1 ∶ 1 且高度不大、不浸水或短期浸水但地面径流速度不超过 0.6 m/s 的土质边坡。若边坡土质不宜种草，可在其上铺一层厚 5~10 cm 的种植土。草种应根据防护目的、气候、土质、施工季节等因素确定，选择易成活、生长快、根系发达、叶茎矮或有匍匐茎的多年生草种。种草施工时，草籽应撒布均匀，同时做好保护措施。

铺草皮适用于坡度不大于 1 ∶ 1 的土质或强风化、全风化的岩石边坡，其最大抵御水流速度为 1.8 m/s。草皮应选用根系发达、茎矮叶茂的耐旱草种。当坡面冲刷比较严重（径流速度大于 0.6 m/s），边坡较陡时，应根据具体条件（坡度与流速等），分别采用平铺（平行于坡面）、水平叠置、垂直坡面或与坡面成一半坡角的倾斜叠置的方式种植草皮。

铺草皮需预先备料，草皮可就近培育，切成整齐块状，每块草皮的尺寸以 20 cm × 40 cm 为宜，然后移铺在坡面上。铺时应自下而上，并用竹木小桩将草皮钉在坡面上，使之稳固。草皮根部土应随草切割，坡面要预先挖松整平，必要时还应加铺种植土，草皮应随挖随铺。

植树适用于坡度不大于 1 ∶ 1.5 的土质和全风化的岩石边坡。树种以灌木为好，应选择根系发达、枝叶茂盛、适合当地迅速生长的低矮灌木。灌木（树木）应在适宜季节栽植，常用灌木树种有紫穗槐、夹竹桃、黄荆、野蔷薇、山楂等，不宜在边坡上种植乔木。植树与种草可配合进行。

铺、种植被后，应适时进行洒水、施肥等养护管理，直到植被成活。养护用水应不含油、酸、碱、盐等有碍草木生长的成分。

（2）三维植被网防护施工

土工织物防护种类很多，三维植被网防护只是土工织物复合植被防护坡面的一种典型形式。三维植被网以热塑料树脂为原料，采用科学配方及工艺制成。其结构分为上、下两层，下层为一个经双面拉伸的高模量基础层，强度足以防止植被网变形；上层由具有一定弹性的、规则的、凹凸不平的网包组成。三维植被网应符合设计及有关标准，且其搭接宽度不宜小于 100 mm。由于网包的作用，三维植被网能降低雨滴的冲蚀能量，并通过网包阻挡坡面雨水，同时网包能很好地固定充填物（土、营养土、草籽），使其不被雨水冲走，为植被生长创造良好条件。另外，三维植被网固定于坡面上，直接对坡面起固筋作用。当植物生长茂盛后，根系与三维植被网盘错、连接、纠缠在一起，坡面与土相接，形成一个坚固的绿色保护整体，起到复合护坡的作用。

三维植被网适用于砂性土、土夹石及风化岩石，且坡率缓于 1 ∶ 0.75 边坡的防护。三维植被网中的回填土应符合设计要求，宜采用客土，客土是指非当地原生的、由别处移来用于置换原生土的外地土壤，通常是指质地好的壤土（沙壤土）或人工土壤，是提供植物生长的基盘材料或土、肥料及含腐殖质土的混合物。

（3）湿法喷播施工

湿法喷播是一种以水为载体的机械化植被技术，采用专门的设备（喷播机）施工，种子可在较短时间内萌芽、生长成株、覆盖坡面，达到迅速绿化、稳固边坡的目的。用这种方法在人力不可及的陡峭高边坡和含石的边坡上种植植被非常优越。播种的时间一般在气候温和、湿度较大的春、秋季为宜，不宜在干燥的风季和暴雨季播种。播种前应在路堤的路肩和路堑顶边缘，埋入与坡面齐平的宽 200~300 mm，厚 50~60 mm 的带状草皮。播种后适时进行补种、洒水、施肥、清除杂草等养护管理，直至植物成长覆盖坡面，种子成活率应达到 90% 以上。

湿法喷播适用于土质、土夹石、严重风化岩石且坡率缓于 1 ∶ 0.5 的边坡及中央分隔带、立交区、服务区及弃土堆等处的绿化防护。

（4）客土喷播施工

客土喷播是将客土（提供植物生育的基盘材料）、纤维（基盘辅助材料）、侵蚀防止剂、缓效肥料和种子按一定比例，加入专用设备中充分混合后，用喷射机均匀喷涂到坡面上，使植物获得必要的生长基础，达到快速绿化目的的一种喷播建植技术。

客土喷播主要用于风化岩石、软质岩石、贫瘠土质和硬土边坡、植物立地条件差的高陡坡面和受侵蚀显著的坡面，坡面坡度不宜大于 1 ∶ 1，否则，宜设置挂网或混凝土框架。

喷播植草混合料（植生土、土壤稳定剂、水泥、肥料、混合草籽、水等）的配合比应根据边坡坡度、地质情况和当地气候条件确定，混合草籽用量为每 1000 m^2 不宜少于 25 kg。气温低于 12℃不宜喷播作业。

2. 骨架植物防护

根据骨架形式不同，常用的骨架植物防护形式有浆砌片石或混凝土骨架植草防护、水泥混凝土空心块植草防护、锚杆混凝土框架植物防护等。

（1）浆砌片石（混凝土）骨架植草防护施工

浆砌片石或水泥混凝土骨架植草防护适用于土质和强风化岩石边坡。其结构形式主要有方格形、人字形、拱形及多边形混凝土空心块等。浆砌片石（混凝土块）骨架植草防护既能稳定路基边坡，又能节省圬工材料，造价较低、施工方便、造型美观，能与周围环境自然融合，是目前高速公路边坡防护的主要形式之一，已被推广应用。

施工时骨架内应采用植物或其他辅助防护措施。植草草皮下宜有 50~100 mm 厚的种植土，草皮应与坡面和骨架密贴，并及时对草皮进行养护。混凝土空心预制块铺置应在路堤沉降稳定后方可施工，预制块铺置前应将坡面整平，预制块经验收合格后方可使用，预制块应与坡面紧贴，不得有空隙，并与相邻坡面平顺。

（2）锚杆混凝土框架植草防护施工

锚杆混凝土框架植草防护是近年来在总结锚杆挂网喷浆（混凝土）防护的经验教训后发展起来的，它既保留了锚杆对风化碎岩石边坡的主动加固作用，防止了岩石边坡经开挖卸荷和爆破松动而产生的局部破坏，又吸收了浆砌片石（混凝土）骨架植草防护造型美观、便于绿化的优点。

锚杆混凝土植草防护形式有多种组合：锚杆混凝土框架 + 喷播植草、锚杆混凝土框架 + 挂三维土工网 + 喷播植草、锚杆混凝土框架 + 土工格室 + 喷播植草、锚杆混凝土框架 + 混凝土空心块 + 喷播植草等。

3. 圬工防护

圬工防护主要指用圬工材料砌筑的工程防护结构，主要用于石质路堑边坡的防护。圬工防护主要包括封面防护（喷护、抹面、捶面等）、锚杆挂网喷护、干砌片石、浆砌片（卵）石、浆砌片石护面墙等结构形式。圬工防护不易协调周围环境，道路景观差，应尽量少用，尤其是锚杆挂网喷护。因此，圬工防护施工时应注意与周围环境的协调。

（1）封面防护

封面防护包括喷浆、喷射混凝土、抹面、捶面等防护形式。

喷浆（混凝土）防护适用于坡度缓于 1 ∶ 0.5、易风化、裂隙和节理发育、坡面不平整但未遭强风化，且边坡较干燥，无流水侵入的岩石路堑边坡。对于高而陡的边坡，当需大面积防护时，采取此类型更为经济。

喷护施工常用机械喷护法施工，将配制好的砂浆（混凝土）使用喷射机或水泥枪喷射于坡面上。喷射混凝土厚度不宜小于 80 mm，应根据厚度分 2~3 层喷射，混凝土强度宜低于 C15。施工作业前应通过试喷，选择合适的水灰比和喷射压力，以保证喷射坡面的质量。喷浆水灰比过小时，灰体表面颜色灰暗，出现干裂，回弹量大，粉尘飞扬；水灰比过大时，灰体表面起皱、拉毛、滑动，甚至流淌；水灰比合适时，灰体成黏糊状，表面光滑平整，回弹量小。喷浆施工严禁在结冰季节或大雨中进行作业。喷护前应采取措施对泉水、渗水进行处治，并按设计要求设置泄水孔和伸缩缝，排、防积水。喷射顺序应自下而上进行。喷射砂浆初凝后，应立即开始养生，养护期一般为 5~7 d。喷射混凝土初凝后，应立即养生，养护期一般为 7~10 d。应及时对喷浆层顶部进行封闭处理。

抹面防护主要用于石质路堑边坡，封面适用于未经严重风化的各种易风化岩石的路堑边坡，但不适用于由煤系岩层及成岩作用很差的红色黏土岩组成的边坡。捶面适用于边坡率缓于 1 ∶ 0.5 且易受冲刷的土质边坡或易风化剥落的边坡。二者均不宜用于高速公路路基边坡防护。抹面、捶面不能承受荷载，不能承受土压力，要求边坡必须平整、干燥、稳定。

抹面防护层厚度不宜小于 30 mm，使用年限为 8~10 年；捶面防护层厚度不宜小于 100 mm，使用年限为 10~15 年。抹面防护不宜在严寒冬季和雨天施工。封面前岩体表面要冲洗干净，土体表面要平整、密实、湿润。封面厚度应符合设计要求，封面应分两层进行施工，底层为全厚的 2/3，面层为全厚的 1/3。抹面、捶面厚度要均匀，表面要光滑，封面与坡面应密贴稳固。大面积封面宜每隔 5~10 m 设伸缩缝，缝宽 10~20 mm。封面初凝后应立即进行养生，并按设计要求做好边坡封顶和排水设施。捶面护坡施工应嵌补填平边坡坑凹、裂缝。

（2）锚杆挂网喷射混凝土（砂浆）防护施工

当坡面岩体风化破碎严重时，为了加强防护的稳定性，则采用锚杆挂网喷浆（混凝土）防护，锚杆锚固深度及铁丝网孔密度视边坡岩石性质及风化程度而定。锚杆宜用 1 ∶ 3 水泥砂浆固定，铁丝网应与锚杆连接牢固。

施工时，锚杆应嵌入稳固基岩内，锚固深度根据设计要求结合岩体性质确定。锚杆孔深应大于锚固长度 200 mm。铺设钢筋网前宜在岩面喷射一层混凝土，钢筋网与岩面的间隙宜为 30 mm，然后再喷射混凝土至设计厚度。喷射混凝土的厚度要均匀，钢筋网及锚杆不得外露。做好泄、排水孔和伸缩缝。锚杆挂网喷射混凝土（砂浆）防护施工质量应符合规范要求。

（3）干砌片石护坡施工。

干砌片石护坡适用于坡度缓于 1 ∶ 1.25 的土质路堑边坡或边坡易受地表水冲刷以及有少量地下水渗出的地段。干砌片石护坡厚度不宜小于 250 mm。当边坡为粉质土、松散的砂或粉砂土等易被冲蚀的土时，碎石或沙砾垫层厚度不宜小于 100 mm。基础应选用较大石块砌筑，如基础与排水沟相连，其基础应设在沟底以下，并按设计要求砌筑浆砌片石。砌筑应彼此镶紧，接缝要错开，缝隙间用小石块填满塞紧。

（4）浆砌片（卵）石护坡施工

浆砌片（卵）石护坡适用于坡度缓于 1 ∶ 1 的易风化的岩石，以及坡面防护采用干砌片石不适宜或效果不好的边坡。对于严重潮湿或严重冻害的土质边坡，在未采取排水措施以前，则不宜采用浆砌片石护坡。在冻胀变形较大的土质边坡上，浆砌片石护坡底面应设 100~150 mm 厚的碎石或沙砾垫层。浆砌片（卵）石护坡厚度不宜小于 250 mm。砂浆强度不应低于 M5，砂浆终凝前，砌体应覆盖，砂浆初凝后，立即进行养生。路堤边坡采用浆砌片石护坡，宜在路堤沉降稳定后施工。浆砌片石护坡每 10~15 m 应留一伸缩缝，缝宽 20~30 mm。在基底地质有变化处，应设沉降缝，可将伸缩缝与沉降缝合并设置。泄水孔的位置和反滤层的设置应符合设计要求。

（5）水泥混凝土预制块护坡施工

水泥混凝土预制块防护宜用于缺乏石料地区或城郊及互通式立交等需要美化的路段，预制块混凝土强度不应低于 C15，在寒冷地区不应低于 C20。路堤边坡护坡宜在路堤沉降稳定后施工。铺设混凝土预制块前应将坡面平整，碎石或沙砾垫层的厚度不宜小于 100 mm。预制块应错缝砌筑，砌筑坡面应平顺，并与相邻坡面顺接。泄水孔的位置应符合设计要求，并保证畅通。

（6）浆砌片石护面墙施工

护面墙适用于防护易风化或风化严重的各种软质岩石层和较破碎岩石的挖方边坡以及坡面易受侵蚀的土质边坡的防护，以防止自然因素的影响而继续风化破坏。护面墙在高速公路路堑边坡防护中应用比较普遍，且边坡稳定，效果较好。

护面墙有实体护面墙、窗孔式护面墙、拱式护面墙及肋式护面墙等，应根据坡面地质条件合理确定。边坡不宜陡于 1 ∶ 0.5；窗孔式护面墙坡度不应大于 1 ∶ 0.75；拱式护面墙适于边坡下部岩层较完整而上部需防护路段，边坡应缓于 1 ∶ 0.5。

修筑护面墙前，应清除基底风化层至新鲜岩面。对风化迅速的岩层，清挖到新鲜岩面后应立即修筑护面墙。护面墙的基础应设置在稳定的地基上，地基承载能力不够，应采取加固措施，基础埋置深度应根据地质条件确定，冰冻地区应埋置在冰冻深度以下至少 250 mm，护面墙前趾应低于边沟的底面。护面墙背必须与路基坡面密贴，边坡局部凹陷处，应挖成台阶后用与墙身相同的砌补，不得回填土石或干砌片石。坡顶护面墙与坡面之间应按设计要求做好防渗处理并按设计要求做好伸缩缝。当护面墙基础修筑在不同岩层上时，应在变化处设置沉降缝。单级护面墙的高度不宜超过 10 m，并应设置伸缩缝和泄水孔，泄水孔的位置和反滤层的设置应符合设计要求。

（三）沿河路基防护

沿河路基及坡岸由于经常或周期性受到水流的冲刷作用，因此必须采取有效的冲刷防护措施，以确保路基及坡岸的稳固和安全。沿河路基防护工程一般分直接防护与间接防护两种：直接防护工程类型包括护面墙、砌石或混凝土板、护坦、抛石、石笼、浸水挡墙等，以直接抵御水流冲刷为主；间接防护包括导流构造物（丁坝、顺坝等）和防护林带等，以改变水流方向，降低流速，减少冲刷为主。在实际施工过程中，应按工程环境条件选用适当的防护工程类型，达到预期的防护目的。沿河路基防护工程基础应埋设在局部冲刷线以下不小于 1 m 处或嵌入基岩内。

1. 直接防护

（1）砌石或混凝土防护

砌石或混凝土防护包括干砌片石、浆砌片石及混凝土板等防护。干砌片石防护适用于易受水流侵蚀的土质边坡，严重剥落的软质岩石边坡，周期性浸水及受冲刷弱（流速为 2~4 m/s）的河岸路基及边坡；浆砌片（卵）石防护适用于经常浸水及受水流冲刷强（流速 3~6 m/s）或受较强烈的波浪作用，以及可能有流水、漂浮物等冲击作用的河岸路基；混凝土板防护常用于路堤及河岸的边坡，以抵抗渗透水及波浪的破坏，其允许流速为 4~8 m/s。

砌石或混凝土防护施工除应满足一般路基防护施工要求外，石料应选用未风化的坚硬岩石。开挖基坑时，应核对地质情况，与设计要求不符时，应进行处理。基础完成后应及时用符合设计要求的材料回填。铺砌层底面的碎石、砂砾石垫层或反滤层，应符合设计要求。坡面密实、平整、稳定后方可铺砌。砌块应交错嵌紧，严禁浮塞。砂浆应饱满、密实，不得有悬浆。每 10~15 m 宜设伸缩缝，基底土质变化处应设沉降缝，并按设计要求施工。采用干砌片石、浆砌片石时，不得大面平铺，石块应彼此交错搭接，不得松动。采用干砌片石、浆砌河卵石时，必须长方向垂直坡面，成横行栽砌牢固。采用铺砌混凝土预制块时，应按设计规格和要求检验合格后方可铺筑。就地浇筑混凝土板时，宜采取措施提高早期强度，混凝土表面应平整、光滑。

（2）护坦防护

护坦是一种辅助性防护措施，常作为闸、坝下游的消力池底板、河床底板，被用来保护水跃范围内的河床免受冲刷。护坦防护形式有护坦式基脚形式、护坦式基脚加设挑坎及阻水堤基脚护坡形式等。当沿河路基挡土墙、护坡的局部冲刷深度过大，深基础施工不便时，宜采用护坦防护基础；当已建挡土墙、护坡的基础埋深不够，需要进行加固时，采用护坦式基脚施工方便有利。护坦式基脚可以减少水流与墙面冲击后形成的下降水流对床面的冲刷。护坦基脚可大大减小挡土墙或护坡基础埋深，减少施工难度。为了进一步减少护坦或基脚的局部冲刷深度，提高抗洪能力，可在护坦上加设挑坎和将护坦基脚的垂墙做成仰斜式。护坦防护施工中，护坦顶面应埋入计算河床冲刷深度以下 0.5~1.0 m。

（3）抛石防护

抛石防护的应用很广，适用于经常浸水且水较深地段的路基边坡防护，多用于防洪抢险工程。

抛石防护施工时，抛石切忌乱抛。抛石体边坡坡度和石料粒径应根据水深、流速和波浪情况确定，石料粒径应大于 300 mm，宜用大小不同的石块掺杂抛投。坡度应不大于抛石石料浸水后的天然休止角。抛石厚度宜为粒径的 3~4 倍；用大粒径时，不得小于 2 倍。抛石石料应选用质地坚硬、耐冻且不易风化崩解的石块。除特殊情况外，抛石防护宜在枯水季节施工。

（4）石笼防护

石笼是加固河床和路堤、较好防止冲刷的柔性防护体，多用于防护工程基础难以施工或局部冲刷深度过大的情况。目前工程用到的石笼有铁丝石笼和钢筋混凝土框架石笼。铁丝石笼一般可抵抗 4~5 m/s 的水流速度，体积大的可抵抗 5~6 m/s 的流速、波浪高 1.5~1.8 m 的水流，多用于抢修或临时工程中，不得用于急流滚石河段。当水流含有大量泥沙时，石笼中的空隙能很快淤满，从而形成一整体防护层，如果将各个铁丝石笼单元间彼此很好地连接起来，使其成为一个完整的柔性体，其防护效果会更好。钢筋混凝土石笼用于急流滚石河段。

石笼防护施工时，应根据设计要求或根据不同情况和用途，合理选用石笼形状。应选用浸水不崩解、不易风化的石料。石笼底应大致整平，必要时用碎石或砾石垫层整平。石笼应做到位置正确，搭叠衔接稳固、紧密，确保整体性。

（5）浸水挡土墙

浸水挡土墙适用于水流冲刷严重的河段、急流峡谷，能抵抗的最大水流速度为 8 m/s。

浸水挡土墙除应符合一般挡土墙要求外，还应注意与岸坡的衔接。砌筑挡土墙的材料应选用坚硬未风化且浸水不崩解的石块。

（6）土工织物防护

土工模袋防护是土工织物防护在沿河路堤防护中常用的一种形式，它是在土工合成材料表面涂一层树脂或橡胶等防水材料，或将土工合成材料与塑料薄膜复合在一起形成不透水防水材料，制成膜袋后再填充混凝土或砂浆形成防护结构，达到防护的目的。膜袋厚度应通过抗浮稳定分析和抗冰推移稳定分析确定。

土工模袋防护施工，要按设计要求整平坡面，放线定位，挖好边界处理沟。膜袋铺展后应拉紧固定，防止充填时下滑。充填材料应根据设计要求和实际情况合理选用，充填应连续。需要排水的边坡，应适时开孔设置排水管。膜袋顶部宜采用浆砌块石固定。有地面径流处，坡顶应采取防护措施，以防止地表水侵蚀膜袋底部。岸坡膜袋底端应设压脚或护脚棱体，有冲刷处应采取防冲措施。膜袋护坡的侧翼宜设压袋沟。膜袋与坡面间应按设计要求铺设好土工织物滤层。

2. 间接防护

（1）导流构造物

导流构造物是以改变水流方向为主以达到间接支护目的的水工建筑物。在路基边坡防护中采用导流构造物，使水流轴线方向偏离路基岸边，或减小防护处的流速，并促进其淤积，从而达到对路基的防护作用。常用的导流构筑物有丁坝（又称挑水坝）、顺坝、格坝、拦水坝、导流坝等。

施工导流建筑物前应制定合理的施工方案，合理安排工期，避免因工期过长引起农田、村庄、上下游路基冲刷，应尽可能避免过多地压缩河床断面。丁坝坝头应做平面防护，处理好坝根与相连接的地层或其他防护设施的衔接，当丁坝间的河岸或路基边坡所承受的容许流速小于水流靠岸回流流速时，应缩短坝距或对河岸及路基边坡采取防护措施。顺坝与上下游河岸的衔接，应使水流顺畅，起点应选择在水流匀顺的过渡段，坝根位置宜设在主流转向点的上方。坝根嵌入稳定河岸内的距离应符合设计要求，坝根附近河岸应防护加固至上游不受水流冲击处。

（2）改移河道

改移河道适用于沿河路基受水流冲刷严重、防护工程修筑困难、路线在短距离内多次跨越弯曲河道的情况，但主河槽频繁变迁的河流、支流较多的河段不宜改河。

改河施工时，改河起点、终点位置应与原河床顺接。为防止水流重归故道，宜在改河入口处加陡纵坡并设置拦水坝或顺坝。通流时，改河上游进口河段的河床纵坡宜稍大于设计坡度。新河槽断面应按设计洪水频率的流量设计。改移河道工程应在枯水时期施工，一个旱季不能完成时，应采取防洪措施。河道开挖应先挖好中段，然后再开挖两端，确认新河床工程已符合要求后，方可挖通其上游河段。利用开挖新河道的土石填平旧河道时，在新河道未通流前，旧河道应保持适当的流水断面。河床加固设施及导流构造物的施工应合理安排，及时配套完成。

（四）边坡支挡工程

1. 挡土墙

（1）重力式、半重力式挡土墙

重力式挡土墙是指依靠圬工墙体的自重抵抗墙后土体压力，以维持土体稳定的挡土墙，是我国目前最常用的一种挡土墙形式。重力式挡土墙一般由墙身与基础组成，也可不设基础。根据墙背线形，其分为仰斜式、垂直式、俯斜式、凸折式、衡重式、台阶式等类型。

半重力式挡土墙是介于重力式挡土墙与悬臂式挡土墙之间的一种挡土墙形式。该式挡土墙可充分利用混凝土的整体性及钢筋的抗拉强度，体积比重力式挡土墙小，可采用较低强度（混凝土强度等级不小于 C15）的混凝土结构，不用或仅用少量钢筋，所以造价一般比同高度的悬臂式挡土墙低。

重力式挡土墙、半重力式挡土墙施工要点：

重力式挡土墙、半重力式挡土墙宜采用明挖基础，当受地基承载力特征值控制或稳定性要求时，可采用钢筋混凝土条形扩展基础。

基础施工时应将基底表面风化、松软的土石清除。硬质岩石基坑中的基础，宜满坑砌筑。雨季时，在土质或易风化软质岩石基坑中砌筑基础时，应在基坑挖好后及时封闭坑底。当基底设有向内倾斜的稳定横坡时，应采取临时排水措施，辅以必要坐浆后安砌基础。采用台阶式基础时，台阶与墙体应连在一起同时砌筑，基底及墙趾台阶转折处不得砌成垂直通缝，砌体与台阶壁间的缝隙砂浆应饱满。基坑应随砌筑分层回填夯实，并在表面留 3% 的向外斜坡。

墙身施工要分层错缝砌筑，砌出地面后基坑应及时回填夯实，并完成其顶面排水、防渗设施。伸缩缝与沉降缝内两侧壁应竖直、平齐，无搭叠，缝中防水材料应按设计要求施工。泄水孔应在砌筑墙身过程中设置，确保排水畅通，并应保证墙背反滤、防渗设施的施工质量。当墙身的强度达到设计强度的 75% 时，方可进行回填等工作。在距墙背 0.5~1.0 m 之间，不宜用重型振动压路机碾压。

（2）悬臂式和扶壁式挡土墙

悬臂式和扶臂式挡土墙采用钢筋混凝土结构，宜在石料缺乏或地基承载力较低的路堤地段使用，悬臂式挡土墙墙高不宜超过 5 m，扶臂式挡土墙墙高不宜超过 15 m。

悬臂式和扶壁式挡土墙施工，凸榫必须按照设计尺寸开挖，并与墙底板一同灌注混凝土。现场整体浇筑时，每段墙的底板、面板和肋的钢筋应一次绑扎，宜一次性完成混凝土灌注。当采用现场分段浇筑时，应按设计要求进行施工，并预埋好连接钢筋，连接处混凝土面应严格凿毛，并清洗干净。灌注混凝土后，应按有关规定进行养护。墙体达到设计强度的 75% 以后方可进行墙背填土，并应按设计要求的填料和密实度分层填筑、压实；墙背排水设施应随填土及时施工。装配法施工时，基础混凝土强度达到设计强度 75% 后，方可安装。预制墙板与基础必须按设计要求连接牢固。

（3）锚杆挡土墙

锚杆挡土墙采用钢筋混凝土柱、板与钢锚杆组合结构，依靠锚固在岩土层内的锚杆拉力抵抗土体侧压力，宜用于岩质路堑地段。锚杆必须锚固在稳定岩土层内。锚杆挡土墙分为肋柱式锚杆挡土墙和板壁式锚杆挡土墙。

锚杆挡土墙施工时，锚杆应按设计尺寸下料、调直、除污、加工。按照设计要求，在施工前应做锚杆抗拔力验证试验。钻孔施工前，应清除岩面，松动石块，整平墙背、坡面。根据设计孔径及岩土性质合理选择钻孔机具。孔轴应保持直线，孔位允许偏差为 ±50 mm，深度允许偏差为 -10~50 mm。钻孔后应将孔内粉尘、石渣清理干净。安装普通砂浆锚杆时，锚杆应安装在孔位中心。锚杆未插入岩层部分，必须按设计要求做防锈处理。有水地段安装锚杆，应将孔内的水排出或采用早强速凝药包式锚杆。砂浆应随拌随用。宜先插入锚杆然后灌浆，灌浆应采用孔底注浆法，灌浆管应插至距孔底 50~100 mm 处，并随水泥砂浆的注入逐渐拔出，灌浆压强宜不小于 0.2 MPa。砂浆锚杆安装后，不得敲击、摇动。普通砂浆锚杆在 3 d 内，早强砂浆锚杆在 12 h 内，不得在杆体上悬挂重物。必须待砂浆达到设计强度的 75% 后方可安装肋柱、墙板。安装墙板时，应边安装墙板边进行墙背回填及墙背排水系统施工。

（4）锚定板挡土墙

锚定板挡土墙由钢筋混凝土柱、板、拉杆和锚定板组成，依靠埋置在破裂面后部稳定土层内的锚定板和拉杆抵抗土体侧压力。其适用于路堤式路段，但不应建于滑坡、坍塌、软土及膨胀土地区。锚定板在填土中的抗拔力应保证墙体在土压力作用下的平衡与稳定。锚定板挡土墙形式有肋柱式和板壁式，其墙高均不宜超过 10 m。

锚定板挡土墙施工，拉杆使用前应按规定取样试验。拉杆埋于土中部分，必须进行防锈处理。吊装时应保证肋柱不前倾。拉杆及锚定板埋设，应先填土后挖槽就位，挖槽时，锚定板比设计位置宜高 30~50 mm。锚定板前方超挖部分宜用 C10 水泥混凝土或灰土回填夯实，严禁直接碾压拉杆和锚定板。肋柱、锚定板上的锚头及螺丝杆应做防锈处理和防水封闭。分级平台应按设计要求进行封闭，并设 2% 的外倾排水坡。

（5）加筋土挡土墙

加筋土挡土墙是由填土、筋带和镶面砌块或金属面板组成的加筋土体来承受土体侧压力的挡土墙，适用于一般地区的路肩式、路堤式挡土墙，但不应修建在滑坡、水流冲刷、崩塌等不良地质地段。用在高速、一级公路上时，墙高不宜超过 12 m；其他各级公路上的墙高不宜超过 20 m。

安装直立式墙面板应按不同填料和拉筋预设仰斜坡，仰斜坡一般为 1 ∶ 0.02~1 ∶ 0.05，墙面不得前倾。拉筋应有粗糙面，并按设计布置呈水平铺设，当局部与填土不密贴时应铺砂垫平。钢拉筋与钢材外露部分应做防锈处理。连续敷设的拉筋接头应置于尾部；拉筋尾端宜用拉紧器拉紧，各拉筋的拉力应大体均匀，但应避免拉动墙面板。墙背拉筋锚固段填料宜采用粗粒土或改性土等填料。墙背填土必须满足设计压实度要求。填料摊铺、碾压应从拉筋中部开始平行于墙面碾压，先向拉筋尾部逐步进行，再向墙面方向进行，严禁平行于拉筋方向碾压。填土分层厚度及碾压遍数，应根据拉筋间距、碾压机具和密实度要求，通过试验确定，严禁使用羊足碾碾压。靠近墙面板 1 m 范围内，应使用小型机具夯实或人工夯实，不得使用重型压实机械压实。当采用聚丙烯土工带时，拉带应平顺，不得出现打折、扭曲等现象，不得与硬质、棱角填料直接接触。施工过程中随时观测加筋土挡土墙的异常变化。

2. 边坡锚固

边坡锚固是通过锚杆（索）的拉力来加固岩土体使其达到稳定状态的一种支护结构。边坡锚固技术是一种发展中的加固技术，工序复杂，制约因素多，对施工要求高。

第一，施工时，对于破碎且不平整的边坡，必须将松散的浮石和岩渣清除，用浆砌片石填补空洞，对坡面缝隙进行封闭处理。边坡修整后应平整、密实，无溜滑体、蠕变体和松动岩体。边坡开挖和钻孔过程中，应对岩性及构造进行编录和综合分析，与设计相比出入较大时，应按规定处理。

第二，锚杆施工，孔深小于 3m 时，宜采用先注浆后插锚杆的施工工艺。注浆时，浆体除孔口 200~300 mm 外，应均匀充满全孔。锚杆插入后应居中固定。杆体外露部分应避免敲击、碰撞，3d 内不得悬吊重物，3d 后才可安装垫板。当孔深大于 3 m 时，宜先插入锚杆然后灌浆，灌浆应采用孔底注浆法，灌浆管应插至距孔底 50~100 mm，并随水泥砂浆的注入逐渐拔出，灌浆压强宜不小于 0.2 MPa。砂浆锚杆安装后，不得敲击、摇动。普通砂浆锚杆在 3d 内，早强砂浆锚杆在 12 h 内，不得在杆体上悬挂重物，必须待砂浆达到设计强度的 75% 后方可安装肋柱、墙板。

第三，预应力锚索施工前应按设计要求进行预应力锚索的锚固性能基本试验，确定施工工艺。严禁使用有机械损伤、电弧烧伤和严重锈蚀的钢绞线。严禁将钢绞线及锚索直接堆放在地面或露天储存，避免受潮、受腐蚀。

第四，锚索束制作宜在现场厂棚内进行。下料应采用机械切割，严禁用电弧切割。普通锚索束必须进行清污、除锈处理。锚固段锚索束应按设计安装。在锚索入孔前，必须校对锚索编号与孔号是否一致，做好标记。锚索束必须顺直地安放在钻孔中心。

第五，锚索束放入后应及时对锚固端灌浆施工。无黏结锚索孔灌浆宜一次性注满锚固段和自由段。灌浆应饱满、密实。锚索张拉应按设计要求进行。张拉设备必须按规定配套标定，标定间隔期不宜超过 6 个月。拆卸检修的张拉设备或压力表经受强烈撞击后，都必须重新标定。孔内砂浆的强度未达到设计强度的 75% 时，不得进行张拉。

第六，锚索张拉采用张拉力和伸长值进行控制，用伸长值校核应力，当实际伸长值大于计算伸长值的 10% 或小于 5% 时，应暂停张拉，查明原因并处理后，可继续张拉。锚索锁定后，在 48 h 内若发现有明显的预应力松弛，应进行补偿张拉。封孔灌浆应在锚索张拉、检测合格、锁定后进行。封孔灌浆时，进浆管必须插到底，灌浆必须饱满。封孔灌浆后，锚头部分应涂防腐剂，并按设计要求及时进行封闭。

3. 土钉支护

土钉支护是在土质或破碎软弱岩质边坡中设置钢筋钉以维持边坡稳定的支护结构。它只适用于有一定黏性的硬黏土，有一定胶结的黏土、砂土，有一定自稳能力的岩土，不宜用在松散的砂土、黏土以及地下水丰富等地质不良的土体中。土钉支护施工应注意以下几方面：

（1）坡面开挖

坡面开挖应根据设计和实际地质情况确定分层深度及工作顺序。在完成上层作业面的土钉与喷射混凝土前，严禁进行下一层深度的开挖。一次开挖深度不得大于设计中规定的边坡临界自稳高度，一次开挖长度也不得大于设计中规定的临界自稳长度。进行土方开挖作业时，应保证边坡平整并符合设计坡率，严禁边壁出现超挖或造成边壁土体松动的情况。开挖面有软弱土层且垂直开挖时，应严格控制开挖高度和长度，开挖前应超前支护，开挖后应快速封闭。

（2）土钉施工

施工前应按设计要求对土钉进行现场抗拉拔力验证试验。钻孔完成后，应将孔内残浆、残渣等杂物清除干净。安装土钉钢筋时，应按要求连同注浆排气管一并送入钻孔内。孔内注浆应饱满，浆体强度应符合设计要求。

（3）喷射混凝土面层

喷射混凝土粗集料最大粒径不宜大于 16 mm，水灰比不宜大于 0.45 ∶ 1，混凝土强度应符合设计要求。混凝土喷射厚度、临时支护厚度不宜小于 60 mm，永久支护厚度不宜小于 80 mm，永久支护面钢筋的喷射混凝土保护层厚度应不小于 50 mm。混凝土喷射每一层应自下而上进行。当混凝土厚度大于 100 mm 时，应分两次喷射，在第二次喷射混凝土作业前，应清除结合面上的浮浆和松散碎屑，面层表面应抹平、压实、修整。喷射混凝土面层应在长度方向上每 30 m 设伸缩缝，缝宽 10~20 mm。

（4）地梁、网格梁施工

地梁、网格梁施工应根据地质条件，确定合理的开挖顺序及方案。土钉钢筋与网格梁受力钢筋应连接牢固。地梁、网格梁应及时养护。

4. 抗滑桩

抗滑桩是用来抵抗土压力或滑坡下滑力的横向受力桩。桩基开挖过程中，应随时核对滑动面情况，及时进行岩性资料编录，当其实际情况与设计不符时，应进行处理。

（1）抗滑桩施工准备

施工宜在旱季进行。雨季施工时，孔口应搭雨棚，做好锁口、孔口地面上加筑适当高度的围坡。应备好各项工序的机具、器材和井下排水、通风、照明设施，落实人员配备、施工组织计划。应整平孔口地面，设置地表截、排水及防渗设施。应对滑坡变形、移动进行监测。

（2）开挖及支护施工

应分节开挖，每节高度宜为 0.6~2.0 m，分节不宜过长，不得在土石层变化处和滑动面处分节，挖一节立即支护一节。护壁应经过设计计算确定，应考虑到各种不利情况。护壁混凝土应紧贴围岩灌注，灌注前应清除孔壁上的松动石块、浮土。围岩松软、破碎、有水时，护壁宜设泄水孔。开挖应在上一节护壁混凝土终凝后进行，护壁混凝土模板的支撑应在混凝土强度达到能保持护壁结构不变形后拆除。在围岩松软、破碎和有滑动面的节段，应在护壁内顺滑动方向用临时横撑加强支护，并经常观察其受力情况，及时进行加固。开挖桩群应从两端沿滑坡主轴间隔开挖，桩身强度不低于 75% 时可开挖邻桩。弃渣严禁堆放在滑坡范围内。

（3）灌注桩身混凝土

灌注混凝土前，应检查断面净空、清洗混凝土护壁。钢筋笼搭接接头不得设在土石分界和滑动面处，灌注必须连续进行。

（五）湿弱地基处理加固工程

湿弱地基的处理加固措施很多，如加载预压法、竖向排水法、挤实砂桩法、石灰（水泥）桩法、换填土法、反压护道法、化学固结法等，这些加固措施多是从加速早期沉降、减小后期总沉降、增强地基强度和稳定性角度进行的加固。

第二节　填方路基施工技术

路基施工应做好施工期临时排水总体规划和建设，临时排水设施应与永久性排水设施综合考虑，并与工程影响范围内的自然排水系统相协调。

1. 路基填料

（1）含草皮、生活垃圾、树根、腐殖质的土严禁作为填料。

（2）泥炭、淤泥、冻土、强膨胀土、有机质土及易溶盐超过允许含量的土，不得直接用于填筑路基；确需使用时，必须采取技术措施进行处理，经检验满足设计要求后方可使用。

（3）液限大于 50%、塑性指数大于 26、含水量不适宜直接压实的细粒土，不得直接作为路堤填料；需要使用时，必须采取技术措施进行处理，经检验满足设计要求后方可使用。

（4）粉质土不宜直接填筑于路床，不得直接填筑于冰冻地区的路床及浸水部分的路堤。

2. 路堤施工

（1）施工取土

1)路基填方取土,应根据设计要求,结合路基排水和当地土地规划、环境保护要求进行,不得任意挖取。

2）施工取土应不占或少占良田，尽量利用荒坡、荒地，取土深度应结合地下水等因素考虑，利于复耕。原地面耕植土应先集中存放，以利再用。

3）自行选定取土方案时，应符合下列技术要求：

①地面横向坡度陡于 1 ： 10 时，取土坑应设在路堤上侧。

②桥头两侧不宜设置取土坑。

③取土坑与路基之间的距离，应满足路基边坡稳定的要求。取土坑与路基坡脚之间的护坡道应平整密实，表面设坡度为 1%~2% 向外倾斜的横坡。

④取土坑兼作排水沟时，其底面宜高出附近水域的正常水位或与永久排水系统及桥涵出水口的标高相适应，纵坡不宜小于 0.2%，平坦地段不宜小于 0.1%。

⑤线外取土坑等与排水沟、鱼塘、水库等蓄水（排洪）设施连接时，应采取防冲刷、防污染的措施。

4）对取土造成的裸露面，应采取整治或防护措施。

（2）选择施工机械

应考虑工程特点、土石种类及数量、地形、填挖高度、运距、气候条件、工期等因素，经济合理地确定施工机械。填方压实应配备专用碾压机具。

（3）压实度检测应符合以下规定

1）用灌砂法、灌水（水袋）法检测压实度时，取土样的底面位置为每一压实层底部；用环刀法试验时，环刀中部处于压实层厚的 1/2 深度；用核子仪试验时，应根据其类型，按说明书要求办理。

2）施工过程中，每一压实层均应检验压实度，检测频率为每 1000 m^2 至少检验两点，不足 1000 m^2 时检验两点，必要时可根据需要增加检验点。

3. 土质路堤

（1）地基表层处理应符合下列规定

1）二级及二级以上公路路堤基底的压实度应不小于 90%，三级、四级公路应不小于 85%。路基填土高度小于路面和路床总厚度时，基底应按设计要求处理。

2）原地面坑、洞、穴等，应在清除沉积物后，用合格填料分层回填分层压实。

3）泉眼或露头地下水，应按设计要求，采取有效导排措施后方可填筑路堤。

4）地基为耕地、土质松散、水稻田、湖塘、软土、高液限土等时，应按设计要求进行处理，局部软弹的部分也应采取有效的处理措施。

5）地下水位较高时，应按设计要求进行处理。

6）陡坡地段、土石混合地基、填挖界面、高填方地基等都应按设计要求进行处理。

（2）路堤填筑应符合下列规定

1）性质不同的填料，应水平分层、分段填筑，分层压实。同一水平层路基的全宽应采用同一种填料，不得混合填筑。每种填料的填筑层压实后的连续厚度不宜小于 500 mm。填筑路床顶最后一层时，压实后的厚度应不小于 100 mm。

2）潮湿或冻融敏感性小的填料应填筑在路基上层，强度较小的填料应填筑在下层。在有地下水的路段或临水路基范围内，宜填筑透水性好的填料。

3）在透水性不好的压实层上填筑透水性较好的填料前，应在其表面设坡度为 2%~4% 的双向横坡，并采取相应的防水措施。不得在由透水性较好的填料所填筑的路堤边坡上覆盖透水性不好的填料。

4）每种填料的松铺厚度应通过试验确定。

5）每一填筑层压实后的宽度不得小于设计宽度。

6）路堤填筑时，应从最低处起分层填筑，逐层压实；当原地面纵坡坡度大于 12% 或横坡坡度陡于 1 ： 5 时，应按设计要求挖台阶，或设置坡度向内且大于 4%、宽度大于 2 m 的台阶。

7）填方分几个作业段施工时，接头部位如不能交替填筑，则先填路段，应按 1 ： 1 的坡度分层留台阶；如能交替填筑，则应分层相互交替搭接，搭接长度不小于 2 m。

4. 填石路堤

（1）填料应符合以下规定

1）膨胀岩石、易溶性岩石不宜直接用于路堤填筑，强风化石料、崩解性岩石和盐化岩石不得直接用于路堤填筑。

2）路堤填料粒径应不大于 500 mm，并不宜超过层厚的 2/3，不均匀系数宜为 15~20。路床底面以下 400 mm 范围内，填料粒径应小于 150 mm。

3）路床填料粒径应小于100mm。

（2）基底处理应符合以下规定

1）承载力应满足设计要求。

2）在非岩石地基上，填筑填石路堤前，应按设计要求设过渡层。

（3）填筑应符合以下规定

1）路堤施工前，应先修筑试验路段。

2）路床施工前，应先修筑试验路段，确定能达到最大压实干密度的松铺厚度、压实机械型号及组合、压实速度及压实遍数、沉降差等参数。

3）二级及二级以上公路的填石路堤应分层填筑压实。二级以下砂石路面公路在陡峻山坡地段施工特别困难时，可采用倾填的方式将石料填筑于路堤下部，但在路床底面以下不小于10m范围内仍应分层填筑压实。

4）岩性相差较大的填料应分层或分段填筑，严禁将软质石料与硬质石料混合使用。

5）中硬、硬质石料填筑路堤时，应进行边坡码砌，码砌边坡的石料强度、尺寸及码砌厚度应符合设计要求。边坡码砌与路基填筑宜基本同步进行。

6）压实机械宜选用自重不小于18 t的振动压路机。

7）在填石路堤顶面与细粒土填土层之间应按设计要求设过渡层。

（4）填石路堤施工质量应符合以下规定

1）填石路堤施工过程中的每一压实层，可用试验路段确定的工艺流程和工艺参数，控制压实过程；用试验路段确定的沉降差指标检测压实质量。

2）路床施工前，应先修筑试验路段，确定能达到最大压实干密度的松铺厚度、压实机械型号及组合、压实速度及压实遍数、沉降差等参数。

3）二级及二级以上公路的填石路堤应分层填筑压实。二级以下砂石路面公路在陡峻山坡地段施工特别困难时，可采用倾填的方式将石料填筑于路堤下部，但在路床底面以下不小于1.0m范围内仍应分层填筑压实。

4）岩性相差较大的填料应分层或分段填筑。严禁将软质石料与硬质石料混合使用。

5）中硬、硬质石料填筑路堤时，应进行边坡码砌，码砌边坡的石料强度、尺寸及码砌厚度应符合设计要求。边坡码砌与路基填筑宜基本同步进行。

6）压实机械宜选用自重不小于18 t的振动压路机。

7）在填石路堤顶面与细粒土填土层之间应按设计要求设过渡层。

8）填石路堤成型后的外观质量标准：路堤表面无明显孔洞。大粒径石料不松动，铁锹挖动困难。边坡码砌紧贴、密实，无明显孔洞、松动，砌块间承接面向内倾斜，坡面平顺。

5. 土石路堤

（1）填料应符合以下规定

1）膨胀岩石、易溶性岩石等不宜直接用于路堤填筑，崩解性岩石和盐化岩石等不得直接用于路堤填筑。

2）天然土石混合填料中，中硬、硬质石料的最大粒径不得大于压实层厚的2/3；石料为强风化石料或软质石料时，石料最大粒径不得大于压实层厚。

3）在陡、斜坡地段，土石路堤靠山一侧应按设计要求，做好排水和防渗处理。

（2）填筑应符合以下规定

1）压实机械宜选用自重不小于18t的振动压路机。

2）施工前，应根据土石混合材料的类别分别进行试验路段施工，确定能达到最大压实干密度的松铺厚度、压实速度及压实遍数、沉降差等参数。

3）土石路堤不得倾填，应分层填筑压实。

4）碾压前应使大粒径石料均匀分散在填料中，石料间孔隙应填充小粒径石料、土和石渣。

5）压实后透水性差异大的土石混合材料，应分层或分段填筑，不宜纵向分幅填筑；如确需纵向分幅填筑，应将压实后渗水良好的土石混合材料填筑于路堤两侧。

6）土石混合材料来自不同料场，其岩性或土石比例相差较大时，宜分层或分段填筑。

7）填料由土石混合材料变化为其他填料时，土石混合材料最后一层的压实厚度应小于300 mm，该层填料最大粒径宜小于150 mm，压实后，该层表面应无孔洞。

8）中硬、硬质石料的土石路堤，应进行边坡码砌，码砌边坡的石料强度、尺寸及码砌厚度应符合设计要求。边坡码砌与路堤填筑宜基本同步进行。软质石料土石路堤的边坡按土质路堤边坡处理。

（3）土石路堤的外观质量标准

路基表面无明显孔洞；大粒径填石无松动，铁锹挖动困难；中硬、硬质石料土石路基边坡码砌紧贴、密实，无明显孔洞、松动，砌块间承接面应向内倾斜，坡面平顺。

6. 高填方路堤

（1）高填方路堤填料宜优先采用强度高、水稳性好的材料，或采用轻质材料。受水淹、浸的部分，应采用水稳性和透水性均好的材料。

（2）基底处理应符合下列规定：

1）基底承载力应满足设计要求。特殊地段或承载力不足的地基应按设计要求进行处理。

2）覆盖层较浅的岩石地基，宜清除覆盖层。

（3）高填方路堤填筑应符合下列规定：

1）施工中应按设计要求预留路堤高度与宽度，并进行动态监控。

2）施工过程中宜进行沉降观测，按照设计要求控制填筑速率。

3）高填方路堤宜优先安排施工。

7. 高填方路基沉降的防治

高填方路堤的沉降表现为均匀沉降和不均匀沉降。均匀沉降一般发生在自然环境基本一致，如路线通过地质、地形、地下水和地表水变化不大，并且路基用土、机械设备、施工管理、质量控制等方面无显著变化的路段。不均匀沉降一般发生在地质、地形、地下水、地表水、填挖结合部及筑路材料发生显著变化处。

（1）原因分析

1）路基施工前未认真设置纵、横向排水系统或排水系统不畅通，长期积水浸泡路基而使地基和路基土承载力降低，导致沉降发生。

2）原地面处理不彻底，如未清除草根、树根、淤泥等的不良土壤，地基压实度不足等，在静、动荷载的作用下，使路基沉降变形。

3）在高填方路堤施工中，未严格按分层填筑分层碾压工艺施工，路基压实度不足而导致路基沉降变形。

4）不良地质路段未予以处理而导致路基沉降变形。

5）路基纵、横向填挖交界处未按规范要求挖台阶，原状土和填筑土密度不同，衔接不良而导致路基不均匀沉降。

6）填筑路基时，未全断面范围均匀分层填筑，而是先填半幅，后填另半幅而发生不均匀沉降。

7）施工中路基土含水量控制不严，导致压实度不足，而产生不均匀沉降。

8）施工组织安排不当，先施工低路堤，后施工高填方路基。往往高填方路堤施工完成后就立即铺筑路面，路基没有足够的时间固结，而使路面使用不久就破坏。

9）高填方路基在分层填筑时，没有按照相关规范要求的厚度进行铺筑，随意加厚铺筑厚度；压实机具按规定的碾压遍数压实时，压实度达不到规范规定的要求，当填筑到路基设计高程时，必然产生累计的沉降变形，在重复荷载与填料自重作用下产生下沉。

10）路堤填料土质差，填料中混进了种植土、腐殖土或泥沼土等劣质土，由于土壤中有机物含量多、抗水性差、强度低等特性的作用，路堤将出现塑性变形或沉陷破坏。

（2）预防措施

1）做好施工组织设计，合理安排各施工段的先后顺序，明确构造物和路基的衔接关系，尤其对高填方段应优先安排施工，给高填方路堤留有足够的时间施工和沉降。

2）基底承载力应满足设计要求，特殊地段或承载力不足的地基应按设计要求进行处理。

3）填筑路基前，疏通路基两侧纵横向排水系统，避免路基受水浸泡。

4）严格选取路基填料用土。宜优先采用强度高、水稳性好的材料，或采用轻质材料。受水淹浸的部分，应采用水稳性和透水性均好的材料。土质应均匀一致，不得混杂，剔除超大颗粒填料，保证各点密实度均匀一致。尽量选择集中取土，避免沿线取土。

5）路堤填筑方式应采用水平分层填筑，即按照横断面全宽分层逐层向上填筑。每层应保证层面平整，便于各点压实均匀一致。

6）合理确定路基填筑厚度，分层松铺厚度一般控制在 30 cm。当采用大吨位压路机碾压时，增加分层厚度，必须要有足够的试验数据证明压实效果，同时须征得监理工程师的同意，方可施工。

7）控制路基填料含水量。

8）选择合适的压实机具，重型轮胎压路机和振动压路机效果比较好。

9）做好压实度的检测工作。

10）对于填挖结合部，应彻底清除结合部的松散软弱土质，做好换土、排水和填前碾压工作，按设计要求从上到下挖出台阶，清除松方后逐层碾压，确保填挖结合部的整体施工质量。

11）施工过程中宜进行沉降观测，按照设计要求控制填筑速率。

第三节　挖方路基施工技术

1. 土方开挖

路堑的开挖施工应根据放样桩和分界线、坡度及高程自上而下分层开挖，并将挖掘出来的土石按施工计划尽可能运至填土段或指定的地点堆放，做到边挖边填、边压实。确需弃土时，弃土堆应置于路堤坡脚或路堑两端，弃土堆边坡坡度不应陡于 1 ∶ 1.5。

不得乱挖、超挖，严禁掏洞取土。当路堑挖至接近设计边坡时，宜采用人工修整；接近路床设计高程时，应根据土质情况预留一定厚度的土层做保护、调平、碾压路床之用，并保持一定的排水坡度，雨季预留厚度宜为 20~50 cm，冬季视当地冻土深度确定。

施工期间应保证截水沟及临时排水设施的排水通畅。路堑应根据其深度及纵向长度，采用横挖法、纵挖法及纵横混合法组织施工。

（1）横挖法。横挖法按横断面全宽沿道路纵向开挖，此法适用于短而深的路堑。掘进时逐段成形向前推进，运土由相反方向送出，此方法可以获得较高的挖掘深度，但工作面较窄。当路堑过深时，可分成台阶同时掘进，以增加工作面，加快施工进度。每一台阶应有单独的运土出路和排水沟渠，以免相互干扰，影响功效，造成事故。人工开挖台阶高度宜为 1.5~2 m，机械开挖台阶高度宜为 3~4 m。各层台阶应有独立的运土通道，人工运土通道宽度不宜小于 2 m，机械运土单车通道不应小于 4 m，双车通道宽度不宜小于 8 m。

（2）纵挖法。沿路堑纵向将高度分成不大的层次依次开挖，称为纵挖法。纵挖法适用于较长的路堑。

当路堑的宽度和深度都不大，可以按横断面全宽纵向逐层挖掘，称为分层纵挖法。挖掘的地表应向外倾斜，以利排水。此方法适用于铲运机和推土机施工。

当路堑的长宽和深度比较大时，可先在路堑纵向挖一条通道，然后向两侧开挖，称为通道纵挖法。通道作为机械通行或出口路线。

如果路堑很长，可在适当位置选择一个（或几个）地方，将路堑的一侧横向挖成马口，把长路堑分成几段，各段再采用纵向开挖，称为分段纵挖法。此法适用于一侧堑壁不厚不深的傍山长路堑。

（3）纵横混合法。纵横混合法是将横挖法、通道纵挖法混合使用的方法，先由路堑纵向挖出一条通道，以增加开挖坡面，但要注意每一开挖面应能容纳一个作业组或一台机械组合。纵横混合法适用于路堑深、土方量大、进度要求快的工程。施工前应用统筹法合理安排、统一调度、有序施工，严禁人机混合作业。

土方工程开挖施工应符合下列规定：

1）可作为路基填料的土方，应分类开挖分类使用，非适用材料应按设计要求或作为弃方按规定处理。

2）土方开挖应自上而下进行，不得乱挖超挖，严禁掏底开挖。

3）在开挖过程中，应采取措施保证边坡稳定。开挖至边坡线前，应预留一定宽度，预留的宽度应保证刷坡过程中设计边坡线外的土层不受到扰动。

4）路基开挖中，基于实际情况，如需修改设计边坡坡度、截水沟和边沟的位置及尺寸时，应及时按规定报批。边坡上稳定的孤石应保留。

5）开挖至零填、路堑路床部分后，应尽快进行路床施工。如不能及时进行，宜在设计路床顶标高以上预留至少300mm厚的保护层。

6）应采取临时排水措施，确保施工作业面不积水。

7）挖方路基路床顶面终止标高，应考虑因压实而产生的下沉量，其值通过试验确定。

2. 岩石开挖

按开挖难易程度，比较坚硬的路基土俗称岩石。岩石开挖方法有爆破法、松土法或破碎法。开挖前应根据工程地质勘探资料，按照路基土的类别、风化程度、节理发育程度等来确定开挖方式及开挖工具。对软石和强风化岩石能用机械直接开挖的应采用机械开挖；石方量小，工期允许时，也可采用人工开挖。凡不能使用机械或人工直接开挖的岩石，应采用爆破法开挖。石方工程开挖施工应符合下列规定。

（1）石方开挖应根据岩石的类别、风化程度、岩层产状、岩体断裂构造、施工环境等因素确定开挖方案。

（2）深挖路基施工，应逐级开挖，逐级按设计要求进行防护。

（3）爆破作业必须符合《爆破安全规程》（GB 6722—2014）。爆破施工组织设计应按相关规定报批。

（4）石方开挖近边坡部分宜采用光面爆破或预裂爆破。

（5）爆破法开挖石方，应先查明空中缆线、地下管线的位置，开挖边界线外可能受爆破影响的建筑物结构类型、居民居住情况等，然后制订详细的爆破技术安全方案。

（6）爆破开挖石方宜按以下程序进行：爆破影响调查与评估→爆破施工组织设计→培训考核、技术交底→主管部门批准→清理爆破区施工现场的危石等→炮孔钻孔作业→爆破器材检查测试→炮孔检查合格→装炸药及安装引爆器材→布设安全警戒岗→堵塞炮孔→撤离施爆警戒区和飞石、震动影响区的人、畜等→爆破作业信号发布及作业→清除盲区→解除警戒→测定、检查爆破效果（包括飞石、地震波及对施爆区内构造物的损伤、损失等）。

（7）边坡整修及检验

1）挖方边坡应从开挖面往下分段整修，每下挖 2~3m，宜对新开挖边坡刷坡，同时清除危石及松动石块；

2）石质边坡不宜超挖；

3）石质边坡质量要求：边坡上无松石、危石。

（8）路床清理及验收

1）欠挖部分必须凿除。超挖部分应采用无机结合料稳定碎石或级配碎石填平碾压密实，严禁用细粒土找平。

2）石质路床底面有地下水时，可设置渗沟进行排导，渗沟宽度不宜小于 100mm，横坡坡度不宜小于 0.6%。渗沟应用坚硬碎石回填。

3）石质路床的边沟应与路床同步施工。

第四节　特殊路基施工

特殊路基，一般是指修建在不良地质情况、特殊地形情况、某些特殊气候因素等不利条件下的道路路基。特殊路基有可能因自然平衡条件被打破（或者边坡过陡，或者地质承载力过低）而出现各种各样的问题，因此，除按一般路基标准、要求进行设计施工外，还要针对特殊问题进行研究，采取相应的处理措施。

特殊路基根据土质、地质、地形、气候因素可分为以下类型：

①湿黏土路基、软土地区路基、红黏土地区路基、膨胀土地区路基、黄土地区路基、盐渍土地区路基、风积沙及沙漠地区路基。

②季节性冻土地区路基、多年冻土地区路基、涎流冰地区路基、雪害地区路基。

③滑坡地段路基、崩塌与岩堆地段路基、泥石流地区路基。

④岩溶地区路基、采空区路基。

⑤沿河（沿溪）地区路基、水库地区路基、滨海地区路基。

特殊路基施工应根据其特点和具体情况以及必要的基础试验资料，进行经济、技术综合考虑，因地制宜地制订施工方案，编制专项施工组织设计，批准后实施。

特殊地区路基一般要注意以下四个环节：第一，对地质资料、土工试验的详细检查，对设计图和实践经验的调查研究。第二，室内试验和现场试验，特别是对重要工程。第三，精细施工并注意现场的监测和数据的搜集。第四，反复分析，验证设计，监测工程安全。

一、软土地区路基施工

（一）软土地基的工程特性

淤泥、淤泥质土及天然强度低、压缩性高、透水性小的一般黏土统称为软土。对于高速公路，标准贯击次数小于 4、无侧限抗压强度小于 50 kPa 且含水量大于 50% 的黏土，或标准贯击次数小于 4 且含水量大于 30% 的砂性土也统称软土。大部分软土的天然含水量介于 30%~70% 之间，孔隙比为 1~19，渗透系数为 10-8~10-7，cm/s，压缩性系数为 0.005~0.02，抗剪强度低（快剪黏聚力在 10 kPa 左右，快剪内摩擦角 0° ~5° ），具有触变性和显著的流变性。

（二）软土地基的处置方法

软土地区的路基主要有路堤填筑荷载引起软土地基滑动破坏稳定的问题和长时间大沉降的问题。软土地基处治前，应复核处治方案的可行性，编制实施性施工组织设计。处治材料的选用及处治方案，宜因地制宜、就地取材。

软基处置方法很多，不同的处置方法具有不同的适用范围和使用效果，但主要目的都是增强地基的稳定性和加速地基沉降或减小地基总沉降量。

（三）铺砂（砾）垫层法

铺砂（砾）垫层法是在软土层顶面铺砂（砾）垫层，主要起浅层水平排水作用。

铺砂（砾）垫层法适用于路堤高度小于 2 倍极限高度（在天然软土地基上，基底不做特殊加固处理而用快速施工法填筑路堤的最大高度）的软土层、较薄硬壳层、表面渗透性很低的硬壳或软土层稍厚但具有双面排水条件的地基情况。该法施工简便，不需特殊机具设备，占地较少。但需放慢填筑速度，控制加荷速率，以便地基进行充分排水固结。因此，铺砂（砾）垫层法适用于工期不紧迫、砂（砾）料充足、运距不远的施工环境。

铺砂（砾）垫层法施工要求：

①垫层材料宜采用无杂物的中、粗砂，含泥量应小于 5%（当与排水固结法综合处治软基时，其含泥量不大于 3%）；也可采用天然级配沙砾料，其最大粒径应小于 50 mm，砾石强度不低于四级（洛杉矶法磨耗率小于 60%）。

②垫层宜分层摊铺压实，碾压到规定的压实度。碾压时最佳含水量一般控制在 8%~12%，摊铺厚度为 250~350 mm，压实机具宜采用自重为 60~80 kN 的压路机。

③垫层采用沙砾料时，应避免粒料离析。

④垫层宽度应宽出路基边脚 500~1 000 mm，两侧宜用片石护砌或采用其他方式防护。

（四）换填法

换填法一般适用于地表下 0.5~3 m 范围的软土处治。根据施工的不同，换填法又分开挖换填法、抛石挤淤法、爆破排淤法三种。

1. 开挖换填法

开挖换填法就是将软弱地基层全部或部分挖除，再用沙砾、碎石、钢渣等透水性较好的材料回填的一种软基处治法。该法用于泥沼（一种以泥炭沉积为主，并包含着各种水草、淤泥和水的土层）及软土厚度小于 2.0 m 的非饱和黏性土的软弱表层，也可添加适量石灰、水泥进行改良处治，一般不用于处治深层软基、沉降控制严格的路基、桥涵构筑物、引道等情况。

（1）开挖

软基开挖要注意渗水及雨水问题，可边挖边填或全部、局部挖除后回填。

开挖深度小于 2 m 时，可用推土机、挖掘机或人工直接清除软土至路基范围以外堆放或运至取土坑还填；开挖深度不小于 2 m 时，要从两端向中央分层挖除，并修筑临时运输便道，由汽车运出。

路基坡脚宽度范围内的软土应全部清除，边部挖成台阶状；坡脚（含护坡道）范围外，对于小滑塌软土，可挖成 1 ∶ 1~1 ∶ 2 的坡度；对于高压缩性淤泥质软土，可将护坡道加宽加高至不小于原软土地面。

（2）回填及压实

回填料应选用水稳性或透水性好的材料。回填应分层填筑、压实。

用碎石土或粉煤灰等工业废渣回填时，常采用振动压路机和重型静力压路机（12~15 t 的三轮压路机）压实。为达到较好压实效果，非土方填料分层填筑厚度不宜过小。在当地条件许可时，可用这些填料填至原地面。

2. 抛石挤淤法

抛石挤淤法是向路基底部抛投片石，将淤泥挤出基底范围，以提高地基强度的一种软基处置方法。抛石挤淤法一般用于泥沼及软土厚度小于 3.0 m，且其软土层位于水下，更换土施工困难或基底直接落在含水量极高的淤泥上，呈流动状态的情况。一般认为，抛石挤淤法是经济、适用的。在常年积水、排水困难的洼地，泥炭呈流动状态、厚度较薄、表层无硬壳、片石能沉到底部的泥沼和特别软弱的地面，施工机械无法进入，对于这种石料丰富、运距较短的情况，抛石挤淤法较为适用。当淤泥较厚、较稠时须慎重选用本法。

抛石挤淤法施工要求：

①应选用不易风化的片石，片石厚度或直径不宜小于 300 mm。片石大小应根据泥炭或软土稠度而定。

②软土地层平坦、软土成流动状时，抛投填筑应沿路基中线向前成三角形方式投放片石，再渐次向两侧全宽范围扩展，以使淤泥挤向两侧。当软土地层横坡陡于 1 ∶ 10 时，应自高侧向低侧填筑，并在低侧坡脚外一定宽度内同时抛填形成片石平台。

③片石抛填出软土面后，宜用重型压路机反复碾压，再用较小石块填塞垫平，并碾压密实。

3. 爆破排淤法

爆破排淤法是将炸药放在软土或泥沼中引爆，利用爆炸张力把淤泥或泥沼排除，再回填强度高、渗透性好的沙砾、碎石等填料的一种软基处理方法。它用于淤泥层较厚、稠度较大、路堤较高、工期紧迫、不影响周围其他构筑物的情况。

爆破排淤法根据施工顺序分为两种：一种是先填后爆，即先在原地面上填筑低于极限高度的路堤，再在基底下爆破，适用于稠度较大的软土或泥沼；另一种是先爆后填，适用于稠度较小、回淤较慢的软土。

（五）土工合成材料处治法

土工合成材料处治法，即利用土工合成材料（如土工布、土工格栅等）增强软基承载能力的一种软基处置方法。

1. 土工合成材料施工规定

①土工合成材料技术、质量指标应满足设计要求。土工合成材料在存放以及铺设过程中应避免长时间曝晒或暴露。与土工合成材料直接接触的填料中严禁含强酸性、强碱性物质。

②下承层应平整，摊铺时应拉直、平顺，紧贴下承层，不得扭曲、折皱。在斜坡上摊铺时，应保持一定松紧度。

③铺设土工合成材料，应在路堤每边各留一定长度，回折覆裹在已压实的填筑层面上，折回外露部分应用土覆盖。

④土工合成材料的连接，采用搭接时，搭接长度宜为 300~600 mm；采用缝接时，为保证土工聚合物的整体性，可用尼龙线或涤纶线缝接，方法有对面缝和折叠缝两种。一般多采用对面缝，缝接处强度达到纤维强度的 80%，基本能满足要求。如果用折叠缝，应用双道缝合线，可取得更高的强度。施工时最好采用移动式缝合机，避免漏缝及断线等。缝接宽度应不小于 50 mm，缝接强度应不低于土工合成材料的抗拉强度；采用黏结时，黏合宽度应不小于 50 mm，黏合强度应不低于土工合成材料的抗拉强度。

⑤施工中应采取措施防止土工合成材料受损，出现破损时应及时修补或更换。

⑥双层土工合成材料上、下层接缝应错开，错开间距应大于 500 mm。

2. 铺设土工布

将土工布铺设于路基底部，在填筑路基自重作用下受拉产生抗滑力矩，从而提高路基的稳定性。土工布在软基中主要起排水、隔离、分散应力和加筋补强作用。

土工布的铺设分单层和多层，当铺设两层以上时，层与层之间要夹填 10~20 cm 的厚砂或沙砾层，以提高基底透水性。

3. 土工格栅

土工格栅是通过格栅表面与土的摩擦作用、格栅孔眼对土的锁定作用、格栅肋的被动抗阻作用约束土颗粒的侧移，从而提高路基的承载力及稳定性。土工格栅的加固效果明显，施工速度快，能大大缩短工期。

4. 土工格室

土工格室是由强化的 HDPE 片材料，经高强力焊接而形成的一种三维网状格室结构。在集中载荷作用下，受力的主动区依然会把所受的力传递给过渡区，但由于格室壁的侧向限制和相邻格室的反作用力，以及填料与格室壁的摩擦力所形成的横向阻力，抑制了土体的横向移动倾向，从而使路基的承载能力得以提高。土工格室常用于处理风沙地区路基，台背路基填土加筋，多年冻土地区路基，黄土湿陷路基处理，盐渍土，膨胀土路基等。

（六）施打塑料排水板法

1. 工作原理

施打塑料排水板法是用插板机将塑料排水板插入软土地基，在上部预压荷载作用下，软土地基中的空隙水由塑料排水板排到上部铺垫的砂层或水平塑料排水管中，由其他地方排出，加速软基固结。塑料排水板施工设备的作用基本与袋装砂井相同。

2. 塑料排水板施工要求

①选用塑料排水板的技术、质量指标应符合设计要求。

②现场堆放的塑料排水板，应采取措施防止损坏滤膜。露天堆放时应有遮盖，不得长时间曝晒。

③塑料排水板超过孔口的长度应能伸入砂垫层不小于 500 mm 处，预留段应及时弯折埋设于砂垫层中，与砂垫层贯通，并采取保护措施。

④塑料排水板不得搭接。

⑤施工中应防止泥土等杂物进入套管内，一旦发现，应及时清除。

⑥打设形成的孔洞应用砂回填，不得用土块堵塞。

3. 塑料排水板加固软土地基的优点

①滤水性好，排水畅通，排水效果有保证。

②材料有良好的强度和延展性，能适合地基变形能力而不影响排水性能。

③排水板断面尺寸小，施打排水板过程中对地基扰动小。

④可在超软弱地基上进行插板施工。

⑤施工快、工期短，每台插板机每日可插板 15 000 m 以上，造价比袋砂井低。

对于深厚的软土地基采用排水固结法进行加固时，从技术上和经济上考虑，排水板是一种经济、有效、可行的方法。

（七）反压护道法

反压护道法是指为防止软弱地基产生剪切、滑移，保证路基稳定，对积水路段和填土高度超过临界高度的路段，在路堤一侧或两侧填筑起反压作用的、具有一定宽度和厚度的护道土体的一种软基处置方法。其原理是通过护道改善路堤荷载方式来增加抗滑力的方法，使路堤下的软基向两侧隆起的趋势得到平衡，从而保证路堤的稳定性。

反压护道法适用于路堤高度不大于 1.5~2 倍的极限高度，非耕作区和取土不太困难的地区。

采用反压护道法加固地基，不需特殊的机具设备和材料，施工简易方便，但占地多，用土量大，后期沉降大，后续养护工作量也大。

反压护道施工填料材质应符合设计要求。护道宜与路堤同时填筑，分开填筑时，必须在路堤达临界高度前将反压护道筑好。护道压实度应达到《公路土工试验规程》（JTG E40—2007）重型击实试验法测定的最大密度的 90%，或满足设计提出的要求。

（八）堆载预压法

1. 概念

堆载预压法是堆载预压排水固结法的简称。该方法通过在场地填土加载预压，使土体中的孔隙水沿排水板排出，地基土压密、沉降、固结，从而提高地基强度，减少路堤建成后的沉降量。预压荷载超过设计道路工程荷载称为超载预压，预压荷载等于设计道路工程荷载称为等载预压。

2. 特点及适用范围

堆载预压法对各类软弱地基均有效；使用材料、机具简单，施工操作方便。但堆载预压需要一定的时间，适合工期要求不紧的项目。对于深厚的饱和软土，排水固结所需要的时间很长，同时需要大量的堆载材料，在使用上会受限。

3. 堆载预压法施工要求

①堆载预压不得使用淤泥土或含垃圾杂物的填料，填筑过程应按设计要求或采取有效措施，防止预压土污染填筑好的路基。

②堆载预压土应边堆土边推平，顶面应平整。

③堆载预压施工时应保护好沉降观测设施。填筑过程中应同步进行地基沉降与侧向位移观测。

④堆载预压土的填筑速率应符合设计要求，保证路堤安全、稳定。

⑤堆载预压的加压量和加压时间应满足设计要求。

⑥堆载预压卸载时间应根据观测资料和工后沉降推算结果，由建设单位组织，评估单位进行沉降评估，满足设计要求后方能卸载。

（九）真空预压法

1. 概念、特点及适用范围

真空预压法是在需要加固的软土地基表面先铺设砂垫层，然后埋设垂直排水管道，再用不透气的封闭膜使其与大气隔绝，封闭膜四周埋入土中，再利用真空装置进行抽气，使膜内外形成气压差，密封的软弱地基产生真空负压力，土颗粒间的自由水、空气沿着排水管上升到软基上部砂垫层内，再经砂垫层过滤排到软基密封膜以外，从而使土体固结，增加地基的有效应力。

真空预压在固结结束时，地基的真空压力就会全部转化为有效应力。由于真空预压荷载是等向的，地基中不产生剪应力，故地基不存在剪切破坏的问题，所以真空荷载可一次施加，而不必像堆载那样要分级。因此，真空预压法可大大地缩短预压时间。真空预压法与排水板堆载预压法相比，其主要优点是加荷时间短、工艺简单、造价低，地基不存在失稳问题。该法适用于含水量高、孔隙比大、强度低、渗透系数和固结系数小的黏土，通常在设计荷载不超过 80 kPa 的地基上采用是较适宜的。

2. 真空预压法施工要求

①垫层材料宜采用中、粗砂，且泥土杂质含量小于 5%，严禁砂中混有尖石等尖利硬物。

②每个加固区用 2~3 层密封膜，具体层数可根据密封膜性能确定。密封膜厚度宜为 0.12~0.17 mm，密封膜每边长度应大于加固区相应边 3~4 m。薄膜加工后不得存在热穿、热合不紧等现象，不宜有交叉热合缝。

③滤管应不透砂。滤管距泥面、砂垫层顶面的距离均应大于 50 mm。滤管周围必须用砂填实，严禁架空、漏填。

④密封沟与围堰处理。沿加固边界开挖密封沟，其深度应低于地下水位并切断透水层，内外坡应平滑。沟底宽度应大于 400 mm，密封膜与沟底黏土之间应进行密封处理。密封沟回填料应为不含杂质的纯黏土，不得损坏密封膜。筑堰位置应跨密封沟的外沟沿，堰体应密实、牢固。铺膜前，应把出膜弯管与滤管连接好，并培实砂子，同时处理好出口的连接。

⑤真空表测头应埋设于砂垫层中间，每块加固区不少于 2 个真空度测点，真空管出口须防止弯折或断裂。

⑥抽真空。抽真空持续时间应符合设计要求，设计无规定可持续 2~5 个月。覆盖厚度宜为 200~400 mm，膜下真空压力应持续稳定在 80 kPa 以上。应注意观察负压对其相邻结构物的影响。

（十）真空堆载联合预压法

真空堆载联合预压法是真空预压和堆载预压两种方法的结合。处治原理同真空预压法，但加载更大，预压时间可缩短一半。

1. 真空堆载联合预压法施工要求

①路堤填筑宜在抽真空 30~40 d 后开始进行，或按设计规定开始堆载。

②路堤填筑速率应符合设计规定。

③路堤填筑期间应保持抽真空。

④路堤填筑高度达到设计标高（考虑沉降）后，应继续抽真空，路堤沉降值（或地基固结度）达到设计要求后方可停止抽真空。

2. 真空预压法、真空堆载联合预压法施工监测

①预压过程中，应进行孔隙水压力、真空压力、深层沉降量及水平位移等预压参数的监测。真空压力每隔 4 h 观测一次，表面沉降每 2 d 测一次。

②当连续五昼夜实测地面沉降小于 0.5 mm/d、地基固结度已达到设计要求的 80% 时，经验收，即可终止抽真空。

③停泵卸荷后 24 h，应测量地表回弹值。

（十一）袋装砂井法

袋装砂井法是用透水型土工织物长袋装沙砾石，一般通过导管式振动打设机械将沙袋设置在软土地基中形成排水砂柱，以加速软土排水固结的地基处理方法。沙袋可采用聚丙烯、聚乙烯、聚酯等长链聚合物编织，以专用缝纫机缝制或工厂定制，目前国内普遍采用的是聚丙烯编织，该材料抗老化性能差。施工机械一般为导管式的振动打设机械，只是在进行方式上有差异。我国一般采用的打设机械有轨道门架式、履带臂架式、步履臂架式、吊机导架式。该法用于淤泥固结排水、堆荷预压，可使沉降均匀。

袋装砂井法施工要点：

①所用中、粗砂中大于 0.6 mm 颗粒的含量宜占总重的 50% 以上，含泥量小于 3%，渗透系数大于 5×107 mm/s。沙袋的渗透系数应不小于砂的渗透系数。且应保持干燥，不宜采用潮湿填料，以免袋内填料干燥后，体积减小，造成短井。

②沙袋露天堆放时应有遮盖，不得长时间曝晒。

③沙袋应垂直下井，不得扭结、缩颈、断裂、磨损。

④拔钢套管时若将沙袋带出或损坏，应在原孔位边缘重打；连续两次将沙袋带出时，应停止施工，查明原因并处理后方可施工。

⑤沙袋在孔口外的长度，应能顺直伸入砂垫层，至少 300 mm。

（十二）砂桩法（挤密砂桩或砂桩挤密法）

1. 概念

砂桩（砂井）指的是为加速软弱地基排水固结、增加软基稳定性，在地基中经振动、冲击或水冲等方式成孔后，灌入中、粗砂而建成的排水桩体。将砂灌入织袋放进孔内形成的井，称袋装砂井。

2. 适用范围

砂桩法适用于松散砂土、粉土、黏性土、素填土、杂填土等地基；对饱和黏土地基，变形控制要求不严的工程也可采用砂桩置换处理；砂桩还可用于处理可液化的地基。在用于饱和黏土的处理时，最好是通过现场试验后再确定是否采用。

3. 成孔分类

根据成孔方式的不同，目前工程中砂桩成孔方式分为套管成孔法、水冲成孔法和螺旋钻成孔法等。

（1）套管成孔法

将带有活瓣管尖或套有混凝土端靴的套管沉到预定深度，然后在管内灌砂后拔出套管，形成砂桩。根据沉管工艺不同，其又分为静压沉管法和振动沉管法。

（2）水冲成孔法

通过专用喷头，在水压力作用下冲孔，成孔后清孔，再向孔内灌砂成孔。此法适用于土质较好且均匀的砂性土。

（3）螺旋钻成孔法

以动力螺旋钻钻孔，提钻后灌砂成桩。此法适用于陆地上的工程，砂桩长度小于 10 m，且土质较好，不会出现缩颈、塌孔现象的软弱地基；不宜用在很软弱的地基中。

4. 施工要求

①材料要求：采用中、粗砂，大于 0.6 mm 的颗粒含量宜占总重的 50% 以上，含泥量应小于 3%，渗透系数大于 5×10^{-2}mm/s。也可使用沙砾混合料，含泥量应小于 5%。

②采用单管冲击法、一次打桩管成桩法或复打成桩法施工时，应使用饱和砂；采用双管冲击法、重复压拔法施工时，可使用含水量为 7%~9% 的砂；饱和土中施工可用天然湿砂。

③地面下 1~2 m 土层应超量投砂，通过压挤提高表层砂的密实程度。

④成桩过程应连续。

⑤实际灌砂量未达到设计用量时，应进行处理。

（十三）碎石桩

碎石桩是散体桩（由无黏结强度材料制成的桩）的一种，按其制桩工艺可分为振冲（湿法）碎石桩和干法碎石桩两大类。采用振动加水冲的制桩工艺制成的碎石桩称为振冲碎石桩或湿法碎石桩，采用各种无水冲工艺（如干振、振挤、锤击等）制成的碎石桩统称为干法碎石桩。

碎石桩施工要求：

①材料要求：未风化碎石或砾石，粒径宜为 19~63 mm，含泥量应小于 10%。

②施工前应按规定做成桩试验。

③根据试桩成果，严格控制水压、电流和振冲器在固定深度位置的留振时间。

④碎石桩密实度抽查频率为 2%，用重口型动力触探测试，贯入量为 100 mm 时，击数应大于 5 次。

（十四）加固土桩

加固土桩（粉喷桩）主要是以水泥、石灰、粉煤灰等材料作固化剂的主剂，利用深层搅拌机械在原位软土中进行强制搅拌，经过物理化学作用生成一种具有较高强度、较好变形特性和水稳性的特殊混合桩体。它对提高软土地基承载能力，减少地基的沉降量有明显效果。适用于加固饱和软黏土地基如淤泥、淤泥质土、粉土和含水量较高的黏性土。

1. 材料要求

①生石灰粒径应小于 2.36 mm，无杂质，氧化镁和氧化钙总量应不小于 85%，其中氧化钙含量应不小于 80%。

②粉煤灰中二氧化硅和三氧化二铝含量应大于 70%，烧失量应小于 10%。

③水泥宜用普通水泥或矿渣水泥。

2. 加固土桩施工前的准备工作

①施工前必须进行成桩试验，桩数不宜少于 5 根。

②应取得满足设计喷入量的各种技术参数，如钻进速度、提升速度、搅拌速度、喷气压力、单位时间喷入量等。

③应确定能保证胶结料与加固软土拌和均匀性的工艺。

④掌握下钻和提升的阻力情况，选择合理的技术措施。

⑤根据地层、地质情况确定复喷范围。

⑥应根据固化剂喷入的形态（浆液或粉体），采用不同的施工机械组合。

3. 固化剂相关规定

（1）采用浆液固化剂时

制备好的浆液不得离析，不得停置过长；超过 2 h 的浆液应降低等级使用；浆液拌和均匀，不得有结块；供浆应连续。

（2）采用粉体固化剂时

严格控制喷粉标高和停粉标高，不得中断喷粉，确保桩体长度；严格控制粉喷时间、停粉时间和喷入量。应防止出现桩体上下喷粉不匀、下部剂量不足、上下部强度差异大等问题，应按设计要求的深度复搅。当钻头提升到地面以下小于500 mm时，送灰器停止送灰，用同剂量的混合土回填。若喷粉量不足，应整桩复打，复打的喷粉量不小于设计用量，因故喷粉中断时，必须复打，复打重叠长度应大于1 m。施工设备必须配有自动记录的计量系统。钻头直径的磨损量不得大于10 mm。

（十五）水泥粉煤灰碎石桩

水泥粉煤灰碎石桩（简称CFG桩）是在碎石桩的基础上发展起来的，以一定配合比率的石屑、粉煤灰和少量的水泥加水拌和后制成的一种具有一定胶结强度的桩体。由于桩体中加入了水泥和粉煤灰，形成了高黏结强度的桩，从而改善了碎石桩的刚性，不仅能很好地发挥全桩的侧摩阻作用，同时，也能很好地发挥其端阻作用。CFG桩和桩间土、垫层一起形成复合地基。

水泥粉煤灰碎石桩施工要求：

1. 材料要求

（1）骨料

应根据施工方法，选择合理的骨料级配和最大粒径。粗骨料一般采用碎石或卵石。泵送混合料时，卵石最大粒径宜为26.5 mm，碎石最大粒径宜为19 mm。采用振动沉管时，骨料最大粒径不宜超过63 mm。为使级配良好，宜掺入石屑或砂填充碎石的空隙。

（2）水泥

宜选用普通硅酸盐水泥，一般采用32.5级。

（3）粉煤灰

宜选用袋装Ⅰ、Ⅱ级粉煤灰。

2. 施工前应进行成桩试验，试桩数量宜为5~7根

成桩试验应确定符合设计要求的施工工艺和施工速度，确定合理的投料数量，确定桩的质量标准。

3. 桩体施工应选择合理的施打顺序，避免对已成桩造成损害

CFG桩施工一般采用振动沉管机械施工，因此，其施打顺序对成桩质量影响较大，根据经验，一般采用隔桩施打，此时很少发生打桩径被挤小或缩径现象。

4. 成桩过程中，应对已打桩的桩顶进行位移监测

一般桩顶位移超过10 mm时，需要对桩体进行开挖查验。

5. 为保证桩体质量，混合料应拌和均匀，且投料要充分

混合料坍落度一般宜为100 mm左右。

（十六）沉管灌注桩

1.Y 形沉管灌注桩施工

Y 形沉管灌注桩是一种派生于传统沉管灌注桩（圆形）的异形沉管灌注桩，根据“同等截面，多边形边长之和大于圆形周长”的原理，桩侧表面积增加，摩阻力相应增加，即等长、等体积的 Y 形沉管灌注桩比传统的圆形沉管灌注桩的侧面积大、单桩承载力高。

①粗集料宜优先选用卵石；采用碎石，宜适当增加含砂率；骨料最大粒径不宜大于 63 mm。混凝土坍落度宜为 80~100 mm，在运输和灌注过程中应无离析、泌水现象。

②桩尖、桩帽混凝土强度不宜低于 C30。

③邻近有建筑物（构造物）时，应采取有效的隔振措施。

④桩基定位点及施工区附近的水准点应设置在不受桩基施工影响处。

⑤群桩施工，应合理设计打桩顺序，控制打桩速度，防止影响邻桩成桩质量。

⑥沉管前，宜在桩管内先灌入高 1.5 m 左右的封底混凝土，方可开始沉管。

⑦灌注混凝土的充盈系数不得小于 1。

⑧拔管速度应保持为 1.0~1.2 m/min，桩管埋入混凝土深度应大于 1 m。

2. 薄壁筒形沉管灌注桩施工

薄壁筒形沉管灌注桩派生于传统的圆形沉管灌注桩，利用一个内、外双管及桩靴结构，配备中、高频振动锤，形成密封管状系统沉孔，并灌注混凝土，形成大口径薄壁筒桩。

①混凝土粗集料宜优先选用卵石，卵石最大粒径为 63 mm；采用碎石，宜适当增加含砂率，碎石最大粒径为 37.5 mm。混凝土坍落度宜为 80~150 mm，在运输和灌注过程中应无离析、泌水现象。

②桩尖、桩帽混凝土强度不宜低于 C30，桩尖表面应平整、密实，桩尖内外面圆度偏差不得大于 1%，桩尖端头支承面应平整。

③邻近有建筑物时，应采取有效的隔振措施。

④在软土地基上打群桩时，应合理设计打桩顺序，控制打桩速度。

⑤桩基定位点及施工区附近所设的水准点应设置在不受桩基施工影响处。

⑥沉管规定：成孔器安装时，应控制底部套筒环形空隙（成桩壁厚）的均匀性，环隙偏差小于 5 mm 方可固定上端法兰或缩压夹持器。沉孔之前，必须使桩尖与成孔器内、外钢管的空腔密封，确保在全部沉孔过程中水不会渗入空腔内。浇注混凝土前，应检测孔底有无渗水和淤泥。

⑦浇注混凝土规定：桩管内混凝土灌满后，先振动 5~10 s，再边振动边拔管，控制拔管速度均匀，保持管内混凝土高度不少于 2 m。穿越特别软弱土层时，拔管速度宜控制在 1.0~1.2 m/min。采取间歇性振动，即灌入 2 m 高度混凝土后，提升振动一次，不宜连续振动而不提升。在沉孔及提升成孔器时，必须控制成孔器的垂直度。浇注后的桩顶标高应大

于设计标高 500 mm。

二、潮湿地段路基施工

（一）潮湿地段路基填料要求

用湿黏土、红黏土作为填料直接填筑时，应符合以下要求：

第一，液限在 40%~70% 之间，塑性指数在 18~26 之间。

第二，不得作为二级及二级以上公路路床、零填及挖方路基 0~0.80 m 范围内的填料；不得作为三级、四级公路上路床、零填及挖方路基 0~0.30 m 范围内的填料。

第三，采用湿土法制作试件，试件的 CBR 值应满足现行《公路路基施工技术规范》相关规定。

第四，压实度应符合规定，否则应对填料进行处理，处理后强度应符合现行《公路路基施工技术规范》相关规定。

第五，压缩系数大于 0.5 MPa-1 的红黏土不得直接用于填筑路堤。

第六，强膨胀土不得作为路堤填料。中等膨胀土经处理后可作为填料，用于二级及二级以上公路路堤填料时，改性处理后胀缩总率应不大于 0.7%。胀缩总率不超过 0.7% 的弱膨胀土可直接填筑。

（二）湿黏土路基施工

湿黏土路堤填筑时，每层宜设 2%~3% 的横坡。当天的填土宜当天完成压实。填筑层压实后，应采取措施防止路基工作面曝晒失水。

1. 水稻田地段路基施工

水稻田地段路基施工，不得影响农田排灌。施工前应采取措施排除公路用地范围内的地表水。疏于地表水确有困难时，应按设计要求进行处治。二级及二级以上公路路堑段，应在边坡顶适当距离外筑墙并挖截水沟；土质、风化岩石边坡，应浆砌护墙或护坡；路堑路段宜加大边沟尺寸并采用浆砌。

2. 河、塘、湖地段路堤施工

受水浸润作用的路堤部分，宜用水稳性好、塑性指数不大于 6、压缩性小、不易风化的透水性填料填筑。在洪水淹没地段的路堤两侧不得取土；对于三级、四级公路，特殊情况下，可在下游侧距路堤安全距离外取土。两侧水位差较大的河滩路堤，根据具体情况，宜放缓下游一侧边坡，设滤水坝趾和反滤层，在基底设隔渗墙或隔渗层。防洪工程应在洪水期前完成，施工期间应注意防洪。

3. 多雨潮湿地区路基施工

多雨潮湿地区施工，应注意排水。机具停放地、库房、生活区域应选在地势较高不易被水淹的地点，并有完善的排水防洪设施。多雨潮湿地区，应按设计要求对基底过湿土层进行处理。

（三）红黏土地区路基施工

1. 路堤施工

应尽量避免雨季施工。雨季施工时，应防止松土被雨淋湿。施工中应保持作业面横坡不小于 3%。雨后作业面，应经晾干且重新压实合格后方可进行下道工序的施工。路堤填筑应连续，填料应随挖随用。摊铺后必须及时碾压，做到当天摊铺当天完成碾压。碾压完成后，应采取措施防止路堤作业面曝晒失水。

2. 提高红黏土路堤压实度的措施

（1）掺加沙砾法

掺加沙砾能改善高液限土（红黏土）的液限、塑性指数以及 CBR 值，当粗粒料含量大于 35%~40% 时，一般能达到标准土质的填筑要求。随着沙砾含量的增加，对裂缝的抑制作用越来越明显，抗裂性能得到相应提高。

（2）化学外加剂法

掺入石灰、水泥等外加剂可有效降低含水量，提高强度，同时又可降低塑性指数，提高水稳性。

（3）包边法

将不能直接填筑的红黏土进行隔水封闭。外包材料为水稳性较好的低液限土。但是对于碾压稠度偏低（小于 1.15）导致难以压实的红黏土应避免采用此法。该法建议使用于下路堤填筑。

3. 包边法施工

包边材料应为透水性较小的低液限黏土、石灰土等，CBR 值应符合现行《公路路基施工技术规范》相关规定。严禁用粉土、砂土等低塑性土包边。分层填筑时，先摊铺包边土，后摊铺红黏土。碾压前，应控制两种填料的各自含水量，使两种填料在同一压实工艺下能达到压实标准。包边土的压实度应符合土质路基压实度规定。碾压应从两边往中间进行，对不同填料的接合处要增加碾压次数 1~2 次。超高弯道的碾压应自低处向高处进行。

三、盐渍土地区路基施工

（一）路堤填料

盐渍土作为路堤填料，首先与所含易溶盐的性质和数量有关，其次与所在自然区域的气候、水文和水文地质条件有关，此外还与土质道路技术等级和路面结构类型有关。路堤填料要求符合以下要求：

第一，路堤填料适用性应符合现行《公路路基施工技术规范》的相关规定。

第二，对填料的含盐量及其均匀性应加强施工控制检测，路床以下每 1000 m，填料、路床部分每 500 m^2 填料应至少做一组测试，每组 3 个土样，填方不足上列数量时，亦应做一组试件。含盐量大的土层一般分布在地表数百毫米的范围内。实际检测时，若发现上、下层含盐量不一样，但总的平均含量未超过规定允许值时，可以通过将上、下两层盐土打碎拌和来保证填料含盐量的均匀性。

第三，用石膏土做填料时，应先破坏其蜂窝状结构。根据以往公路、铁路多年实践经验，石膏土或石膏粉均可作为路堤填料。蜂窝状和纤维状石膏土，由于其疏松多孔，用作填料时，应破碎其蜂窝状结构，以保证达到要求的压实度。

（二）基底（包括护坡道）处治

含水量超过液限的原地基土，应按设计要求将基底以下 1 m 全部换填为透水性材料；含水量界于液限和塑限之间时，应按设计要求换填 100~300 mm 厚的透水性材料；含水量在塑限以下时，可直接填筑黏性土。地下水位以下的软弱土体应按设计要求采用透水性好的粗粒土换填，高度宜高出地下水位 300 mm 以上。在内陆盆地干旱地区，路面为沥青混凝土、水泥混凝土或沥青表面处治时，应按设计要求在路堤下部设置封闭性隔断层。地表为过盐渍土的细粒土、有盐结皮和松散土层时，应将其铲除，铲除的深度通过试验确定。地表过盐渍土层过厚时，若仅铲除一部分，则应设置封闭隔断层，隔断层宜设置在路床顶以下 800 mm 处；若存在盐胀现象，隔断层应设在产生盐胀的深度以下。

（三）盐渍土路堤施工

盐渍土路堤应分层填筑、分层压实，每层松铺厚度不宜大于 200 mm，砂类土松铺厚度不宜大于 300 mm。碾压时应严格控制含水量，碾压含水量不宜大于最佳含水量 1 个百分点。雨天不得施工。盐渍土路堤的施工，应从基底处理开始，连续施工。在设置隔断层的地段，宜一次做到隔断层的顶部。地下水位高的黏性盐渍土地区，宜在夏季施工；砂性盐渍土地区，宜在春季和夏初施工；强盐渍土地区，宜在表层含盐量较低的春季施工。

（四）盐渍土路堤施工排水

施工中应及时、合理地设置排水设施，路基及其附近不得积水。取土坑底面应高出地下水位至少 150 mm，底面向路堤外侧应有 2%~3% 排水横坡。在排水困难地段或取土坑有可能被水淹没时，应在取土坑外采取适当处治措施。在地下水位较高地段，应加深两侧边沟或排水沟，以降低路基下的地下水位。盐渍土地区的地下排水管与地面排水沟渠，必须采取防渗措施，且不宜采用渗沟。

四、膨胀土地区路基施工

（一）施工一般要求

膨胀土地区路基施工，应避开雨季作业，加强现场排水，基底和已填筑的路基不得被水浸泡。膨胀土地区路基应分段施工，各道工序应紧密衔接，连续完成。路基边坡按设计要求修整，并应及时进行防护施工。膨胀土路基填筑松铺厚度不得大于 300 mm；土块粒径应小于 37.5 mm。填筑膨胀土路堤时，应及时对路堤边坡及顶面进行防护。路基完成后，当年不能铺筑路面时，应按设计要求做封层，其厚度应不小于 200 mm，横坡不小于 2%。

（二）二级及二级以上公路路堤基底处理

高度不足 1 m 的路堤，应按设计要求采取换填或改性处理等措施处治；表层为过湿土时，应按设计要求采取换填或进行固化处理等措施处治；填土高度小于路面和路床的总厚度，基底为膨胀土时，宜挖除地表 0.30~0.60 m 的膨胀土，并将路床换填为非膨胀土或掺灰处理；若为强膨胀土，挖除深度应达到大气影响深度。

（三）路堑施工

路堑施工前，先施工截、排水设施，将水引至路幅以外。边坡施工过程中，必要时，宜采取临时防水封闭措施保持土体原状含水量。边坡不得一次挖到设计线，应预留厚度 300~500 mm，待路堑完成时，再分段削去边坡预留部分，并立即进行加固和封闭处理。路床底标高以下应按照设计要求进行处理。宜用支挡结构对强膨胀土边坡进行防护。支挡结构基坑应采取措施防止曝晒或浸水，基础埋深应在大气风化作用影响深度以下。

五、粉质土地区路基施工

（一）开挖边沟

由于粉性土的毛细水上升高度较大，为防止路基边坡底部土体含水量过大，从而发生由下往上的坍塌失稳，在路基开始施工时，可结合边沟设计在两侧开挖一定深度的边沟，降低地下水及路基两侧地面水对路基的侵害。

（二）增加压实宽度

在实际施工中在原设计路基宽度基础上可适当增加其压实宽度，以预留冲刷宽度，维持和保护主体路基的稳定。

（三）控制路基表面平整度

路基表面平整，有利于水在路表均匀漫流，不至于形成局部溜槽。一定的路拱有利于路基范围内的降水及时排到路基外，不使积水渗入土基。

（四）设拦水坡、泄水槽

水流对路基表面的冲刷程度随流量、流速的变化而变化，当路表水沿边坡流下后将形成一定的流速，从而对边坡形成较严重的冲刷。雨季施工时，在路基边缘设置拦水坡，并每隔一定距离设置泄水槽，路基表面降水流至路基边缘后沿拦水埂汇集至泄水槽集中排出，避免路基边坡被冲刷。

（五）掺灰处治

粉质土不是石灰土的理想土源，通过掺入 5%~8% 的石灰，改善土的板体性能，到了一定的龄期后，其浸水后的稳定性也大大提高，防止雨水冲刷和土体坍塌的现象。

第五节　路基压实施工技术

一、一般土路基的压实

路基压实施工的要点包括选择压实机具、压实方法，确定压实度，确定填料的含水量，采用正确方法压实，检查路基压实质量等。

1. 选择压实机具

为了保证路基压实度的要求，一般采用机械压实，选择压实机具应综合考虑路基土性质、工程量的大小、施工条件和工期气候条件及压实机具的效率等。

2. 采用正确方法压实

道路土基填方，要特别控制压实松铺土厚度，不应使其大于 30 cm。宜做试验路段，并按试验结果确定松铺土厚度。

机械填筑整平压实，可用铲运机、推土机配合自卸汽车推运土料填筑路堤，分层填土，且自中线向两边设置 2%~4% 的横向坡度，及时碾压。雨期施工更应注意设置较大横坡和随铺随压，保证当班填铺的土层达到规定压实度。

经检查填土松铺厚度、平整度及含水量，符合要求后进行碾压。压路机碾压路基时，应遵循先轻后重、先稳后振、先低后高、先慢后快及轨迹重叠等原则，根据现场压实度试验提供的松铺厚度和控制压实遍数进行压实。若控制压实遍数超过 10 遍，应考虑减少填土层厚，经检验合格后，方可转入下道工序，以防止填土层底部达不到规定压实度。

采用振动压路机碾压时，第一遍应不振动静压，然后由慢到快、由弱到强进行压实。各种压路机开始碾压时，均应慢速，最快不要超过 4 km/h。碾压直线段由边到中，小半径曲线段由内侧向外侧，纵向进退进行。碾压轨迹重叠 1/3 以上，纵、横向碾压接头必须重叠，并压至填土层表面平整，无松散、发裂，无明显轨迹即可取样检验压实度。

二、路堑及其他部位填土的压实

1. 路堑压实

路堑、零填路基的路床表面 30 cm 内的土质必须符合规范对土质的要求，否则要换填符合要求的土。土质合格的也要经过压实，检验压实度。

2. 桥涵及其他构筑物处填土压实

（1）桥涵两侧填土

填土底部与桥台基础距离应不小于 2m，桥台顶部距翼墙端部应不小于桥台高度加 2m，拱桥的桥台填土顶部宽度应不小于台高的 4 倍，涵洞顶部填土每侧不小于 2 倍的孔径。桥涵两侧、挡土墙后背及修建在路基范围内的其他构筑物周边，宜采用砂类土、砾石类土等透水性能好的填料填筑；也可采用粉煤灰、石灰土填筑，并要分层对称填筑。主干路松铺厚度应不大于 15 cm，其他等级道路松铺厚度宜小于 20cm。桥台填土宜与锥坡填土同时进行。

（2）挡土墙填土

挡土墙的填料、分层应与桥涵填土相同，填土层顶部应做成向外倾斜的横坡。设有泄水孔的挡土墙，孔周反滤层施工应与填土同步进行。

（3）收水井周边、管沟填土

宜采用细粒土或粗中砂回填。细粒土松铺厚度宜为 15 cm 左右，中粗砂宜为 20 cm 一层。填料中不得含有大于 5 cm 的石块、砖碴。填筑时，在井和管沟两边应对称进行。

（4）检查井周填土

检查井周 40 cm 范围内，不宜采用细粒土回填，而应采用砂、沙砾土或石灰土回填。砂、沙砾土的松铺厚度不宜大于 20 cm，石灰土的松铺厚度宜为 15cm 左右。填筑应沿井室中心对称进行。

三、填石路基的压实

填石（土石）路堤应采用18t以上的重型振动压路机或25t以上的轮胎压路机碾压。水中填石高出水面50 cm左右宜先用2.5 t以上的夯锤先夯击，再用振动压路机碾压。场地狭窄处，半填路段的沙砾料，宜采用手扶振动压路机或振动夯，分层（每层15~20cm）压（夯）实。

1. 路基压实前，应用大型推土机将石料摊铺平整，个别不平处，应人工配合用石屑进行调平碾压。

2. 填石（土石）路基压实，应按先两侧后中间的方法进行，压实路线应纵向平行，碾压行进速度、压轮重叠宽度与土路基压实相同，经反复碾压至无下沉、顶面无明显高低差为止。

3. 当采用重锤夯击时，以落锤锤击不下沉且发生弹跳为度。下一锤位置应与原夯击面重叠40~50 cm，相邻区段应重叠1~1.5 m。

四、高填方路堤的压实

高填方路堤的施工除要满足一般路堤的施工技术要求外，还要注意基底的承载力、路堤的沉降和稳定性。当路基松软虽经碾压仍不能满足设计要求的承载强度和回弹模量时，必须进行加固处理。

五、路基压实质量问题的防治

1. 路基行车带压实度不足的原因及防治

（1）原因分析

路基施工中压实度不能满足质量标准要求，甚至局部出现“弹簧”现象，主要原因如下:

1）压实遍数不合理。

2）压路机质量偏小。

3）填土松铺厚度过大。

4）碾压不均匀，局部有漏压现象。

5）含水量大于最佳含水量，特别是超过最佳含水量两个百分点，造成弹簧现象。

6）没有对上一层表面浮土或松软层进行处治。

7）土场土质种类多，出现异类土壤混填，尤其是透水性差的土壤包裹透水性好的土壤，形成了水囊，造成弹簧现象。

8）填土颗粒过大（粒径大于10 cm），颗粒之间空隙过大，或采用不符合要求的填料（天然稠度小于 1.1，液限大于 40，塑性指数大于 18）。

（2）治理措施

1）清除碾压层下软弱层，换填良性土壤后重新碾压。

2）对产生“弹簧”的部位，可将其过湿土翻晒，拌和均匀后重新碾压，或挖除换填含水量适宜的良性土壤后重新碾压。

3）对产生“弹簧”且急于赶工的路段，可掺生石灰粉翻拌，待其含水量适宜后重新碾压。

2. 路基边缘压实度不足的原因及防治

（1）原因分析

1）路基填筑宽度不足，未按超宽填筑要求施工。

2）压实机具碾压不到边。

3）路基边缘漏压或压实遍数不够。

4）采用三轮压路机碾压时，边缘带（0~75 cm）碾压频率低于行车带。

（2）预防措施

1）路基施工应按设计的要求进行超宽填筑。

2）控制碾压工艺，保证机具碾压到边。

3）认真控制碾压顺序，确保轨迹重叠宽度和段落搭接超压长度。

4）提高路基边缘带压实遍数，确保边缘带碾压频率高于或不低于行车带。

（3）治理措施

校正坡脚线位置，路基填筑宽度不足时，返工至满足设计和规范要求（注意：亏坡补宽时应开蹬填筑，严禁贴坡），控制碾压顺序和碾压遍数。

第六节　路基质量检测方法

一、最佳含水量和最大干密度的确定

最佳含水量又称最优含水率，是指在一定压实功作用下，能使填土达到最大干密度（干容量）时相应的含水率。最佳含水量是土基施工的一个重要控制参数。

最佳含水量的试验测定方法有击实试验法（分轻型击实和重型击实）、振动台法和表面振动击实仪法。

（一）击实试验法

①用干法或湿法制备一组不同含水量（相差约 2%）的试样（不少于 5 个）。

②取制备好的土样按所选击实方法分 3 次或 5 次倒入击实筒，每层按规定的击实次数

进行击实，要求击完后余土高度不超过试筒顶面 5 mm。修平称量后用推土器推出筒内试样，测定击实试样的含水量和测算击实后土样的湿密度。其余土样按相同方法进行试验。

③计算各试样干密度，以干密度为纵坐标，含水量为横坐标绘制曲线，曲线上峰值点的纵、横坐标分别为最大干密度和最佳含水量。

④当试样中有大于 25 mm（小筒）或大于 38 mm（大筒）的颗粒时，应先将其取出，求得其百分率（要求不得大于 30%），对剩余试样进行击实试验，再利用修正公式对最大干密度和最佳含水量进行修正。

（二）振动台法

①充分搅拌并烘干试样，使其颗粒分离程度尽可能小，然后大致分成 3 份，测定并记录空试筒质量。

②用小铲或漏斗将任一份试样徐徐装入试筒，并注意使颗粒分离程度最小（装填宜使振毕密实后的试样等于或略低于筒高的 1/3），抹平试样表面，然后可用橡皮锤或类似物敲击几次试筒壁，使试料下沉。

③放置合适的加重底板于试料表面，轻轻转动，使加重底板与试样表面密合一致。卸下加重底板把手。

④将试筒固定于振动台面上，装上套筒，并与试筒紧密固定，将合适的加重块置于加重底板上，其上部尽量不与套筒内壁接触。

⑤设定振动台在振动频率 50 Hz 下的垂直振动双振幅为 0.5 mm，或在振动频率 60 Hz 下的垂直振动双振幅为 0.35mm。在 50 Hz 下振动试筒及试样 10 min；在 60 Hz 下振动 8 min。振毕卸去加重块及加重底板。

⑥按 2~5 步进行第二层、第三层试料振动压实。但第三层振毕，加重底板不再立即卸去。

⑦卸去套筒，然后检查加重底板是否与试样表面密合一致，即按压。

⑧看加重底板边缘是否翘起，若翘起，则需在试验报告中注明。

⑨刷净试筒顶沿面上及加重底板上位于试筒导向瓦两侧测量位置所积落的细粒土，并尽量避免将这些细粒土刷进试筒内，将百分表架支杆插入每个试筒导向瓦套中，然后分别测读并记录试筒导向瓦每侧试筒顶沿面（中心线处）各 3 个百分表读数，共 12 个读数（其平均值即为终了百分表读数 R）。

二、土基压实质量控制与检测

（一）影响土基压实的主要因素

1. 土质

一般情况下，同一压实功作用下，含粗粒土越多，其最大干密度越大，最佳含水量越小。

2. 含水量

土中含水量对其压实效果的影响比较显著。当含水量较小时，土中空隙多，互相连通，在一定的外部压实功作用下，土粒间气体易被排出，密度增大，但由于含水量小，水膜润滑作用不明显，外部压实功不足以克服粒间引力，土粒不易移动，因此压实效果比较差；随着含水量逐渐增大，水膜润滑作用增强，在外部压实功作用下，土粒比较容易发生相对移动，压实效果渐佳；当土中含水量增加到一定程度后，土空隙中出现难以排出的自由水，减小了有效压功，压实效果反而降低。因此，土的含水量存在一个最佳含水量，在此情况下，同样压实功获得最大干密度和最好的水稳定性。

3. 压实功

经试验和工程实践发现，同一类土，其最佳含水量随压实功的增加而减小，而最大干密度则随压实功的增加而增大。当土含水量偏低时，增加压实功对提高干密度效果明显，含水量偏高时则收效甚微。当压实功增大到一定程度后，对最佳含水量的减小和最大干密度的提高效果均不明显，即单纯用增大压实功来提高土的干密度并不理想，压实功过大甚至还会破坏土体结构，适得其反。

4. 铺土厚度

工程实践表明，同一类土在相同压实功条件下，压实度随土层松铺厚度的增加而减小。表层压实效果优于下面的土层。因此，相关规范中都推荐了不同类土在不同压实功下的松铺土层厚度，以供施工参考。

（二）土基压实的控制与检测

要控制路基压实质量，应充分认识影响压实的各种因素及其相互关系，根据现场实际情况，采取合理的措施。质量控制与检测应重点关注以下几方面：

1. 确定土基的最大干密度和最佳含水量

沿线路基填料性质往往有较大的差别。路基施工前，应对各不同土质路段取样，采用现行相关规范推荐的测定方法进行土工试验，确定各类土质的最大干密度和最佳含水量，为后序路基施工提供参考。

含水量是影响路基土压实效果的主要因素，压实前应控制土的含水量在最佳含水量±2%之内。

2. 选择压实机械

充分了解压实功与土基压实度的关系，选择与土质相匹配的压实机械，按照合理的压实行走路线及压实遍数施工。

3. 分层填筑压实

填土分层压实厚度和压实遍数与压实机械类型、土的种类和压实度要求有关，一般应通过试验路段确定。对于低等级公路，可参照相关规范推荐值或同地区已建相同类型公路施工经验。

4. 压实质量的检测

土基压实度的检测一般采取灌砂法、环刀法、蜡封法、水袋法和核子密度仪法。环刀法适用于细粒土，灌砂法适用于各类土。采用核子密度仪法时应先进行标定，并与灌砂法做对比试验，找出相关的压实度修正系数，尤其是当填土种类发生变化时，必须重新标定，方能保证压实度检测的准确性和可靠性。填筑路基时，应分层检测压实度，并要求填土层压实度达到要求后，方允许填筑上一层，这样才能保证全深度范围内的压实质量。

第四章　道路工程路面施工

随着我国经济的高速发展，公路铁路交通运输也进入繁荣时期，在公路施工过程中，沥青混凝土路面是比较常见的，相比水泥混凝土路面，沥青混凝土路面具有更多优越性，可以克服许多传统路面的缺陷，保证公路的使用年限和工程质量，在公路建筑史上也是一个很大的进步。本章介绍了沥青路面施工和混凝土路面施工的工作内容、施工技术，指出在路面施工过程中的一些需要注意的地方，希望给读者一些参考性的建议。

第一节　路面工程基本知识

一、路面的概念、结构与分类

（一）路面的概念

路面是指用各种材料铺筑在路基上的供车辆行驶的构造物，其主要任务是保证车辆快速、安全、舒适地行驶，路面应能够承受交通荷载和自然因素的影响，还要与周围环境衬托协调。

（二）路面的结构

道路行车荷载和自然因素的作用一般随深度的增加而减弱，为适应这一特点，路面结构也是多层次的，路面结构一般由面层、基层、垫层组成，有的道路在面层和基层之间还设立了一个联结层。

1. 面层

面层位于整个路面结构的最上层，直接承受行车荷载，并受自然因素的影响，因此要求面层应有足够的强度、刚度和稳定性，另外面层还应有良好的平整度和抗滑性能，以保证车辆安全平稳地通行，面层通常使用水泥混凝土、沥青混凝土、沥青碎石混合料做铺筑材料，有些道路也用块石、料石或水泥混凝土预制块铺筑道路面层，山区交通量很小的地区也直接用泥灰结碎石或泥结碎石做面层。面层可分层铺筑，称为上面层（表层）、中面层和下面层。

2. 基层

基层是指面层以下的结构层，主要起支撑路面面层和承受由面层传递来的车辆荷载作用，因此基层应有足够的强度和刚度，基层也应有平整的表面，以保证面层厚度均匀、平整，基层还可能受到地表水和地下水的浸入，故应有足够的水稳定性，以防湿软变形而影响路面的结构强度。基层可采用水泥稳定类、石灰稳定类、石灰工业废渣稳定类及级配碎砾石、填隙碎石或贫混凝土铺筑。当基层较厚时，应分为两层或三层铺筑，下层称为底基层，上层称为基层，中层视材料情况，可称为基层或底基层。选择基层材料时，为降低工程成本，应本着因地制宜的原则，尽可能使用当地材料。

3. 垫层

垫层设在土基和基层之间，主要用于潮湿土基和北方地区的冻胀土基，用以改善土基的湿度和温度状况，起隔水（地下水和毛细水）、排水（基层下渗的水）、隔温（防冻胀）以及传递荷载和扩散荷载的作用。垫层材料不要求强度高，但要求水稳性能和隔热性能好，常用的垫层材料有沙砾、炉渣或卵圆石组成的透水性垫层和石灰土或石灰炉渣土组成的稳定性垫层。

4. 联结层

联结层指为加强面层和基层的共同作用或减少基层裂缝对面层的影响，而设在基层上的结构层，经常被视为面层的组成部分。联结层一般采用颗粒较大的沥青稳定碎石、大粒径透水性沥青稳定碎石或沥青灌入式。

（三）路面的分类

从路面力学特性角度划分，传统的分法把路面分为柔性路面和刚性路面，随着科技的进步，又有了新的发展，路面分类进一步得到细化。

1. 柔性路面

柔性路面是指刚度较小，抗弯拉强度较低，主要靠抗压和抗剪强度来承受车辆荷载作用的路面，其主要特点是刚度小，在车轮荷载的作用下弯沉变形较大，车轮荷载通过时路面各层向下传递到路基的压应力较大。

2. 刚性路面

刚性路面是指路面板体刚度大，抗弯拉强度较高的路面，其主要特点是抗弯拉强度高、刚度大，处于板体工作状态，竖向弯沉较小，传递给下层的压应力较柔性路面小得多。

3. 半刚性路面

半刚性路面我国公路科研工作者经过研究和探索，在 20 世纪 90 年代初提出半刚性路面的概念。我国在公路建设中大量使用了水泥稳定类、石灰稳定类和石灰粉煤灰稳定类材料做基层，这些基层材料随着龄期的增长，其强度和刚度也在缓慢地增长，但最终的强度和刚度仍远小于刚性路面，其受力特点也不同于柔性路面，以沙庆林院士为首的我国公路路面科研人员，将之称为半刚性路面基层，加铺沥青面层之后，称为半刚性路面。

4. 复合式基层路面

《公路沥青路面施工技术规范》中提出了混合式基层的概念，即上部使用柔性基层，下部使用半刚性基层的基层称为复合式基层，它的受力特点是处于半刚性基层和柔性基层中间的一种结构，可以提高柔性路面的承载能力，在加铺沥青面层之后，称为复合式路面。

当前一个时期内国内大量使用了半刚性路面基层，半刚性基层的整体性好，但易形成温度裂缝和干缩裂缝，并经反射造成沥青面层开裂，水渗入后在行车荷载的作用下出现唧浆现象，进而形成公路路面的早期损坏。将半刚性基层用作下基层，上覆以柔性基层，成为复合式结构，不仅可以提高基层的承载力，也可以扩散半刚性基层裂缝产生的水平应力，进而截断反射裂缝向上传递的途径。同时，柔性基层多采用级配碎砾石结构，具有一定的排水功能，进一步完善基层边缘排水设计，应能起到预防路面早期破坏的效果。重交通量和多雨潮湿地区目前已开始混合基层的研究和实践。

二、路面施工的特点和基本要求

路面工程是直接承受行车荷载的结构，经受严酷的自然环境和行车荷载的反复作用，因此对路面工程也提出了更高的要求。

（一）路面施工的特点

1. 机械化程度高

随着经济的发展，机械制造业也发展迅速，各种类型、各种功能的路面施工机械相继出现，以前以人工施工为主的路面施工已经转变为机械化施工为主、人工为辅的局面。如何更好地发挥机械性能，减轻人工的劳动强度，也是路面工程施工组织的重要内容。

2. 工程数量均匀，容易进行流水作业

一般情况下，一个工程项目路面工程的结构类型和设计厚度是相同的或相近的，除交叉口和收费区范围外，每千米工程数量是均匀的，这使得采取流水作业法安排路面工程施工变得更加容易。

3. 路面施工材料相对比较均匀，更容易控制路面质量

采用细粒土的路面基层底基层材料，虽然也采取了因地制宜的原则，用沿线的土进行基层底基层施工，但相对于土石混合路基工程来讲，土质差别比较小，可以利用塑性指数的差别制定统一的质量控制标准来控制基层质量（如建立相同强度下，塑性指数与灰剂量的关系；或建立相同灰剂量情况下，塑性指数与最大干密度的关系等）。对于采取砂石材料进行施工的路面基层和面层，由于材料的产地相同，材质更加均匀，更容易用同样的质

量标准来控制生产。

4. 与桥梁工程、台背回填、防护工程施工相互干扰

在施工进度安排上，因桥梁工程、台背回填、防护工程的滞后影响基层施工时，可采取跳跃施工的方法；对于面层施工时，应已完成上述工作，不影响面层施工的连续性。

5. 废弃材料处理

应注意不对绿化工程、防护工程和水资源造成污染，必要时应采取环境保护措施。

6. 半刚性基层沥青路面的基层重排与面层的施工安排

半刚性基层沥青路面的基层重排与面层的施工安排，宜在同一年内施工，以减少半刚性基层的反射性裂缝和沥青面层的早期损坏。

（二）对路面工程的基本要求

一般说来，不同等级的公路对路面的使用品质具有不同的要求，主要表现在一定设计年限内允许通行的交通量和要求道路提供的服务等级。首先，路面在设计年限内通过预测交通量的情况下，路面应保持一定的承载能力和抗疲劳能力；其次，路面在风吹、日晒、雨淋、严寒、酷暑、冻融等复杂自然条件下，在设计年限内应保持一定的稳定性和耐久性；最后就是在设计年限内经过一定的养护管理，路面应具有与公路等级相适应的服务水平，为车辆行驶提供安全可靠、快捷舒适的服务。具体来说，对路面工程有以下要求：

1. 具有足够的强度和刚度

路面承受车辆在路面行驶时作用于路面的水平力、垂直力，并伴随着路面的变形（弯沉盆）和车辆的振动，受力模型比较复杂，会引起各种不同应力，如压应力、弯拉应力、剪应力等。路面的整体或结构的某一部分所受的力超出其承载能力，就会出现路面病害，如断裂、沉陷等；在动载的不断作用下，进而出现碎裂和坑槽。因此必须保证路面整体和路面的组成部分具有足够的强度，包括修建路面的原材料，如砂石、水泥等，复合性材料，如水泥混凝土、沥青混凝土和路面结构本身。

刚度是指路面抵抗变形的能力，刚度不足时路面在车辆荷载的作用下也会产生变形、车辙、沉陷、波浪等破坏现象，因此要求路面具有足够的刚度，使路面整体和各组成部分的变形量控制在弹性变形范围内。

2. 具有足够的稳定性

路面结构袒露在自然环境之中，经受水和温度等影响，使其力学性能和技术品质发生变化，路面稳定性包括以下内容：①高温稳定性：在夏季高温条件下，沥青材料如没有足够的抗高温的能力，会发生泛油、面层软化，在车辆荷载的作用下产生车辙、波浪和推挤，水泥路面则可能发生拱胀开裂。②低温抗裂性：冬季低温条件下，路面材料如没有足够的抗低温能力，会出现收缩、脆化或开裂，水泥路面也会出现收缩裂缝，气温骤变时出现翘

曲而破坏。③水温稳定性：雨季路面结构应有一定的防水、抗水或排水能力，否则在水的浸泡作用下，强度会下降，甚至出现剥离、松散、坑槽等破坏。

3. 具有足够的平整度

路面应有良好的平整度，不平整的路面会使车辆颠簸，行车阻力增加影响行车安全和司乘舒适，加剧路面和车辆的损坏，因此，路面应具有与公路等级相适应的平整度。

4. 粗糙度和抗滑性能

路面表层直接接触车轮，路面表层应有一定的粗糙度和抗滑性能，车轮和路面表层间应有足够的附着力和摩擦阻力，保证车辆在爬坡、转弯、制动时车轮不空转或打滑，路面抗滑性不仅对行车安全十分重要，而且对提高车辆的运营效益也有重要意义。

5. 耐久性

阳光的曝晒、水分的浸入和空气氧化作用都会对路面结构和材料产生作用，尤其是沥青材料会出现老化，并失去原有的技术品质，导致路面开裂、脱落，甚至大面积的松散破坏。因此在路面修筑时，应尽可能选用有足够抗疲劳、抗老化、抗变形能力的路用材料，以提高路面的耐久性，延长路面的使用寿命。

6. 尽可能低的扬尘性

汽车在路面上行驶，车身后及轮胎后产生的真空吸力作用将吸引路面表层或其中的细颗粒料而引起尘土飞扬，造成污染并影响行车视距，给沿线居民卫生和农作物造成不良影响，尤其以砂石路面为甚。所以除非在交通量特别小或抢修临时便道的情况下，一般不要用砂石路面结构。

7. 具有尽可能低的噪声

噪声污染也影响居民的正常生活，穿越居民区的公路路面可采用减噪混凝土，以降低噪声。

三、路面施工用材料

路面工程施工中，材料起着至关重要的作用，有些新建公路路面工程出现早期破坏，材料质量是最重要的影响因素。路面结构层所用材料应满足强度、稳定性和耐久性等要求。路面施工需用材料广泛，物理力学性能各异，有些材料适用于路面基层，有些材料适用于路面面层，也有些材料既可用于基层又可用于面层，但技术要求和力学性能指标略有不同，以下对路面工程所用的主要工程材料的分类和基本要求进行分述。

（一）路面材料的分类

路面材料从工程质量控制角度出发，应对集料、结合料质量进行监控，同时也应对路面混合料及辅助材料进行质量监控，只有这样才能更好地保证路面工程质量。

（二）路面材料的基本要求

路面用材料种类繁多，需求量大。路面各结构层使用的材料均应满足强度、稳定性和耐久性的要求，以保证路面各层次质量。选择路面用材料时也应依照因地制宜的原则，但更重要的是各类路面材料必须符合路面各结构层次的技术要求。

1. 基层底基层用材料

（1）水泥

普通硅酸盐水泥、矿渣硅酸盐水泥和火山灰质硅酸盐水泥均可用作基层结合料，但宜选用终凝时间较长的水泥。

（2）石灰

石灰质量应符合《建筑生石灰》和《建筑消石灰》规定的合格以上级的生石灰或消石灰的技术指标。

（3）细粒土

无机结合料稳定的细粒土，其技术要求应符合规定。

（4）中粗粒土

级配碎石、未筛分碎石、沙砾、碎石土、煤矸石、沙砾土均可作为路面基层材料，其颗粒直径不宜大于 37.5 mm。集料压碎值：高速公路和一级公路按结构层次和结构类型一般应不大于 30%，一级公路一般不大于 30%~35%，二级及以下公路一般不大于 35%~40%。

2. 沥青面层用材料

（1）道路石油沥青

第一，道路石油沥青的质量应符合规范规定的技术要求。经建设单位同意，沥青的 PI 值、60℃动力黏度、15℃延度可作为选择性指标。

第二，沥青路面采用的沥青标号，宜按照公路等级、气候条件、交通条件、路面类型及在结构层中的层位及受力特点、施工方法等，结合当地的使用经验，经技术论证后确定。

（2）乳化沥青

第一，乳化沥青适用于沥青表面处置路面、沥青灌入式路面、冷拌沥青混合料路面，修补裂缝，喷洒透层、黏层与封层等。

第二，乳化沥青的质量应符合相关规范的规定。

第三，乳化沥青类型根据集料品种及使用条件选择。阳离子乳化沥青可适用于各种集料品种，阴离子乳化沥青适用于碱性石料。乳化沥青的破乳速度、黏度宜根据用途与施工方法选择。

第四，制备乳化沥青用的基质沥青，对高速公路和一级公路，宜符合《道路石油沥青》

中 A、B 级沥青的要求，其他情况可采用 C 级沥青。贮存期以不离析、不冻结、不破乳为度，宜存放在立式罐中，并保持适当搅拌。

（3）液体石油沥青

第一，液体石油沥青适用于透层、黏层及拌制冷拌沥青混合料。根据使用目的与场所，可选用快凝、中凝、慢凝的液体石油沥青，其质量应符合相关规范规定。

第二，液体石油沥青宜采用针入度较大的石油沥青，使用前按先加热沥青后加稀释剂的顺序，掺配煤油或轻柴油，经适当的搅拌、稀释制成。掺配比例根据使用要求由试验确定。

（4）煤沥青

第一，道路用煤沥青的标号根据气候条件、施工温度、使用目的选用，其质量应符合相关规范的规定。

第二，各种等级公路的各种基层上的透层，宜采用 T-1 或 T-2 级，其他等级不符合喷洒要求时可适当稀释使用；三级及三级以下的公路铺筑表面处置或灌入式沥青路面，宜采用 T-5、T-6 或 T-7 级；与道路石油沥青、乳化沥青混合使用，以改善渗透性。

第三，道路用煤沥青严禁用于热拌热铺的沥青混合料，做其他用途时的贮存温度宜为 70℃ ~90℃，且不得长时间贮存。

（5）改性沥青

第一，改性沥青可单独或复合采用高分子聚合物、天然沥青及其他改性材料制作。

第二，各类聚合物改性沥青的质量应符合相关规范的规定，当使用其他聚合物及复合改性沥青时，可通过试验研究制定相应的技术要求。

第三，改性沥青须在固定式工厂或在现场设厂集中制作，改性沥青的加工温度不宜超过 180℃。

（6）粗集料

第一，沥青层用粗集料包括碎石、破碎砾石、筛选砾石、钢渣、矿渣等，但高速公路和一级公路不得使用筛选砾石和矿渣。粗集料必须由具有生产许可证的采石场生产或施工单位自行加工。

第二，粗集料应该洁净、干燥、表面粗糙，质量应符合规范的规定。当单一规格集料的质量指标达不到规范的要求，但按照集料配合比计算的质量指标符合要求时，工程上允许使用。对受热易变质的集料，宜采用经拌和机烘干后的集料进行检验。

第三，粗集料的粒径规格应按照规范的规定选用。破碎砾石应采用粒径大于 50mm、含泥量不大于 1% 的砾石乳制，经过破碎且存放期超过 6 个月的钢渣可作为粗集料使用。钢渣在使用前应进行活性检验。要求钢渣中的游离氧化钙含量不小于 3%，浸水膨胀率不小于 2%。

（7）细集料

第一，沥青路面的细集料包括天然砂、机制砂和石屑，其规格应分别符合相关规范要求。

第二，细集料应洁净、干燥、无风化、无杂质，并有适当的颗粒级配。细集料的洁净程度，天然砂以小于 0.075 mm 含量的百分数表示，石屑和机制砂以砂当量（适用于 0~4.75 mm）或亚甲蓝值表示。

第三，热拌密级配沥青混合料中天然砂的用量通常不应超过集料总量的 20%，并且是在不得已情况下经试验论证后才可采用，SMA 和 OGFC 混合料不得使用天然砂。

（8）填料

第一，沥青混合料的矿粉必须采用石灰岩或岩浆岩中的强基性岩石等憎水性石料经磨细得到的矿粉，原石料中的泥土杂质应除净。矿粉应干燥、洁净，能自由地从矿粉仓流出，其质量应符合相关规范的规定。

第二，拌和机的粉尘严禁回收使用。

第三，粉煤灰作为填料使用时，用量不得超过填料总量的 50%，粉煤灰的烧失量应小于 12%，与矿粉混合后的塑性指数应小于 4%，其余质量要求与矿粉相同。高速公路、一级公路的沥青面层不宜采用粉煤灰做填料。

3. 水泥路面用材料

（1）水泥

第一，各等级公路均宜优先选用旋窑生产的道路硅酸盐水泥，确有困难时或中轻交通路面可以使用立窑水泥，低温天气施工或有快速通车要求的路段可采用 R 型早强水泥。各交通等级路面用水泥的抗折强度、抗压强度应符合规范的规定。

第二，水泥进场时每批量应附有化学成分、物理、力学指标合格的检验证明。各交通等级路面所使用水泥的化学成分、物理性能等品质要求应符合规范的规定。

第三，采用机械化铺筑时，宜选用散装水泥。散装水泥的夏季出厂温度：南方不宜高于 65℃，北方不宜高于 55℃；混凝土搅拌时的水泥温度：南方不宜高于 60℃，北方不宜高于 50℃，且不宜低于 10℃。

第四，当混凝土和碾压混凝土用作基层时，可使用各种硅酸盐类水泥。不掺用粉煤灰时，宜使用强度等级 32.5 级以下的水泥。掺用粉煤灰时，只能使用道路水泥、硅酸盐水泥和普通水泥，水泥的抗压强度、抗折强度、安定性和凝结时间必须检验合格。

（2）粉煤灰及其他掺合料

第一，混凝土路面在掺用粉煤灰时，应掺用质量指标符合规定的磨细粉煤灰，不得使用 3 级粉煤灰。贫混凝土、碾压混凝土基层或复合式路面下面层应掺用符合规定的 3 级或 3 级以上粉煤灰，不得使用等外粉煤灰。

第二，粉煤灰宜采用散装灰，进货应有等级检验报告，并了解所用水泥中已经加入的掺合料种类和数值。

第三，路面和桥面混凝土中可使用硅灰或磨细矿渣，使用前应经过试配检验，确保路面和桥面混凝土弯拉强度、工作性、抗磨性、抗冻性等技术指标合格。

（3）粗集料

第一，粗集料应使用质地坚硬、耐久、洁净的碎石、碎卵石和卵石，并应符合规范的规定。高速公路、一级公路、二级公路及有抗（盐）冻要求的三级、四级公路混凝土路面使用的粗集料级别应不低于2级，无抗（盐）冻要求的三级、四级公路混凝土路面、碾压混凝土及贫混凝土基层可使用HI级粗集料。有抗（盐）冻要求时，1级集料吸水率不应大于1.0%；2级集料吸水率不应大于2.0%。

第二，用作路面和桥面混凝土的粗集料不得使用不分级的统料，应按最大公称粒径的不同采用2~4个粒级的集料进行掺配，并应符合合成级配的要求。卵石最大公称粒径不宜大于19.0 mm；碎卵石最大公称粒径不宜大于26.5mm；碎石最大公称粒径不应大于31.5 mm；贫混凝土基层粗集料最大公称粒径不应小于31.5 mm；钢纤维混凝土与碾压混凝土粗集料最大公称粒径不宜大于19.0mm。碎卵石或碎石中粒径小于75 μ m，石粉含量不宜大于1%。

（4）细集料

第一，细集料应采用质地坚硬、耐久、洁净的天然砂、机制砂或混合砂，并应符合规定。高速公路、一级公路、二级公路及有抗（盐）冻要求的三级、四级公路混凝土路面使用的砂应不低于2级，无抗（盐）冻要求的三级、四级公路混凝土路面、碾压混凝土及贫混凝土基层可使用3级砂。特重、重交通混凝土路面宜使用河砂，砂的硅质含量不应低于25%。

第二，细集料的级配要求应符合规定，路面和桥面用天然砂宜为中砂，也可使用细度模数在2.0~3.5之间的砂。同一配合比用砂的细度模数变化范围不应超过0.3，否则应分别堆放，并调整配合比中的砂率后使用。

第三，路面和桥面混凝土所使用的机制砂还应检验砂浆磨光值，其值宜大于35，不宜使用抗磨性较差的泥岩、页岩、板岩等水成岩类母岩生产机制砂。配制机制砂混凝土应同时掺入高效减水剂。

第四，在河砂资源紧缺的沿海地区，二级及二级以下公路混凝土路面和基层可使用淡化海砂，缩缝设传力杆混凝土路面不宜使用淡化海砂，钢筋混凝土及钢纤维混凝土路面和桥面不得使用淡化海砂。淡化海砂带入每立方米混凝土中的含盐量不应大于1.0 kg，碎贝壳等甲壳类动物残留物含量不应大于1.0 kg。

（5）水

饮用水可直接用作混凝土搅拌和养护用水。如果有异议，检验硫酸盐含量小于0.0027 mg/m 立方米，含盐量不得超过0.005 mg/m 立方米，pH值不得小于4，合格后方可使用。

（6）外加剂

第一，外加剂的产品质量应符合各项技术指标。供应商应提供有相应资质外加剂检测机构的品质检测报告，检验报告应说明外加剂的主要化学成分，认定对人员无毒副作用。

第二，引气剂应选用表面张力降低值大、水泥稀浆中起泡容量多而细密、泡沫稳定时间长、不溶残渣少的产品。有抗冰（盐）冻要求地区，各交通等级路面、桥面、路缘石、路肩及贫混凝土基层必须使用引气剂；无抗冰（盐）冻要求地区，二级及二级以上公路路面混凝土中应使用引气剂。

第三，各交通等级路面、桥面混凝土宜选用减水率大、坍落度损失小、可调控凝结时间的复合型减水剂。高温施工宜使用引气缓凝（保塑）（高效）减水剂；低温施工宜使用引气早强（高效）减水剂。选定减水剂品种前，必须与所用的水泥进行适应性检验。

第四，处在海水、海风、氯离子、硫酸根离子环境或冬期洒除冰盐的路面或桥面钢筋混凝土、钢纤维混凝土中宜掺阻锈剂。

（7）钢筋

各交通等级混凝土路面、桥面和搭板所用钢筋网、传力杆、拉杆等钢筋应符合国家有关标准的技术要求。所用钢筋应顺直，不得有裂纹、断伤、刻痕、表面油污和锈蚀。传力杆钢筋加工应锯断，不得挤压切断；断口应垂直、光圆，用砂轮打磨掉毛刺，并加工成

2~3 mm 圆倒角。

（8）钢纤维

用于公路混凝土路面和桥面的钢纤维应满足《混凝土用钢纤维》的规定，单丝钢纤维抗拉强度不宜小于 600 MPa。钢纤维长度应与混凝土粗集料最大公称粒径相匹配，最短长度宜大于粗集料最大公称粒径的 1/3；最大长度不宜大于粗集料最大公称粒径的 2 倍；钢纤维长度与标称值的偏差不应超过 ±10%。

路面和桥面混凝土中，宜使用防锈蚀处理的钢纤维和有锚固端的钢纤维，不得使用表面磨损前后裸露尖端导致行车不安全的钢纤维和搅拌易成团的钢纤维。

（9）接缝材料

①胀缝板

宜选用适应混凝土面板膨胀和收缩、施工时不变形、弹性复原率高、耐久性好的产品。高速公路、一级公路宜采用塑胶、橡胶泡沫板或沥青纤维板，其他公路可采用各种胀缝板。

②填缝材料

填缝材料应具有与混凝土板壁黏结牢固、回弹性好、不溶于水、不渗水，高温时不挤出、不流淌、抗嵌入能力强、耐老化龟裂、负温拉伸量大、低温时不脆裂、耐久性好等性能。

四、路面施工的基本方法

路面工程是层状结构，路面工程施工的共同点是几乎所有的路面结构（手摆拳石和条石路面等结构除外）都需要拌和混合料、摊铺和压实三道工序，路面工程施工主要有三种方法：人工搅拌法、机械搅拌法、厂拌机铺法。

（一）人工搅拌法

20 世纪 80 年代以前路面工程施工主要采取这种方法，人工摊土（石料）、人工拌和、简易机械压实，基层施工主要有人工翻拌法、人工筛拌法等，沥青面层施工主要有沥青灌入式和人工冷拌沥青混合料、使用炒盘人工拌和沥青混合料等。其主要的特点是用工数量大，劳动强度大，工作效率低，工程质量受人为因素影响大，且质量不稳定，安全生产和防护措施比较严格，安全生产难度大。

（二）机械搅拌法

20 世纪 80 年代以后，我国开始引进德国生产的宝马牌搅拌机，路面基层施工开始机械搅拌法为主的施工方法，其操作是以人工或机械分层摊铺各种路用材料，然后用搅拌机械拌和，整形后碾压成形，也是目前路面底基层和二级以下公路路面基层常用的施工方法。其主要特点是用人工数量大大减少，混合料拌和质量较好，但如不严控拌和深度，易出现素土夹层。对于高速公路和一级公路除直接和土基相邻的路面底基层外，不宜采用机械搅拌法施工，而应采取厂拌机铺法施工。

（三）厂拌机铺法

随着高速公路的快速发展，无机结合料稳定粒料路面基层得到广泛的应用，这种结构多使用厂拌机铺法，此外，沥青碎石和沥青混凝土路面的施工、水泥混凝土路面的施工也采用厂拌机铺法，即用专门的厂拌机械拌制混合料，用专门的摊铺机械摊铺路面的施工方法。其主要特点是机械化程度高，混合料配比准确，厚度控制、高程控制比较直观，但需要大量的自卸运输车辆。

五、路面工程试验路段

在进行大面积施工之前，修筑一定长度的试验路段是很必要的，在高速公路与一级公路的工程实践中，施工单位通过修筑试验路段，进行施工优化组合，把施工中存在的问题找出来，并采取措施予以克服，提出标准的施工方法和施工组合用来指导大面积施工，从而使整个工程施工质量高、进度快。

修筑试验路段的任务如下：检验拌和、运输、摊铺、碾压、养生等拟投入设备的可靠性；检验混合料的组成设计是否符合质量要求及各道工序的质量控制措施；提出用于大面积施工的材料配比和松铺系数；确定每一作业段的合适长度和一次铺筑的合理厚度；对于沥青混合料还应提出施工温度的保障措施，水泥稳定类混合料还应提出在延迟时间内完成碾压的保证措施等；最后确定标准施工方法。标准施工方法主要内容如下：集料与结合料数量的控制与计量方法；摊铺方法；合适的拌和方法：拌和深度、拌和速度、拌和遍数；混合料最佳水量控制方法；沥青混合料油石比的控制方法；整平和整形的合适机具与方法；

平整度及厚度的控制方法；压实机械的组合、压实顺序、速度和遍数；压实度的检查方法和对比试验，机械的选型与配套，自卸车辆与摊铺机械的配合等。

第二节　路面基层施工技术

路面基层可以分为无机结合料稳定类、粒料类和沥青碎石类。无机结合料稳定类又称为半刚性基层，包括水泥稳定类、石灰稳定类和石灰工业废渣稳定类等；粒料类常分为嵌锁型和级配型等，如填隙碎石、级配碎石、级配砾石等；沥青碎石类分为骨架密实型和骨架空隙型，如 ATB 和 LSPM 等。

一、无机结合料稳定类路面基层施工技术

（一）概述

在粉碎的或原状松散的土中掺入一定数量的无机结合料（包括水泥、石灰和工业废渣）和水，经拌和得到的混合料在压实与养生后，其抗压强度指标符合规定要求的路面结构层称为无机结合料稳定类基层。无机结合料稳定类基层具有稳定性好、抗渗性能强、结构层自身成板体等特点，但其抗裂性能差。无机结合料稳定细料土广泛用于修筑高等级公路路面底基层和其他等级公路的路面基层，无机结合料稳定粒料被用于高等级路面的基层结构，无机结合料稳定类材料的刚度介于柔性路面材料和刚性路面材料之间，常被称为半刚性材料，用该种材料修筑的基层称为半刚性路面基层。

无机结合料一般采用水泥、石灰和工业废渣（如粉煤灰）等，采用水泥稳定的称为水泥稳定土，采用石灰稳定的称为石灰稳定土，采用石灰和工业废渣综合稳定的称为石灰工业废渣稳定土。各种不同的稳定材料有不同的强度要求，各稳定混合料的配合比应通过组成设计及相关试验确定。

无机结合料稳定类基层可以采取搅拌法，也可以采取厂拌法，一般规定：对于二级以下的公路，无机结合稳定类基层和底基层可以采用搅拌法施工；对于二级公路应采用专门的稳定土拌和机或使用集中厂拌法制备混合料；对于高速公路和一级公路直接铺筑在土基上的底基层下层，可以使用稳定土拌和机进行搅拌法施工，当土基上层已用石灰或固化剂处理时，底基层的下层也宜用集中厂拌法拌制混合料，其上的各稳定土层都应采取集中厂拌法拌制混合料，并用摊铺机摊铺基层混合料。

（二）半刚性路面基层混合料组成设计

施工时应根据每个结构层的特点，选用符合规范的优质材料。配合比设计所使用的材

料和路面基层施工所用材料必须一致。

1. 无机结合料稳定类基层混合料组成设计的一般原则

混合料组成设计所要达到的目标：碎石级配合理，胶结料含量合适，混合料的强度符合设计要求，有良好的抗裂、抗水害、抗疲劳、耐冻性能，同时能够进行准确的生产控制，易于铺筑和压实，而且比较经济。结合料的剂量较低，不能达到设计强度时，规范称为改善土，集料应有较好的级配。传统习惯认为，集料数量以达到靠拢而不紧密为原则，其空隙让无机结合料填充，形成各自发挥优势的稳定结构。最近的一些省市研究和试验，将骨架密实型结构引入半刚性基层混合料，取得了减少裂缝、提高强度的良好效果。半刚性路面基层材料结合料和集料种类繁多，应以就地取材、节约工程成本为前提，并根据混合料组成设计，求得组成合理、经济实用的效果。

2. 无机结合料稳定类混合料规定的抗压强度

现行混合料组成设计的主要内容：通过试验选取适宜于半刚性基层的材料，确定满足强度要求的集料和其他材料的配比，确定混合料的最大干密度和最佳含水量。

3. 无机结合料稳定类混合料组成设计方法步骤

（1）从沿线料场或计划使用的远运料场选取有代表性的试样，并进行原材料试验，以判定这种材料可否使用于该工程。试验项目包括：颗粒分析；液限和塑性指数；相对密度；击实试验；碎石或砾石的压碎值；石灰的有效钙和氧化镁含量；水泥的标号和初、终凝时间；粉煤灰的化学成分、细度和烧失量；必要时要对土样的有机质含量和硫酸盐含量进行检测。

（2）根据强度标准和以往的工程经验选择无机结合料的剂量范围，并通过上述原材料的试验，级配差的碎石、碎石土、沙砾、沙砾土等宜首先考虑改善其级配。

（3）《公路路面基层施工技术规范》对各种无机结合料稳定类的颗粒组成范围有细致的规定，在进行混合料组成设计和施工中应遵守这一规定。

（三）搅拌法施工工艺

在路面基层稳定土混合料的搅拌和摊铺施工中，广泛采用搅拌法和厂拌法施工工艺，选用哪种方法，应根据公路施工技术规范要求及施工单位拥有的机械设备来决定。搅拌法施工仅适用于二级及以下公路，高速公路、一级公路直接铺筑在土基上的底基层。这里叙述其施工工艺流程时，以水泥石灰综合稳定类为例，其工艺流程如下：

1. 准备下承层

下承层的表面应平整、坚实，具有规定的路拱，下承层的平整度、压实度、标高、横坡、弯沉（如为路基顶面）等应符合《公路工程质量检验评定标准》和招标文件相应条款的规定。下承层如出现表层过于现象，应适当洒水，如土过湿，应采取挖开晾晒、换土、掺石灰或水泥等措施进行处理。下承层出现的表层松散和局部松散，如下承层为土基，可直接洒水压实；如下承层为底基层，应开挖掺拌新结合料后夯实或压实。下承层出现的低洼和坑洞，应仔细填压并压实，下承层出现的搓板和辙槽应刮除。槽式断面的路段应在两侧路肩上每隔一定距离（5~10m）交错开挖泄水沟，以便及时排除雨季降水。

2. 施工放样

在下承层上恢复中线、直线段每 15~20 m 设一桩，曲线段每 10~15 m 设一桩，并在两侧路肩边缘外设指示桩。在中桩和两侧指示桩标记出运输摊铺路用材料的松铺标高。

3. 备素土、集料

第一，采用老路面或土基上部材料做铺筑材料时，应首先清出垃圾、石块等杂物，翻松老路面或土基上部，至路基顶面标高，并使土块破碎到要求粒径，初步按设计路拱和预计的松铺厚度整形。

第二，采用料场的土（含细粒土和中、粗粒土）时，应首先将料场的草皮、树木和杂土清理干净，筛除超粒径的颗粒，使之满足最大颗粒要求，塑性指数大于 15 的黏性土，可视土质和机械性能确定是否需要过筛。在料场预定的深度挖土的，不应分层开挖，尽可能一次开挖土层全厚，如果夹有不合格材料应将不合格材料弃用。

第三，计算土或集料用量，根据稳定土的设计厚度、宽度及预定的干密度计算干燥土或集料用量，根据料场的含水量和运料车辆的吨位，计算每车料对应的卸料距离或卸料面积，在同一料场供料的路段内，由远到近将料按上述计算距离或面积卸置于下承层表面的中间或两侧。

第四，当集料采用多种不同规格的碎石需按比例掺配时，上述备料方法不易控制级配，可计算出不同规格的碎石在每延米的体积，备料时各规格碎石分别运铺，运到后首先码成一个三角形断面或梯形断面的料带，断面尺寸根据该规格材料用量、该材料之松方干密度及材料堆自然休止角（决定三角形断面的坡度）计算求得，然后机械或人工摊铺在道路的全断面上，铺完一种规格，用小型压路机或链轨车稳定 1~2 遍，再运另一种规格的碎石，直至全部材料运铺完成。上述方式称为层铺法。二灰稳定类搅拌法施工时，除集料外还有粉煤灰和石灰，也采取这种方法运铺各种路用材料。

第五，摊铺土或集料的注意事项：

①应事先通过试验确定土和集料的松铺系数，可用人工或摊土机配合平地机进行摊铺，不论采用人工还是机械摊铺，都应将土或集料均匀地摊铺在预定的宽度上，表面力求平整，并有规定的路拱。

②摊铺过程中，应将大的土块、石块和超尺寸颗粒的杂物拣除，检验松铺层的厚度，应符合预计要求，除洒水车辆外应禁止其他车辆在土层上通行，洒水车亦尽可能在便道上通行，使用侧喷法洒水。

4. 洒水闷料

如已整平的土含水量过小，应在土层上洒水闷料，洒水应均匀，防止出现局部水分过多的现象，细粒土应经一夜闷料，中、粗粒土可视其中细料含量的多少缩短闷料时间，综合稳定土和二灰稳定土也可在拌和后再行闷料，水泥稳定土应预先闷料。

5. 整平和轻压

土层经整形后，使用轻型压路机或链轨车稳压 1~2 遍，使其表面平整，并有一定的压实度。

6. 消解石灰

石灰应在临时料场集中堆放，临时料场应选择在公路两侧，临近水源且地势较高的地方。生石灰应在使用前 7~10 天充分消解，对于氧化镁含量比较高的镁质石灰，应在使用前 10~15 天消解。每吨石灰消解用水一般在 500~800 kg，消解后的石灰应保持一定湿度，以免过湿成团，更应避免过干飞扬，消解时应注意加水的均匀性，消解石灰应注意以下两个问题：

第一，料堆不宜太高，宜为 0.8~1.2 m，太高的料堆底部进水困难，消解不完全，消解湿胀后，料堆太高，影响使用安全。

第二，消解时为消解充分，在加水的同时使用机械翻倒，消解后的石灰应过 10mm 筛，并尽快使用，减少消石灰的有效转镁含量损失。

7. 运输和摊铺石灰

根据稳定土的设计厚度和混合料组成设计确定的石灰剂量以及击实试验确定的最大干密度，计算出该稳定土基层每 1m^2 所需的石灰用量，进而计算出每车石灰对应的摊铺面积，使用袋装生石灰粉时则可计算出每袋石灰的摊铺面积，计算出每车或每袋石灰对应的纵横间距，并确定卸放位置。在规定卸放位置做卸放石灰的标记，并画出摊铺每车或每袋石灰的边线。按规定位置卸放石灰，用刮板将石灰均匀摊开，并量测石灰的松铺厚度，根据石灰的松方密度，校核石灰用量是否合适。

在具体操作中，将每车石灰的装载质量控制得完全一致十分困难，小型机动农用三轮自卸车在某些地区因方便灵活、价格便宜，在运铺石灰环节得到了大量应用，石灰的用量采取体积法来控制。根据稳定土基层的厚度、宽度、石灰剂量计算每延米石灰质量，并根据试验的松方干密度计算出每延米的石灰体积，根据路面宽度采取三角形断面沿中线或两侧，卸成 1~3 条不间断的石灰料带，然后人工或使用平地机摊铺。石灰也可使用粉料撒布机直接撒布。

8. 拌和（第一次）

对于二级及以上公路应使用专用的稳定土拌和机进行拌和，并设专人跟机检查拌和深度及拌和质量，并配合拌和操作手调整拌和深度，拌和深度检查宜开挖检查，每 5~10 m

应挖一检查坑，有些单位使用钢杆插检拌和深度，不能发现素土夹层。拌和深度应达到稳定层底并宜超拌下承层 5~10 mm，以利于上下层的黏结，严禁在拌和层底部留有素土夹层。通常拌和应在 2 遍以上，对发现素土夹层的部位，可使用多铧犁紧贴下承层表面翻拌一遍，然后使用专用拌和机复拌。直接铺在土基上的拌和层也应避免素土夹层。

对于三级及以下公路，也应尽量使用专用拌和机械拌和，在没有专用拌和机械的前提下，可使用农用旋耕机和多铧犁或平地机相配合拌和，但应特别注意拌和质量，包括拌和的均匀程度、土颗粒的最小粒径等。拌和过程中，应及时检查混合料的含水量，含水量应当均匀，并宜控制在略大于最佳含水量，拌和时，还应安排人工配合拣出超尺寸的颗粒，消除粗细颗粒“窝”及局部过分潮湿或过分干燥之处。拌和完成后，混合料应色泽一致，没有灰条、灰团和花面，没有明显粗细集料离析现象。

9. 稳压、洒水、整形

混合料拌和均匀后，应立即用平地机初步整形，在直线段和不设超高的平曲线段，平地机由道路两侧向路中心进行刮平；在设有超高的平曲线段，由内侧向外刮平，然后使用链轨拖拉机或轮胎压路机在初平的路段上快速碾压一遍，以暴露出潜在的不平整，再用平地机按上述方法进行整形，整形前使用齿耙将轨迹低洼处表层 5 cm 以上耙松、整形后再使用前述方法再次碾压，对于局部低洼处，应先耙松表层 5 cm 以上，再用新混合料找平，之后再次稳压找平。每次整形都应达到规定的坡度和路拱。也可采取人工挂线的方法整形，再使用路拱板来回拖拉几趟，整形并稳压后，如含水量低于最佳含水量范围，可再次洒水。

10. 运铺水泥

搅拌法施工时，宜使用袋装水泥。首先根据路面基层的设计厚度及通过试验求得的最大干密度和水泥剂量，计算出每平方米需要的水泥剂量，然后计算出每袋水泥对应的摊铺面积，确定水泥摆放的纵横间距，并用石灰粉划格，每格内摆放一袋水泥，方格应呈矩形，长宽比应接近于 1 ∶ 1，以利于摊铺。水泥宜当日直接运送到摊铺路段，当天摆放，摆放完成破袋摊铺，摊铺时应使用刮板将水泥均匀摊开，每袋水泥正好铺满各自对应的方格，做到厚度均匀，没有空白位置，也没有过分集中的部位。水泥摊铺也可使用粉料撒布机进行撒布摊铺，使用粉料撒布机撒布时应使用散装水泥，并应注意在大风季节采取措施防止污染周边的植被。

11. 拌和（第二次）

与上述工序 8 拌和要求相同，注意与上次拌和基本等厚，以使水泥均匀地掺拌到混合料中。

12. 整形

与上述工序 9 要求相同，此时含水量经两次调整，已基本在最佳含水量范围，故一般不需再次洒水。

13. 碾压

整形后，即可组织碾压机械进行碾压，碾压时混合料的含水量应略大于最佳含水量1%~2%。碾压应遵循先轻后重、先慢后快、先两边后中间（直线段和不设超高的曲线段，设超高的曲线段，曲线内侧向曲线外侧）、先静压后振压的原则进行碾压。碾压时，每次重轮应重叠1/2轮宽，重轮压完路面全宽即为一遍，一般需碾压6~8遍。压路机的碾压速度，头两遍宜采用1.5~1.7 km/h，以后可加快至2.0~2.5 km/h，应禁止压路机在正在碾压或已完成的路段调头或急刹车。

碾压过程中，应保持表面湿润，如水分蒸发过快时，可及时补洒少量的水，使表面潮湿，但禁止出现水流。碾压过程中，如遇有“弹簧”、起皮、松散等现象，应及时翻松并重新添加适当的稳定材料，重新拌和，然后一起压实。碾压完成前，应迅速地检测标高和横坡，对于高出设计标高的部位，可用平地机刮除，并扫出路外，对于局部低洼处，不再进行找补，留待铺筑其上层次时处理。

水泥稳定类混合料从掺拌水泥到碾压完成的时间，称为延迟时间，虽然在配合比设计和施工时选用了终凝时间较长的水泥，但是水泥是一种速凝性材料，施工时应在试验确定的延迟时间内完成碾压。碾压完成后，混合料基层应达到要求的压实度，且表面没有明显的轨迹。

14. 接缝和调头处的处理

（1）横向接缝

同日施工的两工作段的衔接处应采用搭接，即前一段拌和整形后，留5~8m不进行碾压，后一段施工时，前段留下的未碾压部分再加部分水泥重新拌和，并与后一段一起碾压。

第二天摊铺并完成拌和作业之后，移去方木，用人工补充拌和靠近方木未能拌和的一小段，并用混合料回填不足的部分，和正常施工段一起整形，新整形的接缝处应高出已完成断面3~5 cm，以利于形成一个平顺的接缝，碾压时应将接缝修整平顺。

（2）纵向接缝

稳定土基层施工时，应该避免纵向施工，确因无法封闭交通等原因，必须分两幅施工时，纵缝必须垂直相接，禁止斜接。纵向接缝可按下述方法处理：在前一幅施工时，在靠近中央一侧用方木和钢模板支撑，方木或钢模板的高度与稳定土层的压实厚度相同。然后进行摊铺拌和等作业，拌和结合后，靠近支撑模板（木）的部位，人工补充拌和，然后整形碾压。养生结束后，拆除支撑模板，在后一幅施工结束后，靠近第一幅的部分，应人工进行补充拌和，然后整形碾压。

15. 养生

稳定土养生应保持一定的湿度，不得忽干忽湿，养生期不得少于7天，养生宜采取覆盖措施。可使用草帘、麦草或湿砂进行覆盖，并经常性洒水，使之保持湿润，不得采用湿黏土覆盖，避免形成素土夹层。上下两层采用相同的稳定材料时，也可在下层完成后的第二天即着手进行上层的摊铺，利用上层对下层养生，但应注意在运铺材料过程中对下层进行保护，防止运输机械破坏下层。

养生结束后，必须将覆盖物清除干净，虽然养生达到 7 天，但如果不能及时进行其上层次的施工，仍应保持基层的湿润状态，以减少干裂，并进一步促使基层强度的增长。

二、级配碎石基层施工

（一）材料要求

第一，轧制碎石的材料可以是各种类型的岩石（软质岩石除外）、圆石或矿渣。圆石的粒径应是碎石最大粒径的 3 倍以上；矿渣应是已崩解稳定的，其干密度和质量应比较均匀，干密度不小于 960 kg/ 立方米。

第二，碎石中针片状颗粒的总含量应不超过 20%，碎石中不应有黏土块、植物等有害物质。

第三，石屑或其他细集料可以使用一般碎石场的细筛余料，也可以利用乳制沥青表面处置和灌入式用石料时的细筛余料，或专门乳制的细碎石集料，还可以用天然沙砾或粗砂代替石屑。天然沙砾的颗粒尺寸应该合适，必要时应筛除其中的超尺寸颗粒。天然沙砾或粗砂应有较好的级配。

第四，级配碎石或级配碎砾石用作一级和二级以下公路的基层时，其颗粒组成和塑性指数应满足级配的规定。级配碎石用作高速公路和一级公路的基层时，其颗粒组成和塑性指数应满足级配的规定。同时，级配曲线宜为圆滑曲线。

第五，在塑性指数偏小的情况下，塑性指数与 0.5 mm 以下细土含量的乘积应符合下列规定：①在年降雨量小于 600 mm 的地区，地下水位对土基没有影响时，乘积不应大于 120。②在潮湿多雨地区，乘积不应大于 100。

（二）级配碎石搅拌法施工

1. 备料

根据各路段基层或底基层的宽度、厚度及规定的压实度，并按确定的配合比分别计算各段需要的未筛分碎石和石屑的数量，或不同粒级碎石和石屑的数量，计算每车料的堆放距离。未筛分碎石和石屑可按预定比例在料场混合，同时洒水加湿，使混合料的含水量超过最佳含水量约 1%。未筛分碎石的含水量较最佳含水量宜大 1% 左右。

2. 运输和摊铺集料

集料装车时，应控制每车料的数量基本相等。在同一料场供料的路段内，宜由远到近卸置集料。卸料距离应严格掌握，避免料不够或过多。未筛分碎石和石屑分别运送时，应先运送碎石。料堆每隔一定距离应留一缺口。集料在下承层上的堆置时间不应过长。

集料摊铺前先通过试验确定集料的松铺系数并确定松铺厚度。人工摊铺混合料时，其松铺系数为 1.40~1.50；平地机摊铺混合料时，其松铺系数为 1.25~1.35。

未筛分碎石摊铺平整后，在其较潮湿的情况下，将石屑按计算的距离卸置其上。用平地机辅以人工将石屑均匀摊铺在碎石层上，并摊铺均匀。用平地机或其他合适的机具将料均匀地摊铺在预定的宽度上，表面应力求平整，并具有规定的路拱，同时摊铺路肩用料。用不同粒级的碎石和石屑时，应将小碎石铺在下层、中碎石铺在中层、小碎石铺在上层。洒水使碎石湿润后，再摊铺石屑。

3. 拌和及整形

第一，用稳定土拌和机应拌和两遍以上。拌和深度应直到级配碎石层底，在进行最后一遍拌和之前，必要时先用多铧犁紧贴底面翻拌一遍。

第二，用平地机进行拌和，宜翻拌 5~6 遍，使石屑均匀分布于碎石料中。平地机拌和的作业长度，每段宜为 300~500 m。平地机刀片的安装角度宜符合要求。拌和结束时，混合料的含水量应均匀，并较最佳含水量大 1% 左右，同时应没有粗细颗粒离析现象。

第三，用缺口圆盘耙与多铧犁相配合拌和级配碎石时，用多铧犁在前面翻拌，圆盘耙紧跟在后面拌和，即采用边翻边耙的方法，共翻耙 4~6 遍。应随时检查调整翻耙的深度。用多铧犁翻拌时，第一遍由路中心开始，将混合料向中间翻，同时机械应慢速前进。第二遍从两边开始，将混合料向外翻。拌和过程中，应保持足够的水分。拌和结束时，混合料的含水量和均匀性应符合要求。

使用在料场已拌和的级配碎石混合料时，摊铺后混合料如有粗细颗粒离析现象，应用平地机进行补充拌和。用平地机将拌和均匀的混合料按规定的路拱进行整平和整形，在整形过程中，应注意消除粗细集料离析现象。用拖拉机、平地机或轮胎压路机在已初平的路段上快速碾压一遍，以暴露潜在的不平整，再用平地机进行整平和整形。

4. 碾压

经过整形后，当混合料的含水量等于或略大于最佳含水量时，立即用 12t 以上三轮压路机、振动压路机或轮胎压路机进行碾压。直线和不设超高的平曲线段，由两侧路肩开始向路中心碾压；设超高的平曲线段，由内侧路肩向外侧路肩进行碾压。碾压时，后轮应重叠 1/2 轮宽且后轮必须超过两段的接缝处。后轮压完路面全宽时即为一遍，碾压一直进行到要求的密实度为止。一般需碾压 6~8 遍，应使表面无明显轨迹，路面的两侧应多压 2~3 遍。压路机的碾压速度，头两遍以米用 1.5~1.7 km/h 为宜，以后用 2.0~2.5 km/h。严禁压路机在已完成的或正在碾压的路段上调头或急刹车，凡含土的级配碎石层，都应进行滚浆碾压，一直压到碎石层中无多余细土泛到表面为止。滚到表面的浆（或事后变干的薄土层）应清除干净。

5. 横缝处理

两作业段的衔接处应搭接拌和。第一段拌和后，留 5~8m 不进行碾压，第二段施工时，前段留下未压部分与第二段一起拌和整平后进行碾压。

6. 纵缝处理

应避免纵向接缝。在必须分两幅铺筑时，纵缝应搭接拌和，前一幅全宽碾压密实，在后一幅拌和时，应将相邻的前幅边部约 30cm 搭接拌和，整平后一起碾压密实。

（三）级配碎石厂拌法施工

1. 拌和

级配碎石混合料可以在拌和站用多种机械进行集中拌和，如强制式拌和机、卧式双转轴桨叶式拌和机、普通水泥混凝土拌和机等。对用于高速公路和一级公路的级配碎石基层和底基层，宜采用不同粒级的单一尺寸碎石和石屑，按预定配合比在拌和机内拌制级配碎石混合料。不同粒级的碎石和石屑等细集料应隔离，分别堆放。细集料应有覆盖，防止雨淋。在正式拌制级配碎石混合料之前，必须先调试所用的厂拌设备，使混合料的颗粒组成和含水量都能达到规定的要求。在采用未筛分碎石和石屑时，如未筛分碎石或石屑的颗粒组成发生明显变化，应重新调试设备。

将级配碎石用于高速公路和一级公路时，应用沥青混凝土摊铺机或其他碎石摊铺机摊铺碎石混合料。摊铺机后面应设专人消除粗细集料离析现象。级配碎石用于二级和二级以下公路时，如没有摊铺机，也可用自动平地机（或摊铺箱）摊铺混合料。

2. 整形和碾压

用平地机摊铺混合料后的整形和碾压均与搅拌法施工相同。

3. 接缝处理

①横向接缝处理

用摊铺机摊铺混合料时，靠近摊铺机当天未压实的混合料，可与第二天摊铺的混合料一起碾压，但应注意此部分混合料的含水量。必要时，应人工洒水补充，使其含水量达到规定的要求。

②纵向接缝处理

应避免纵向接缝。如摊铺机的摊铺宽度不够，必须分两幅摊铺时，宜采用两台摊铺机一前一后相隔 5~8 m 同步向前摊铺混合料。在仅有一台摊铺机的情况下，可先在一条摊铺带上摊铺一定长度后，再开到另一条摊铺带上摊铺，然后一起碾压。

在不能避免纵向接缝的情况下，纵缝必须垂直相接，不应斜接。在前一幅摊铺时，靠后一幅的一侧应用方木或钢模板做支承，方木或钢模板的高度与级配砾石层的压实厚度相同；在摊铺后一幅之前，将方木或钢模板除去。如在摊铺前一幅时未用方木或钢模板支承，靠边缘的 30cm 左右难以压实，而且形成一个斜坡，在摊铺后一幅时，应先将未完全压实部分和不符合路拱要求部分挖松并补充洒水，待后一幅混合料摊铺后一起进行整平和碾压。

三、级配砾石基层施工

（一）材料要求

第一，级配砾石用作基层时，砾石的最大粒径不应超过 37.5 mm；用作底基层时，烁石的最大粒径不应超过 53 mm。

第二，砾石颗粒中细长及扁平颗粒的含量不应超过 20%。

第三，级配砾石基层的颗粒组成和塑性指数应满足规定，同时级配曲线应为圆滑曲线。在塑性指数偏大的情况下，塑性指数与 0.5 mm 以下细土含量的乘积应符合下列规定：

①在年降雨量小于 600 mm 的中干旱和干旱地区，地下水位对路基没有影响时，乘积不应大于 120。②在潮湿多雨地区，乘积不应大于 100。

第四，当用于基层的在最佳含水量下制备的级配砾石试件的干密度与工地规定达到的压实干密度相同时，浸水 4 天的承载比值应不小于 160%。

第五，用作底基层的沙砾、沙砾土或其他粒状材料的级配，应位于范围内，液限应小于 28%，塑性指数应小于 9。

第六，当用作底基层的在最佳含水量下制备的级配砾石试件的干密度与工地规定达到的压实干密度相同时，浸水 4 天的承载比值在轻交通道路上应不小于 40%，在中等交通道路上应不小于 60%。

（二）级配砾石施工工艺

1. 级配砾石施工工艺流程

准备下承层—施工放样—运输和摊铺集料—洒水拌和—整形—碾压。

2. 准备下承层和施工放样的有关要求

同半刚性搅拌法施工中的准备下承层和施工放样。

3. 运输和摊铺集料

集料装车时，应控制每车料的数量基本相等。同一料场供料的路段内，由远到近将料按计算的距离卸置于下承层上。材料用量应根据各路段基层或底基层的宽度、厚度及预定的干密度，计算各段需要的集料数量。如级配砾石用两种集料合成时，分别计算两种集料的数量；根据料场集料的含水量以及所用运料车辆的吨位，计算每车材料的堆放距离。卸料距离应严格掌握，避免料不够或过多。采用两种集料时，应先将主要集料运到路上，待主要集料摊铺后，再运另一种集料并摊铺。如粗细两种集料的最大粒径相差很多，应在粗集料处于潮湿状态下摊铺细集料。料堆每隔一定距离应留一缺口。集料在下承层上的堆置时间不宜过长。运送集料较摊铺集料工序宜只提前数天。

集料摊铺前，应通过试验确定集料的松铺系数，并确定松铺厚度。人工摊铺混合料时，其松铺系数为1.40~1.50；平地机摊铺混合料时，其松铺系数为1.25~1.35。用平地机或其他合适的机具将料均匀地摊铺在预定的宽度上，表面应力求平整，并有规定的路拱。应同时摊铺路肩用料。检查松铺材料层的厚度是否符合预计要求，必要时应进行减料或补料工作。

4. 拌和及整形

用平地机拌和时，每一作业段的长度宜为300~500 m。刀片的安装角度同级配碎石的要求。一般需拌和5~6遍。拌和过程中，用洒水车洒足所需的水分。使用符合级配要求的天然沙砾时，如摊铺后混合料有粗细颗粒离析现象，应用平地机进行补充拌和。用平地机将拌和均匀的混合料按规定的路拱进行整平和整形。用拖拉机、平地机或轮胎压路机在已初平的路段上快速碾压一遍，以暴露潜在的不平整。再用平地机进行整平和整形。拌和结束时，混合料的含水量应均匀，不超过最佳含水量1%。应无粗细颗粒离析现象。

用拖拉机牵引四铧犁或五铧犁进行拌和时，每一作业段的长度宜为100~150m。第一遍由路中心开始，将混合料向中间翻，同时机械应慢速前进。第二遍则应从两边开始，将混合料向外翻。拌和过程中，用洒水车洒足所需的水分。拌和遍数以双数为宜，一般需拌6遍。

第三节　沥青路面施工

一、施工前的准备工作

施工前的准备工作主要有确定料源及进场材料的质量检验、检查施工机械、铺筑试验路段等。

1. 确定料源及进场材料的质量检验

在沥青混凝土路面建设过程中，材料起着至关重要的作用。有些新建的高速公路沥青混凝土路面之所以会出现早期损坏，材料问题是重要原因。因此，在沥青混凝土路面施工过程中，应严把材料关，以试验为依据，严格控制材料质量。沥青混凝土路面使用的各种材料运至现场后，必须取样进行质量检验，经评定合格后方可使用。不得以供应商提供的检测报告或商检报告代替现场检测，以防止因使用不符合要求的材料而造成损失。

（1）沥青材料

沥青材料的选用应在全面了解各种沥青料源、质量及价格的基础上，从质量和经济两个方面综合考虑。对每批进场的沥青，均应检验生产厂家所附的试验报告，检查装运数量、装运日期、订货数量、试验结果等。对每批沥青进行抽样检测，试验中如有一项达不到规定要求，应加倍抽样试验。如仍不合格，则应退货并提出索赔。沥青材料的试验项目有针入度、软化点、薄膜加热、蜡含量、比重等。有时根据合同要求，可增加其他非常规测试项目。

沥青材料的存放应符合下列要求：沥青运至沥青厂或沥青加热站后，应按规定分批检验其主要性质指标是否符合要求，不同种类和标号的沥青材料应分别储存，并加以标记；临时性的储油池必须搭盖棚顶，并应疏通周围的排水渠道，防止雨水或地表水进入池内。

（2）集料

集料质量差是目前公路建设中特别严重的问题，突出表现是材料脏、粉尘多、针片状颗粒含量高、级配不良等，经常达不到规范要求。我国公路部门的集料多半取自社会料场，国有企业、乡镇企业、个体企业都有，各料场的质量、规格参差不齐，使用时离析严重，导致实际级配与配合比与设计有很大的差距，这是造成沥青混凝土路面早期损坏的重要原因。

集料的准备应符合下列要求：不同规格的集料应分别堆放，不得混杂，有条件时应加盖防雨顶棚；各种规格的集料运达工地后，应对其强度、形状、尺寸、级配、清洁度、潮湿度进行检查。如尺寸不符合规定要求，应重新过筛；若有污染，应用水冲洗干净，干燥后方可使用。集料质量的控制主要从粗集料、细集料、填料（矿粉）和纤维稳定剂几个方面进行。

粗集料的选择应遵循就地取材的原则，注重集料的加工特性，重点检查石料的技术标准能否满足要求，如石料等级、保水抗压强度、磨耗率、磨光值、压碎值等，以确定石料料场。实际中，有些石料虽然达到了技术标准中的要求，但不具备开采条件，在确定料场时也应慎重考虑。在各个料场采集样品，制备试件并进行试验，考虑经济性等问题后确定料场。在选择集料时，勿过分迷信玄武岩。有人认为表面层非玄武岩不能使用，当地没有就去外地买，对当地的石料如辉绿岩、安山岩、闪长岩、石灰岩等质量很好的石料视而不见，特别是花岗岩、砂岩等酸性石料。实际上，只要采取掺加消石灰或抗剥落剂等技术措施，酸性石料也具有较好的应用效果，且玄武岩未必都好，有的吸水率很大，受热稳定性并不好。

细集料的质量是确定料场的重要指标，进场的机制砂、天然砂、石屑应满足规定的质量要求。细集料应洁净、干燥、无风化、无杂质，并有适当的颗粒级配，其中最重要的是洁净。为保证细集料的质量，并从保护环境的角度来看，机制砂是今后细集料的发展方向。

填料（矿粉）必须为石灰岩或岩浆岩中的强基性岩石等憎水性石料经磨细得到的矿粉，原石料中的泥土杂质应除净。矿粉应干燥、洁净，能自由地从矿粉仓流出。拌和机的粉尘可作为矿粉的一部分进行回收使用，但每盘用量不得超过填料总量的 25%，掺有粉尘填料的塑性指数不得大于 4，当采用粉煤灰作为填料使用时，用量不得超过填料总量的 50%，粉煤灰的烧失量应小于12%,与矿粉混合后的塑性指数应小于4,其余质量要求与矿粉相同。高速公路、一级公路的沥青面层不宜采用粉煤灰做填料。

纤维稳定剂宜选用木质素纤维、矿物纤维等。其掺加比例以其占沥青混合料总量的质量百分率计算。通常情况下，用于 SMA 路面的木质素纤维不宜低于 0.3%，矿物纤维不宜低于 0.4%，必要时可适当增加纤维用量。纤维掺加量的允许误差不超过 ±5%。纤维应存放在室内或有棚盖的地方，松散纤维在运输及使用过程中应避免受潮、结团。使用纤维时必须符合环保要求，不危害身体健康。矿物纤维宜采用玄武岩等矿石制造，易影响环境及造成人体伤害的石棉纤维不宜直接使用。

2. 检查施工机械

沥青混凝土路面施工前，应对各种施工机械做全面检查。具体检查项目如下：

（1）检查洒油车的油泵系统、洒油管道、量油表、保温设备等有无故障，并将一定数量的沥青装入油罐，在路上试洒，校核其洒油量。每次喷洒前应保持喷油嘴干净，管道畅通。喷油嘴的角度应一致，并与洒油管成 15°～25° 的夹角。

（2）检查矿料撒铺车的传动和液压调整系统，并应事先进行试撒，以确定撒铺每一种规格矿料时应控制的间隙和行驶速度。

（3）检查沥青混合料拌和与运输设备。拌和设备在开始运转前要进行一次全面检查，注意各个连接部件螺栓连接的紧固情况，传动链的张紧度，搅拌器内有无积存余料，振动筛筛网规格及网面有无破损，冷料运输机是否运转正常和有无跑偏现象；仔细检查沥青、燃油、导热油和压缩空气供给系统是否畅通，是否有漏沥青、漏油、漏气现象；注意检查沥青拌和设备的电气系统；检查运输车辆是否符合要求，保温设施是否齐全。

（4）检查摊铺机的规格和主要机械性能，如振捣板、振动器、熨平板、螺旋摊铺器、离合器、刮板送料器、料斗闸门、厚度调节器、自动调平装置，并检查纵坡、横坡控制器的灵敏性，是否正常工作。

作业前，应使用喷雾器向接料斗推滚、刮板送料器、螺旋摊铺器及熨平板等可能黏着沥青混合料的部位喷洒柴油，但严禁在熨平板预热时喷洒柴油。

（5）检查压路机的规格和主要机械性能（如转向、启动、振动、倒退、停驶等方面的能力）及滚筒表面的磨损情况；检查发动机冷却水量、机油量、液压油量是否符合压路机的使用要求；检查燃油量、喷水水箱的水量是否充足，保证能够顺利完成当天的生产任务。

3. 铺筑试验路段

（1）铺筑试验路段的目的

铺筑沥青混合料道路时一般就地取材。每个地区的材料性能和特点各不相同，在进行道路设计时，要根据现有的材料确定矿料的级配、沥青用量。道路施工时，各个施工单位使用的设备不同。随着施工技术的不断发展，新技术、新工艺、新材料、新设备不断应用。

铺筑试验路段的目的：

1）为了减少不确定因素造成的风险，防止道路铺筑后产生缺陷。

2）通过铺筑试验路段，对采用的新技术、新工艺、新材料、新设备进行综合验证和评定。待各项指标完全满足设计要求后，才能正式摊铺施工。

3）通过试验路段的作业，总结出全套的作业参数，供正式施工时参照执行。

（2）铺筑试验路段的要求

铺筑试验路段绝不是一种形式，必须达到所要求的目的。具体应满足以下要求：

1）高速公路和一级公路在正式施工前，都应铺筑试验路段；

2）其他等级的公路，在缺乏施工经验或使用新材料新设备、新施工方法时，也应铺筑试验路段；

3）只有施工单位、材料、机械设备以及施工方法都相同时，才能用已有的经验施工，无须铺筑试验路段；

4）试验路段的长度一般为100~200m；

5）为了确保试验结果准确，应选择直线路段进行试验；

6）沥青混合料路面的每个结构层都要铺筑试验路段；

7）确定各层试验路段位置时，不能在同一地段。

（3）通过试验路段应得到的数据

热拌热铺沥青混合料路面试验路段的铺筑分试拌及试铺两个阶段，通过试验路段应得到以下数据：

1）验证设计阶段取得的沥青混合料配合比数据，如目标配合比、生产配合比等数据是否满足设计要求。

2）对施工准备阶段设定的沥青拌和站的各项参数进行验证，包括拌和时矿料的加热温度、沥青的加热温度、混合料的拌和时间及其他设备生产参数，测量混合料的出厂温度，还要测算拌和站的实际生产率。

3）测量运输车将混合料运达现场后混合料的温度、运输过程所用的时间、运输车数量是否满足施工要求。

4）验证各种施工机械的性能是否满足施工质量要求，施工机械的数量是否足够，施工机械匹配是否合理，全套施工机械是否能够满足均衡生产的要求；设备的技术状况是否可靠，性能是否达到最佳稳定运转状态。

5）测量摊铺机的摊铺温度、松铺系数、摊铺机的各项作业数据。

6）测量压路机初压时混合料的温度，复压时混合料的温度，复压遍数后终压时混合料的温度及碾压过程所用的时间。使用振动压路机时，比较各振动频率和振幅的碾压效果，确定最佳振动频率和振幅参数。

7）进行路面渗水系数试验，检查路面沥青混合料的防水性能。

8）建立用钻孔法与核子密度仪无破损检测路面密度的对比关系，确定压实度的标准检测方法。核子密度仪等无破损检测在碾压成型后的热态条件下测定，取 13 个测点的平均值为 1 组数据，一个试验路段不得少于 3 组；钻孔法在第 2 天或第 3 天以后测定，钻孔数不少于 12 个。

试验路段的铺筑应由有关各方共同参加，及时商定有关事项，明确试验结论。铺筑结束后，施工单位应就各项试验内容提出完整的试验路段施工、检测报告，取得业主或监理的批复。

热拌沥青混合料路面施工工艺包括混合料的拌和、运输、摊铺、压实及接缝处理等。铺筑沥青层前，应检查基层或下卧沥青层的质量，不符合要求的不得铺筑沥青面层。旧沥青路面或下卧层已被污染时，必须清洗或经铣刨处理后方可铺筑沥青混合料。以下对热拌沥青混合料路面的各施工工艺分别进行阐述。

二、沥青混合料摊铺技术

1. 准备工作

（1）下承层的准备

沥青混合料的下承层（前一层）是指基层、联结层或面层下层。虽然下承层完成之后已进行过检查验收，但在两层施工的间隔很可能因某种原因，如雨天、施工车辆通行或其他施工干扰等，使其发生不同程度的损坏，如基层可能会出现弹软、松散或表面浮尘等，因此需对其进行维修。沥青类联结层下层表面可能被泥泞污染，必须将其清洗干净。下承层表面出现的任何质量缺陷，都会影响到路面结构的层间结合强度，以致影响路面整体强度。特别是当桥头及通道两端基层出现沉陷时，应在两端全宽范围内进行挖填处理（在一定深度与长度范围内重新分层填筑与压实），并在两端适当长度内，线型略向上抬起 0~3cm，使线型“饱满”。对下承层的缺陷进行处理后，即可撒透层油或黏层油。

1）透层油。为使沥青面层与非沥青材料基层结合良好，沥青路面各类基层上都必须喷撒透层油。根据基层类型选择渗透性好的液体沥青、乳化沥青、煤沥青做透层油，喷撒后通过钻孔或挖掘确认透层油渗入基层的深度宜不小于 5（无机结合料稳定集料基层）~10mm（无结合料基层），并能与基层连成一体。

2）黏层油。黏层油使上、下层沥青结构层或沥青结构层与结构物（或水泥混凝土路面）完全黏结成一个整体。黏层油宜采用快裂或中裂乳化沥青、改性乳化沥青，也可采用快、中凝液体石油沥青，其规格和质量应符合规范中的要求，所使用的基质沥青标号宜与主层沥青混合料相同。一般符合下列情况之一时，必须喷撒黏层油。

①双层式或三层式热拌热铺沥青混合料路面的沥青层之间；

②水泥混凝土路面、沥青稳定碎石基层或旧沥青路面层上加铺沥青层；

③路缘石、雨水口、检查井等构造物与新铺沥青混合料接触的侧面。

在撒布黏层油时应注意以下事项：

①黏层油宜采用沥青撒布车喷撒，并选择适宜的喷嘴，撒布速度和喷撒量要保持稳定；气温低于10℃和路面潮湿时不得喷撒黏层油；寒冷季节施工不得不喷撒时，可以分成两次喷撒；用水洗刷后需待表面干燥后再喷洒。

②喷洒的黏层油必须呈均匀雾状，在路面全宽范围内均匀分布成一薄层，不得漏空或呈条状，也不得堆积。喷撒不足的要补撒，喷撒过量处应予以刮除。喷撒黏层油后，严禁除运料车外的其他车辆和行人通过。

③黏层油宜在当天撒布，待乳化沥青破乳、水分蒸发完成，或稀释沥青中的稀释剂基本挥发完成后，再铺筑沥青层，以确保黏层不受污染。

（2）施工放样

施工放样必须超前于摊铺施工，要尽可能减少放样误差。施工放样包括标高测定与平面控制两项内容。

标高测定的目的是确定下承层表面高程与原设计高程相差的确切数值，以便在挂线时纠正到设计值或保证施工层厚度。根据标高值设置挂线标准桩，借以控制摊铺厚度和标高。无自控装置的摊铺机不存在挂线问题，但应根据所测的标高值和本层应铺厚度综合考虑确定实铺厚度，用适当垫块或定位螺旋调整就位。为便于掌握铺筑宽度和方向，还应放出摊铺的平面轮廓线或设置导向线。

标高放样时应考虑下承层的标高差值（设计值与实际标高值之差）、厚度和本层应铺厚度。综合考虑后定出挂线桩顶的标高，再打桩挂线。当下承层的厚度不够时，应在本层内加入厚度差并兼顾设计标高。如果下承层的厚度足够而标高低，则应根据设计标高放样。如果下承层的厚度与标高都超过设计值，则应按本层厚度放样。若下承层的厚度和标高都不够，则应以差值大的为标准进行放样。总之，标高放样不但要保证沥青路面的总厚度，而且要考虑使标高不超出容许范围。当两者矛盾时，应以满足厚度为主考虑放样，放样时计入实测的松铺系数。

（3）摊铺机的准备

热拌沥青混合料应采用沥青摊铺机摊铺。在喷撒过黏层油的路面上铺筑改性沥青混合料或SMA时，宜使用履带式摊铺机。摊铺机的受料斗应涂刷薄层隔离剂或防黏结剂。铺筑高速公路、一级公路沥青混合料时，一台摊铺机的铺筑宽度不宜超过6（双车道）~7.5m（3车道以上），通常宜采用两台或两台以上摊铺机前后错开10~20m呈梯队方式同步摊铺。两幅之间应有30~60mm宽的搭接，并躲开车道轨迹带，上、下层的搭接位置宜错开200mm以上。

2. 摊铺机施工作业

（1）摊铺机的作业速度

摊铺机的作业速度对摊铺机的作业效率和摊铺质量影响极大。正确选择作业速度是加快施工进度、提高摊铺质量的重要手段。如果摊铺机时快时慢、时开时停，将导致熨平板受力系统平衡变化频繁，会对铺层平整度和密实度产生很大影响：过快则铺层疏松，供料困难；停机会使铺层表面形成台阶状，且料温下降，不易压实。

摊铺机必须缓慢、均匀、连续不间断地摊铺，不得随意变换速度或中途停顿，以提高平整度，减少混合料的离析。摊铺速度可根据混合料的供给能力、摊铺宽度和厚度确定。一般情况下，摊铺速度宜控制为 2~6m/min。对于改性沥青混合料及 SMA 混合料，宜放慢至 1~3m/min。当发现混合料出现明显的离析、波浪、裂缝、拖痕时，应分析原因并予以消除。

（2）摊铺机的调平方式

现代沥青混合料摊铺机有完善的自动调平装置，包括纵坡调平和横坡调平两种调平装置。纵坡调平装置是在摊铺机侧的地面上设置一条水平的纵坡基准线作为参照物，摊铺机作业时比照该基准线摊铺，使该侧摊铺始终保持设定高度。横坡调平装置是在纵坡控制的基础上进行控制的。当熨平板的一侧用纵坡控制保持设定高度后，横坡调平装置可使熨平板保持横向水平，使铺筑的路面成为一个水平面。横坡调平装置也可使熨平板始终保持定的横向坡度，以满足道路横向路拱的坡度要求。使用时可根据需要采用纵坡和横坡配合控制，也可以选择使用两个纵坡控制。

纵坡基准是摊铺机能够摊铺出平整路面的基础，分为绝对高程基准和地面平均高程基准。在实际施工中，绝对高程基准适用于摊铺下面层和中面层，以保证路面各个部位的高程；地面平均高程基准适用于摊铺表面层，使摊铺表面圆润、平滑，以提高车辆行驶的舒适性。绝对高程基准包括钢丝绳基准、铝合金梁基准、路缘石基准等，一般应在摊铺施工前在地面上设置。地面平均高程基准包括拖梁基准、滑靴平衡梁基准、多足式基准梁基准、大型平衡梁基准、声呐平衡梁基准等。其中，声呐平衡梁是通过声呐测量地面的平整度，采用非接触测量，也称为非接触式平衡梁。一般情况下，摊铺机应采用自动调平方式。下面层或基层宜采用钢丝绳引导的高程控制方式，上面层宜采用平衡梁或雪橇式摊铺厚度控制方式，中面层根据情况选用找平方式。直接接触式平衡梁的轮子不得黏附沥青，铺筑改性沥青或 SMA 路面时宜采用非接触式平衡梁。

（3）摊铺温度

沥青路面施工必须有施工组织设计，并保证合理的施工工期。寒冷季节遇大风降温，不能保证迅速压实时不得铺筑沥青混合料。热拌沥青混合料的最低摊铺温度根据铺筑层厚度、气温、风速及下卧层表面温度按规范执行。

三、沥青混合料的压实技术

压实是沥青混凝土路面施工的最后一道工序，目的是提高沥青混合料的强度、稳定性及疲劳特性。若采用优质的筑路材料、精良的拌和与摊铺设备及良好的施工技术，则可以摊铺出较理想的混合料层。但一旦碾压中出现任何质量缺陷，则必将前功尽弃。因此，必须重视压实工作。

1. 压实机械的选择

压路机种类很多，目前最常用的压路机有静力光轮压路机、轮胎压路机和振动压路机。静力光轮压路机和轮胎压路机一般采用机械传动，振动压路机大多采用液压传动。

（1）静力光轮压路机

静力光轮压路机按其质量可分为特轻型（0.5~2t）、轻型（2~5t）、中型（5~10t）、重型（10~15t）和特重型（15~20t）5 种，按轮数可分为拖式、双轮式和三轮式 3 种。目前使用较多的是中型和特重型两轮或三轮压路机，依靠其自重或附加配重对路面产生静压力，单位直线静压力为 4000~12000kPa。两轮静力光轮压路机的后轮为驱动轮，其质量一般为 8~10t，适用于沥青路面的初压和终压。三轮静力光轮压路机也是两后轮为驱动轮，质量一般为 12~18t，由于其单位直线静压力大，易使混合料推移，且启动、停机不灵活，目前已不多用。

（2）轮胎压路机

轮胎压路机通常有 5~11 个光面橡胶碾压充气轮胎，工作质量一般为 5~25t。目前常用前 5 轮、后 6 轮的 9~16t 机型，轮胎压力为 500~620kPa。使用轮胎压路机进行初压时产生的推移小，过去使用较多。但使用轮胎压路机进行初压时，由于混合料温度较高而易出现轮胎压痕，在低温季节或大风环境中混合料的温度下降较快，该痕迹难以被后续的碾压作业消除。轮胎压路机目前主要用作中间碾压，利用其揉压作用可以有效提高压实度，减少静力压路机碾压后表面产生的细裂纹和孔隙。应用轮胎压路机压实摊铺侧边时对路缘石的擦边碰撞破坏也较小。当铺层温度较高时（大于 80℃）不宜用轮胎压路机进行终压，以免留有轮胎印痕。

（3）振动压路机

振动压路机的压实功主要来自自重和钢轮振动的共同作用。沥青路面施工常用的振动压路机质量为 7~18t，激振力为 150~300kN，主要机型为单碾压轮式振动压路机和双碾压轮式（串联）振动压路机。单碾压轮式振动压路机前面有 1 个振动轮，后面配置 2 个橡胶驱动轮。由于其轮胎的印花较深，且自重和激振力较大，通常只用作复压。双碾压轮式振动压路机依靠 2 个碾压轮共同驱动，具有可调的振频和振幅，目前使用最为广泛。

沥青路面施工应配备足够数量的压路机，选择合理的压路机组合方式及初压、复压、终压（包括成型）的碾压步骤，以达到最佳碾压效果。在高速公路上铺筑双车道沥青路面的压路机不宜少于 5 台。当施工气温低、风大、碾压层薄时，压路机的数量应适当增加。

2. 碾压速度、温度和厚度

（1）碾压速度

压路机应以慢而均匀的速度碾压，压路机的碾压速度应符合表 4-1 中的规定。压路机的碾压路线及碾压方向不应突然改变而导致混合料推移。碾压区的长度应大致恒定，两端的折返位置应随摊铺机的前进而推进，横向不得在相同的断面上。

表 4–1　压路机的碾压速度（单位：km/h）

压路机类型	初压		复压		终压	
压路机类型	适宜	最大	适宜	最大	适宜	最大
静力光轮压路机	2~3	4	3~5	6	3~6	6
轮胎压路机	2~3	4	3~5	6	4~6	8
振动压路机	2~3（静压或振动）	3（静压或振动）	3~4.5（振动）	5（振动）	3~6（静压）	6（静压）

（2）碾压温度

压路机的碾压温度应符合相关要求，并根据混合料种类、压路机、气温、层厚等经试压确定。在不产生严重推移和裂缝的前提下，初压、复压、终压都应在尽可能高的温度下进行。同时，不得在低温状况下反复碾压，以免石料棱角被磨损、压碎，破坏集料嵌挤。

（3）碾压厚度

沥青混凝土压实层的最大厚度不宜大于 100mm，沥青稳定碎石混合料的压实层厚度不宜大于 120mm，但当采用大功率压路机且经试验证明能达到压实度时允许增大到 150mm。

3. 碾压作业程序

碾压分为初压、复压和终压三道工序。

（1）初压

初压的目的是整平和稳定沥青混合料，同时为复压创造有利条件，因此要注意压实的平整性。初压应紧跟摊铺机后进行，并保持较小的初压区长度，以尽快将表面压实，减少热量散失。摊铺后初始压实度较大，经实践证明采用振动压路机或轮胎压路机直接碾压无严重推移而有良好效果时，可免去初压直接进入复压工序。通常宜采用钢轮压路机静压 1~2 遍。碾压时应将压路机的驱动轮面向摊铺机，从外侧向中心碾压，在超高路段则由低处向高处碾压，在坡道上应将驱动轮从低处向高处碾压。初压后应检查平整度、路拱，有严重缺陷时应进行修整乃至返工。

（2）复压

复压的目的是使沥青混合料密实、稳定、成型，混合料的密实程度取决于复压，因此复压必须与初压紧密衔接，不得随意停顿。压路机碾压段的总长度应尽量小，通常不超过

60~80m。采用不同型号的压路机组合碾压时，宜安排每一台压路机做全幅碾压，以防止不同部位的压实度不均匀。密级配沥青混凝土的复压宜优先采用重型轮胎压路机进行搓揉碾压，以增强密水性，其总质量不宜小于25t，每一轮胎的压力不小于15kN。相邻碾压带应重叠1/3~1/2的碾压轮宽度，压完全幅为一遍。碾压至要求的压实度，且无显著轨迹为止。总的碾压遍数由试压确定，且不宜少于4~6遍。对于以粗集料为主的较大粒径的混合料，尤其是大粒径沥青稳定碎石基层，宜优先采用振动压路机复压。厚度小于30mm的薄沥青层不宜采用振动压路机碾压。振动压路机的振动频率宜为35~50Hz，振幅宜为0.3~0.8mm。层厚较大时选用低频率、大振幅，以产生较大的激振力；厚度较小时采用高频率、低振幅，以防止集料破碎。相邻碾压带重叠宽度为100~200mm。振动压路机折返时应先停止振动。

当采用三轮钢筒式压路机时，总质量不宜小于12t，相邻碾压带宜重叠后轮的1/2宽度，并不应小于200mm。

（3）终压

终压的目的是消除轨迹，形成平整的压实面，因此这道工序不宜采用重型压路机在高温下完成，否则会影响平整度。终压应紧接在复压后进行，如经复压后已无明显轨迹，可免去终压。终压可选用双轮钢筒式压路机或关闭振动的振动压路机进行，碾压不宜少于2遍，至无明显轨迹为止。对未压实的边角应辅以小型机具压实。

四、接缝处理

沥青路面必须接缝紧密、连接平顺，不得产生明显的接缝离析。接缝处若处理不当极易产生病害，施工过程中必须十分注意。在接缝处，上、下层的纵缝至少应错开15cm（热接缝）或30~40cm（冷接缝），相邻两幅及上、下层的横向接缝均应错开1m以上。接缝处施工应用3m直尺检查，确保平整度符合要求。

1. 纵向接缝

（1）摊铺时采用梯队作业的纵缝应采用热接缝，将已摊铺部分留下100~200mm宽暂不碾压，作为后续摊铺部分的基准面，待后续摊铺部分碾压时采用跨缝碾压以消除缝迹。

（2）半幅施工或因特殊原因而产生纵向冷接缝时，宜加设挡板或用切刀切齐，也可在混合料尚未完全冷却前用镐刨除边缘留下毛茬，但不宜在冷却后采用切割机做纵向切缝。加铺另半幅前应涂撒少量沥青，重叠在已铺层上50~100mm，再铲走铺在前半幅上的混合料，碾压时由边向中碾压，预留100~150mm，再跨缝挤紧压实。或者先在已压实路面上行走碾压新铺层150mm左右，然后压实新铺部分。

2. 横向接缝

横向接缝的形式有斜接缝、阶梯形接缝和平接缝。在具体选择过程中应满足以下要求：

（1）高速公路和级公路表面层的横向接缝应采用垂直的平接缝，以下各层可采用自然碾压的斜接缝，沥青层较厚时也可做阶梯形接缝。其他等级公路的各层均可采用斜接缝。

（2）斜接缝的搭接长度与层厚有关，宜为 0.4~0.8m。搭接处应撒少量沥青，混合料中的粗集料颗粒应予以剔除，并补上细料，以使搭接平整，充分压实。阶梯形接缝的台阶经铣刨而成，并撒黏层油，搭接长度不宜小于 3m。

（3）平接缝宜趁尚未冷透时用凿岩机或人工垂直刨除端部层厚不足的部分，使工作缝成直角连接。当采用切割机制做平接缝时，宜在铺设当天混合料冷却但尚未硬结时进行。刨除或切割不得损伤下层路面。切割时留下的泥水必须冲洗干净，待干燥后涂刷黏层油。铺筑新混合料前，应加热接茬使其软化。碾压开始时，先用钢筒压路机进行横向碾压，可将压路机位于已压实的混合料层上，跨缝伸入新铺层宽 150mm 碾压。每压一遍向新铺混合料方向移动 150~200mm，直至全部在新铺路面上为止。然后改为纵向碾压，此时应注意不要在横接缝上垂直碾压，以免引起新旧层错台。

热拌沥青混合料路面应待摊铺层完全自然冷却，混合料表面温度低于 50℃后，方可开放交通。需要提早开放交通时，可洒水以降低混合料温度。铺筑好的沥青层应严格控制交通，做好保护，保持整洁，不得造成污染，严禁在沥青层上堆放施工产生的土或杂物，严禁在已铺沥青层上制作水泥砂浆。

五、沥青路面病害维修

（一）沥青路面变形维修

沥青路面变形有车辙、沉陷、波浪与搓板等多种形式。我国沥青路面变形类病害中车辙问题尤为突出。车辙是路面上沿行车轨迹产生的纵向带状凹槽。它除了影响行车舒适性外，还对交通安全有直接影响。车辙在行车荷载重复作用下有扩展和积累的趋势。

1. 车辙类型与维修

沥青路面车辙一般包括结构性车辙、流动性车辙、磨损性车辙、压实不足引起的车辙。根据车辙类型的不同，常用的车辙维修措施有稀浆封层、微表处、石屑封层、罩面或改建等。高速公路一般采取局部铣刨、局部填补或整体改造措施。沥青路面车辙的具体维修方法的选择如下：

（1）因表面磨损过度出现的车辙，可先行铣刨，喷洒黏层沥青后，铺筑沥青混合料。

（2）属于路面横向推挤形成的横向波形车辙且已稳定者，可按上述方法修补；如因不稳定夹层引起，则应清除该夹层，重铺局部下沉造成的车辙，可按路面沉陷的处理方法进行修补。

（3）车道表面因车辆行驶推移而产生的车辙，应将出现车辙的面层切削或铣刨清除，然后重铺沥青面层。在高速公路及一级公路上可采用 SMA 混合料或改性沥青混合料修补车辙。

（4）路面受横向推挤形成的横向波形车辙，如果已经稳定，可将凸出的部分铣刨，在波谷部分喷洒或涂刷黏结沥青并填补沥青混合料并找平、压实。

（5）因面层与基层间有不稳定的夹层而形成的车辙，应将面层挖除，清除夹层后，重做面层。

（6）由于基层强度不足、水稳性不好，使基层局部下沉造成的车辙，应先处治基层。

2. 纵向变形及维修

（1）纵向变形

路面的纵向变形是由路基的纵向变形造成的。软土地基和非软土地基都可以产生纵向变形，纵向变形造成路面大波浪形的不平整，包括路面沉陷、桥头跳车、波浪、搓板、塑包等。沉陷是由于路基路面产生竖向变形而导致路面下沉的现象，通常有均匀沉陷、不均匀沉陷、局部较大面积沉陷等。桥头跳车是由桥台背填土压实不够而引起路基不均匀沉降，从而使路面产生沉陷，形成跳车。沉陷、桥头跳车都是因为施工质量没有严格控制所造成的，可采用新技术、新材料、新工艺来加强填方的压实度，使其达到要求。

波浪是指路面有规律地纵向起伏、波峰与波谷交替出现，间隔很近，一般在60cm之内。

造成波浪的主要原因是材料组成设计差、施工质量差，使面层材料不足以抵抗车轮水平力的作用。此外，产生波浪也可能是由于旧面层已有搓板，而加铺沥青面层时未予妥善处理（铲除搓板）所致。

（2）壅包维修

1）已趋于稳定的轻微壅包，应将壅包用机械刨削或人工挖除。如果除去壅包后路表不够平整，应予以处治。

2）因基层沥青用量过多或细料集中而产生较严重壅包。或路面连续多次出现壅包且面积较大，但路面基层仍属稳定，则应用机械或人工将壅包全部除去，并低于路表面约10mm。扫尽碎屑、杂物及粉尘后，用热沥青混合料重做面层。

3）因基层局部含水率过大，使面层与基层间结合不良而被推移变形造成的壅包，应把壅包连同面层一起挖除，将水分晾晒干，或用水稳定性较好的材料更换已变形的基层，再重做面层。

4）由于基层局部强度不足或水稳定性不好，使基层松软而导致的重包，应将面层和基层完全挖除。如土基中含有淤泥，还应将淤泥彻底挖除，换填新料并夯实。在地下水位较高的湖湿路段，应采取措施引出地下水并在基层下面加铺一层水稳定性较好的材料，最后重做面层。

（3）沉降维修

1）因路基不均匀沉降而引起的局部路面沉陷，若土基和基层已经密实稳定，不再继续下沉，可只修补面层，并根据路面的破损状况分别采取下列处治措施：

①路面略有下沉，无破损或仅有少量轻微裂缝，可在沉陷处喷洒或涂刷黏层沥青，再

用沥青混合料将沉陷部分填补，并压实平整。

②因路基沉陷导致路面破损严重，矿料已松动、脱落形成坑槽的，应按照坑槽的维修方法予以处治。

2）因土基或基层结构遭到破坏而引起路面沉陷，应处治好基层后再重做面层。

3）桥涵台背因填土不实出现不均匀沉降的，可视情况选择以下处理方法：

①挖除沥青面层，在沉陷部分加铺基层后重做面层。

②对于台背填土密实度不够的，应重新做压实处理，台背死角处的压实宜采用机械夯实。

③对含水分和孔隙比较大的软基或含有有机物质的黏性土层，宜采取换土处理，换土深度应视软层厚度而定。换填材料首先应选择强度高、透水性好的材料，如碎石土、卵砾土、中粗砂及强度较高的工业废渣，且要求级配合理。

（4）波浪与搓板维修

1）属于面层原因形成的波浪或搓板可按下述方法进行维修：

①路面仅为轻微波浪或搓板，可在波背部分喷洒沥青，并匀撒适当粒径的矿料，找平后压实。

②波浪（搓板）波峰与波谷高差起伏较大时，应顺着行车方向将凸出部分铣刨削平，并低于路表面约 10 mm。削除部分喷洒热沥青，再匀撒一层粒径不大于 10 mm 的矿料，扫匀、找平，并压实。

③严重的、大面积波浪或搓板，需将面层全都挖除，然后重铺面层。

2）若面层与基层之间存在不稳定的夹层，面层在行车荷载的作用下推移变形而形成波浪（搓板），应挖除面层，清除不稳定的夹层后，喷洒黏结沥青，重铺面层。

3）因基层局部强度不足或稳定性差等原因造成的波浪（搓板），应先对基层进行处治，再重做面层。

（二）表面损坏维修

沥青路面表面损坏形式有泛油、磨光、油包、啃边和脱皮等。

1. 泛油维修

泛油是指沥青从沥青混凝土层的内部从下向上移动，使表面出现过多沥青。泛油主要是由于沥青用量过大、稠度太低或热稳定性差等原因所引起的。此外，也可能由于低温季节施工，层铺法沥青路面的嵌缝料失散过多，在气温转暖后，自行车荷载作用下多余沥青溢出表面而形成的。

在轻微泛油的路段，可撒上 3~5mm 粒径的石屑或粗砂，并用压路机或控制行车碾压在泛油较重的路段，可先撒上 5~10 mm 粒径的碎石，用压路机碾压，待稳定后，再撒 3~5mm 粒径的石屑或粗砂，并用压路机或控制行车碾压。面层混合料中沥青含量过高，且已形成软层的严重泛油路段，可视情况采用下述方法：

（1）先撒一层 10~15 mm 粒径（或更大的）碎石，用压路机将其强行压入路面，待基本稳定后，再分次撒上 5~10mm 粒径的碎石，并碾压成型。

（2）将沥青含量过高的软层铣刨清除后，重做面层。

维修要点：泛油处治时间应选择在泛油路段已出现全面泛油的高温季节，并在当日气温最高时进行；撒料应顺行车方向撒，先粗后细，做到少撒、薄撒、匀撒、无堆积、无空白；禁止使用含有粉粒的细料；采用压路机或引导行车碾压，使所做料均匀压入路面，如采用行车碾压，应及时将飞散的粒料扫回。

2. 磨光维修

高速公路、一级公路路表抗滑能力降低且已磨光的沥青面层，可用路面铣刨机直接恢复其表面的粗糙度。

路面石料棱角被磨掉，路面光滑，抗滑性能低于要求值时，应加铺抗滑层。加铺前，应先处治好原路面上的各种病害。若原路表有沥青量过多的薄层，应将其刮除后洒黏层油。罩面形式可以采用拌和法或层铺法施工的单层表面处治和各类表面封层措施，高速公路一般采用超薄磨耗层、薄层罩面等措施。

3. 油包维修

对于较小的油包、油袭或轻微的搓板，在气温较高时（或用加热器烘烤）铲除，也可用机械铣刨铲除后找平补顺，再用热烙铁烙平。因基层强度不足或稳定性差而引起的严重型包或波浪（搓板），应对基层做补强处理后，再铺面层。如面层与基层间有不稳定层，应清除不稳定层，再铺筑面层。

4. 啃边维修

啃边的处治：因路面边缘沥青面层破损而形成的啃边，应将破损的沥青面层挖除。在接茬处涂刷适量的黏结沥青，用沥青混合料进行填补，再整平压实。修补啃边后的路面边缘应与原路面边缘齐顺。因基层松软、沉陷而形成的啃边，应先对路面边缘基层局部补强后再恢复面层。应加强路肩的养护工作，保持路肩稳定。随时注意填补路肩上的车辙、坑洼或沟槽，保持路肩与路面衔接平顺，并保持路肩应有的横坡，以利排水。

5. 脱皮维修

1）因沥青面层与封层没有黏结好以及初期养护不良引起的脱皮，应清除已脱落和已松动的部分，再重新做上封层，所做封层的沥青用量及矿料粒径规格应视封层的厚度而定。

2）如沥青面层层间产生脱皮，应将脱落及松动的部分清除，在下层沥青面上涂刷黏结沥青，并重做沥青层。

3）面层与基层之间因黏结不良而产生的脱皮，应先清除掉脱落。松动的面层，并分析黏结不良的原因。若面层与基层间所含水分较多，应晾晒或烘干；若面层与基层之间夹有泥层，则应将泥砂清除干净，喷洒透层沥青后，再重做面层。

（三）裂缝维修

1. 路面裂缝

沥青路面在使用期内开裂，是普遍存在的问题，如果不及时对路面裂缝进行合理处治，必然会加剧路面的进一步损坏。路面裂缝的危害在于，从裂缝中不断进入的水使基层甚至路基软化，导致路面承载力下降，产生错台、网裂，加速路面破坏。沥青路面裂缝按形成原因可分为温度裂缝（由沥青面层温差导致的温缩裂缝）、干缩裂缝（主要由半刚性基层干燥开裂引起，反射到沥青面层形成的反射裂缝）、荷载裂缝（行车荷载作用导致的结构性破坏裂缝）、沉降裂缝（由填土固结沉降或路基不均匀沉降引起）等几种主要形式。

沥青路面开裂的原因和裂缝的形式是多种多样的。影响裂缝轻重程度的主要因素有沥青和沥青混合料的性质、基层材料的性质、气候条件（特别是冬季气温及其变化量）、交通量和车辆类型以及施工因素等。由调查可知，往往由于路面设计或施工原因造成结构层本身强度不足，不适应日益增长的交通量及轴载作用而产生开裂，最初一般表现为纵向开裂，然后发展成为网裂。由荷载产生的这一类裂缝，在我国中低级道路及一些超载严重的高等级公路车行道中是常见现象，然而，对我国大多数高等级公路来说，由于普遍采用半刚性基层，有足够的强度，这一类荷载性裂缝并不是主要的。相反，另一类裂缝即非荷载性裂缝的普遍存在，却引起了极大的关注，尤其是横向裂缝，是与半刚性基层材料与沥青及沥青混合料的性质密切相关的。

2. 路面裂缝修补技术

沥青混凝土路面的早期病害多以裂缝的形式出现，加上半刚性基层反射裂缝的普遍存在，沥青路面产生裂缝后，大量路表水沿裂缝侵入路面结构内部，甚至进入路基，致使沥青混凝土路面在车辆荷载特别是重载交通和动态水的交互作用下，经常出现基层细集料流失现象，严重的则可能导致坑槽的出现。及时进行维修，控制裂缝的进一步发展，可以防止路面早期破坏，而选用适宜经济可行的维修方法，严格的工艺操作是维修裂缝的关键。维修方法一般有灌缝、封层、薄层面、现场再生等，常用的方法是灌缝。

开裂后路面的养护措施取决于裂缝的密度与开裂程度。如果裂缝已经钝化或裂缝边缘已损坏，甚至达到了高度损坏，这类路面最好采用诸如石屑封层、稀浆封层等措施。如果裂缝处于低度至中度损坏状态，开始向边缘损坏发展，维修措施宜采用修补的方法。

如果裂缝处伴有其他形式的损坏，如沉陷、边缘损坏、错台等，或在荷载作用下弯沉显著增大，维修措施可以采取修补或铣刨。但如果弯沉很大或损坏非常严重，为了临时服务交通，可先对裂缝进行临时性处治，并尽快安排大修计划。

（1）灌缝修补法

1）灌缝与填缝的目的

尽管裂缝宽度是选择灌缝或填缝的关键因素，但特定类型裂缝的年横向位移量是最主要的决策依据。通常，在工作裂缝边缘损坏之前应采取填缝措施，而非工作裂缝中等边缘损坏到无边缘损坏范围内应采用灌缝措施。

裂缝属于工作裂缝还是非工作裂缝，可根据其类型判定。工作裂缝在方向上常为横向，但是某些纵向和斜向裂缝也可能满足 3mm 位移量的指标。填充工作裂缝的材料能黏结裂缝的两侧壁并能随裂缝的开与合而伸缩。在低温、低应力下具有一定延伸能力的橡胶改性类材料一般适用于处置工作裂缝。

非工作裂缝包含斜向裂缝，大多数纵向裂缝和某些网状裂缝。由于裂缝间距小，裂缝宽度变化较小。允许使用价低和特殊要求较少的灌缝材料。有经验的技术人员一般可根据经验确定工作裂缝和非工作裂缝。

2）灌缝与填缝的时间

填缝是一种预防性养护。当工作裂缝发展到一定程度后就应进行填缝处理，填缝的时间最好安排在天气偏凉的季节（温度在 7℃ ~18℃），如安排在春季和秋季。

选择在有点凉的季节填缝出于两方面的考虑：第一，此时裂缝已开始张开（或尚未闭合），可以填充足够的材料；第二，裂缝张开正好在年平均宽度左右，便于选择填缝材料，因为填缝材料能承受的胀缩总是有限的。

灌缝可以是预防性的也可以是日常养护，这取决于道路管理机构处治裂缝的方法。像填缝一样，非工作裂缝发展到中等程度就应该进行预防性灌缝处治。灌缝应使用耐久性好的灌缝材料，以减少灌缝次数。裂缝完全形成之后应马上灌缝，可以延缓其进一步增长。

3）灌缝方案

①主要考虑因素

选择灌缝和填缝处治措施应考虑下列因素：气候条件，包括处治时的气候和一般的气候条件；道路类型与等级；交通量与货车比例；裂缝特征与密度材料填缝、灌缝方式养护工艺和机具；安全因素。

方案设计时应重点考虑道路现状及发展趋势，选择适当的材料和填缝、灌缝方式，确定养护工艺和机具。特定路段位置和养护时的气候条件对选择材料和工艺有较大的影响，例如，如果养护时湿度大、温度低，使用加热喷枪能缩短灌缝时间。

在选择材料和养护工艺时，也应考虑公路所在地区整年的气候条件，气温偏高的地区，所选择的材料不应在温度高时出现显著软化和流动。相反，非常冷的地区要求材料在低温下有一定韧性。裂缝特征，比如宽度、张开位移、边缘损坏情况等都对选择材料和工艺有影响。

②选择填缝与灌缝材料

目前市场上有多种牌号的灌缝与填缝材料，每一种都有其明显的技术特点。根据灌缝与填缝材料的组成与生产工艺，可分成两大类和不同的小类。

第一类是冷操作的热塑性沥青材料，又可分为液体沥青(乳化)和聚合物改性液体沥青。

第二类是热操作的热塑性沥青材料，又可分为沥青、纤维沥青、橡胶沥青、改性沥青，低模量橡胶改性沥青和化学处理的热融性材料。

除以上两大类以外，其他材料还有裂化沥青。沥青胶浆和砂粒式沥青混合料。

热塑性沥青材料中，沥青和液体沥青韧性较小，温度敏感性高，因此，用于非工作裂缝的灌缝受到限制；类似地，因为纤维不能增加沥青的弹性，不能显著改进其温度敏感性，所以纤维沥青多数适宜做灌缝材料。在液体沥青或加热沥青中添加胶类聚合物，一般能增加沥青的韧性，改善沥青的野外性能。韧性改善的程度取决于沥青的类型和性质。硫化橡胶的掺量以及橡胶与沥青的混合工艺。其他类的聚合物也常与沥青混合使用，单独或与橡胶一起使用。

化学处理热融性材料是把一种或两种材料通过化学反应使其从液态变为固态。这类材料近几年在沥青路面中得到了应用。

材料选择的第一步就是确定材料应该具备的性能，以适应特定的要求，用于填缝的材料，应考虑以下几方面的性能是否合适准备工作时间、工作和易性、养生时间、黏附性、黏结性、抗软化与流动能力、韧性、弹性、抗老化与气候作用、抗磨损。

③选择填缝或灌缝构造

填缝与灌缝材料填灌入缝的构造形式较多，裂缝填灌处治的典型构造可分为四组。

齐平。在齐平构造中，材料仅简单地注入既有的不经处理的裂缝中，裂缝外面的材料应铲除。刻槽构造。将裂缝切齐，称裂缝刻槽，材料仅放入切齐的裂缝内、材料或者与缝顶面齐平，或者略低于路面表面。

顶式。材料置入未经切齐的裂缝内。如材料超出裂缝口，应用橡胶滚轴将超出材料滚压成条带，简单的条带构造如超出材料不使其形成条带形，则形成帽形。

刻槽梯形封顶。材料置入切齐的裂缝、然后用橡胶滚轴使超出裂缝的材料滚压成条带，形成的条带应对称于裂缝。几乎所有的填、灌缝工艺都是直接把材料放入裂缝道内，但有时在填缝之前，将嵌缝条材料（如聚乙烯泡沫条）放在工作裂缝的刻槽底部。泡沫条的作用是防止填、灌缝材料进入切割的刻槽下的裂缝，并且不会与刻槽的侧面黏结在一起，这样，可以加强填、灌缝材料的潜在性能。

填缝料的形状，特别是对于刻槽模式，也影响其性能。在最初的设计时就应考虑其形状，通常用形状参数表示，形状参数定义为宽和深度的比。一般情况下，形状参数仅受切割槽的尺寸控制，当采用嵌缝条时，形状参数受嵌缝条和切割槽尺寸的影响，只有在下列两种情况下，才考虑使用嵌缝条：一种是使用嵌缝条具有技术经济效益；另一种是工作裂缝比较直（比如反射裂缝），并且边缘损坏非常轻，热施工的橡胶改性填缝料多建议直接填入缝内，但使用嵌缝条也不会增加太多的费用。硅树脂做填缝料时，应使用嵌缝条。

4）灌缝常规方法

在深秋冬末季节，将纵横裂缝处清扫干净，直接用油壶灌入加热的沥青，是一种常规的方法。但常出现浇灌的沥青晾干后进不到缝纹深处，在与冷的旧沥青路面黏结前就轻易被车轮带走。因此，开发出用乳化沥青进行灌缝处理的技术效果较理想，还有的在灌沥青前，用液化气将缝壁加热至黏性状态后，再把沥青或沥青砂浆喷抹到缝中，最后在缝口表面撒布热砂或石屑加以保护。细小的裂缝，则要用盘式铣刀进行扩宽，再做处理。

1995 年，美国公路部门研究出一种 CRF-PM 聚合物改性乳液，具有很好的弹性、流动性和黏结性，不受季节和气温的影响，填缝后能牢牢地黏附在裂缝壁上和路面连成一体。施工时，只要将 CRF-PM 聚合物改性乳液放在一个专用壶中，由人工浇入裂缝中，再铺砂子，即可开放交通。国外最近研制出一种合成橡胶填缝材料，可在高于 40 ℃的温度下使用，施工时，只需用瓶子盛装，将填缝料液入裂缝，30 min 内即可恢复交通。

5）裂缝封闭处治技术

裂缝封闭处置方法通常由以下五个步骤组成：

①裂缝的整修

采用裂缝刻槽机或金刚锯对裂缝刻槽，刻槽应均匀且断面垂直边缘。刻槽机上一般装有调节刻槽深度的装置。有些裂缝形状不规则，很难准确地在裂缝上进行刻槽，未刻到的部分与刻槽形成相邻的两道缝（槽），此时还应对余缝进行刻槽。

②缝槽的清洁和干燥

需要采用吹风器、空气压缩机、钢毛刷等对已刻缝槽进行清洁，并采用热气枪进行干燥。

③封面材料的准备和填充

主要工具有沥青锅、沥青分配器、垫条安放工具、输料器等。当路面潮湿或气温低于 5℃时，不得进行封面。封面料不应在输料管中停留，灌入时材料的温度应由供货商提供。

一般裂缝修补时，是直接将修补材料填入缝槽中，但有时也将隔离黏附作用的材料如聚乙烯泡沫垫条放在刻槽底部，再填入封面料。放垫条的缝槽应刻得深一点，垫条的宽度比缝（槽）宽 25%，使垫条能固定在刻槽中。

④整料

根据需要，采用橡皮棍将填缝材料修整为凹形、齐平、帽形和梯形封顶等形式。梯形封顶尺寸一般为宽度 76~127mm，厚度 3.2~4.8 mm，简易梯形封顶可以省去刻槽工序，快捷方便。刻槽梯形封顶的作用相当于磨耗层。帽形封顶施工时可较梯形封顶少用工人，但处治效果降低，帽形封顶材料容易发生扩散性流动面变平，材料温度降低较快，与刻槽的黏附不够充分。

⑤吸油

用砂或卫生纸罩在刚修整的材料上，防止刚施工完的封面材料在车轮作用下受磨损而脱落。

6）灌缝施工要求

①纵横向裂缝：由于路面基层温缩、干缩等引起的纵向、横向裂缝，缝宽在5mm以内的，宜将缝隙刷干净，并用压缩空气吹去尘土后，采用热沥青或乳化沥青（潮湿时）泄缝撒料法封堵，灌入2/3的缝深，填入干净石屑或粗砂并捣实，将溢出缝外的沥青及石屑、砂清除；缝宽在5mm以上的，应剔除缝内杂物和松动的缝隙边缘，或沿裂缝开槽后用压缩空气吹净，采用砂粒式、粒式热拌沥青混合料填充、捣实，并用烙铁封口，随即撒砂、扫匀，潮湿时也可采用乳化沥青混合料填缝。

②轻微裂缝：在高温季节全部或大部分可愈合的轻微裂缝，可不加处理；对高温季节不能愈合的裂缝，在高温季节可将有裂缝的路段清扫干净并匀洒少量沥青（在低温、潮湿季节宜采用乳化沥青），再匀撒一层2~5mm的干燥洁净石屑或粗砂，最后用轻型压路机将矿料碾压。

③土基、路面基层的病害或强度不足引起的裂缝类破损，首先应处理土基或基层，然后修复路面。

④因路面沥青性能不好或路龄较长、沥青路面层老化产生较大面积的裂缝（包括网裂），若强度尚好时，通过技术经济比较，可选用下列修理方法：乳化沥青稀浆封层，封层厚度宜为3~6 mm；加铺沥青混合料上封层，或先铺设土工布后，再在其上加铺沥青混合料上封层。

（2）乳化沥青微表处和稀浆封层修补法

水和化学物质（乳化剂分为阴、阳离子两大类）的混合物，在强力机械剪应力作用下形成悬浮液，即用胶体磨使其变成黑色流体，形成乳化沥青，其中沥青的含量为50%~70%（乳化沥青可直接用来灌缝、刷边等），用50%石屑、30%粗砂、20%细砂混合成符合级配要求的集料，按油石比8%~12%掺入乳化沥青，加入2%普通水泥做填充料，形成稀浆，由专用的封层机铺在旧沥青路面上，厚度为0.5~0.6 cm。在铺筑过程中，乳化沥青将渗入裂缝中，待与其破乳水分蒸发，达到修补裂缝的目的，还可使路面平整。使用沥青混合料进行封层时，一般厚度在1.5cm以内，可采用层铺法或者拌和法施工。

（3）沥青混合料罩面法（超薄磨耗层、薄层罩面）

这是一种根据路面裂缝严重情况，结合路段使用间隔年限、交通量大小所选用的一种方法。常用标准的中粒式、细粒式沥青混凝土做罩面材料，一般厚度为1.5~4.0 cm，施铺前原路喷洒黏层沥青。目前已开始应用土工布、土工格栅和喷洒橡胶沥青作为应力吸收层，以提高防裂效果。

用于表面处置层的沥青材料，还有一种是冷拌掺纤维的断级配沥青混合料。这种混合料添加纤维的比例可降至 0.1%~0.2%，具有良好的流动性和均匀性且施工费用少，因掺入了纤维，防裂效果明显。

沥青路面相隔大约 10m 就出现横向裂缝，英国的维修工艺是首先标出裂缝和大面积损坏处，使用破碎机将大面积损坏处挖出，用切削机将裂缝处切制成 V 形截面槽，上宽最小 60cm，深 30cm（包括沥青层和部分基层），洁净后均用密级配沥青混凝土填平、压实；完成裂缝的处置后，在表面铺一层黏结层，然后摊铺 30mm 厚的密级配沥青碎石作为平整层；再铺一层 45~50mm 厚的热压沥青碎石，再撒铺厚度为 20mm 的热拌沥青石屑，并将石屑压入热沥青层中。两年后观察该方法修补的沥青路面效果很好，预计修补后的沥青路面可多使用几年。

（4）现场再生维修法

封层、罩面法虽可利用机械化施工，但对开裂处的沥青混合料未能触动，使其性能得不到改观，加之覆盖层的厚度有限，裂缝在封层、罩面后常会在表层复出。对此，把沥青路面再生利用的原理应用到裂缝的维修上来，即现场再生维修法。

1）裂缝处的再生

沥青路面再生利用技术目前已普遍应用。就现场再生利用来讲，首先采用再生系列设备，将旧沥青路面加热至融化松散，然后加入再生剂和一定数量的沥青和集料，就地拌和成新的沥青混合料，经摊铺碾压成性能较好的路面。裂缝的再生维修是先用已研制成的轻便型路面加热器，在裂缝处宽 5~10cm 范围内加热数分钟后，约 1m 长的裂缝处旧路面便可变软，如果缝深，则增加加热时间。此时，用油壶倒入适量热沥青，掺入少量砂或石屑，人工就地热拌，使裂缝处自上到下、左右两边形成含油量较大的新混合料，再找平，撒砂养护。这样处理过后的裂缝含油量大而且柔，可吸收各种因素引起的应力。

2）大面积裂缝路面的再生

对于裂缝多的路段，用加热车对旧路面实施两次加热，使表面裂缝深处全部融化变软，喷洒一定数量的再生剂和稀沥青后，与掺入适量的集料就地拌和（拌和方式可采用再生机或铣刨机或人工拌和），然后再进行碾压成型。有的是将有松散裂缝的旧沥青路面趁夏季高温刨出，堆成小堆，采取加热融化或人工破碎或利用融化剂粉碎，重新添加沥青、集料拌和后，就近摊铺碾压，由于改变了裂缝处的沥青混凝土性能，从而达到消除裂缝的目的。

（四）水损坏路面维修技术

随着沥青路面的建设和发展，沥青路面的水损害问题已越来越引起道路工作者的重视。

业者对道路车辆分道行驶，以及超载车、重载车增加有可能导致的车辙损坏，半刚性基层沥青路面有可能出现较严重的裂缝等有充分的认识和思想准备，同时对道路的抗滑性能也特别重视。在沥青面层结构组合及沥青混合料的配合比设计方面采取了一系列防止车辙和提高构造深度的措施，也在防止开裂方面做了许多工作，但对沥青路面会出现水稳定性不足、坑槽等及在中低级公路上常见的松散、坑槽现象几乎是没有预料到的。我国许多道路，尤其是多雨潮湿地区的道路，在春融季节、梅雨季节及雨季，路面会出现麻面、松散、掉粒，乃至坑槽，为明显的路面早期损坏。

沥青路面的水损坏已经成为我国沥青路面早期损坏的一种主要模式。大量调查研究发现，各种不同路面结构的水损坏有明显的差别。

1. 沥青路面水损坏的破坏类型及破坏原因

（1）自上而下的表面层水损害

许多初期的路面水损害是自上而下发生的，它往往局限于在表面层发生松散和坑槽，如果及时修补，路面性能可以很快恢复。在降雨过程中，雨水首先渗入并滞留在表面沥青混凝土的空隙中，当下层的沥青混合料密水性好，且沥青层层厚较大，向下渗透相对比较困难时，在大量高速行车的作用下，反复产生的动水压力逐渐使沥青从集料表面剥离，局部沥青混凝土变得松散，碎石被车轮甩出，导致路面产生坑槽。实际上，无论表层沥青混凝土是密实式的还是半开式的，都采用了改性沥青或加了抗剥落剂的 SMA 结构，许多工程都有类似的表面层坑洞，只是坑洞的个数和面积的比例有显著差别。

国际上通称的典型的水损害是雨水使沥青膜从集料表面脱落，失去附着力的过程。水损害的先决条件是水的存在，同时存在外力作用的环境。汽车荷载的压应力和高速行驶产生的真空吸力形成剪应力的反复泵吸作用，使沥青膜从剥离发展到松散、掉粒、坑槽，损害的进程与荷载的大小、频度有关。在初始阶段，集料与集料之间发生剪切滑移，伴有沥青膜移动和脱离，当剪切应力超过沥青与集料的黏附力时导致附着力丧失，这个过程很短暂。一条公路在长时间干燥少水的情况下可以稳定地使用，一旦有充足的水大量地从裂缝和大的孔隙中迅速渗入达到饱和，经行车反复泵吸很快就造成沥青膜剥离，成为水损害的典型模式。

这和疲劳破坏有根本的不同。

还有一种理论认为，沥青混合料中涂敷沥青的集料颗粒遭遇水的浸泡后，由于水具有很强的表面张力和浸润性，可以通过沥青自发的乳化作用进入并穿透沥青膜侵入沥青集料界面上，并最终将沥青膜取代。如果界面上包含有乳化剂时，集料表面的沥青膜有可能比一般情况下更容易乳化，因此抗剥落剂一方面增强了沥青与酸性石料的黏附性，另一方面增加了沥青被乳化流失的可能性。

由此可见，自上而下的沥青路面的水损害主要表现为表面型坑槽，产生水损害坑槽的原因如下：

1）沥青混合料的设计空隙率或施工后的残余空除率大，渗水严重。我国有些工程采用的Ⅱ型沥青混合料，抗滑表层级配等，空隙率较大。它的沥青层很厚，水渗入下层的路径长，很难到达下层，而表面层的 AC-16 Ⅱ型混合料的空隙率较大，所以路面破坏普遍表现为表面型的坑槽，如果产生的坑槽不及时修补，将会迅速扩展，导致坑槽连片，小坑变大坑。

空隙率包括开孔隙和闭孔隙，造成水损害的原因是渗水，而真正能够渗水的路径只有开孔隙，闭孔隙是不会引起渗水的。研究表明，渗水系数与孔隙率有密切的关系，但又有根本的不同。据研究，渗水系数更能够反映路面离析的真实情况。

2）在平均空隙率并不大的路段，产生局部性坑槽的主要原因是沥青混合料的离析。

坑槽为什么不同时在所有的地方发生，而首先在某一些地方发生呢？那就是因为某些地方有比其他地方大的空隙存在，而这种大的空隙基本上都是由于离析造成的。沥青混合料的离析有两种含义，一种是集料粗细不均的离析，另一种是温度的离析。离析的后果是压实度不均，致使空隙率不一样。粗细集料的离析可以凭肉眼观察，国外检测离析是通过表面构造深度和渗水程度评价的。

近年来，离析问题已经成为施工中迫切需要解决的问题，粗细集料的离析同时还伴随着油石比的不均匀，直接导致空隙率不一致。由于沥青混凝土的不均匀性，坑洞总是首先在局部沥青混凝土孔隙率较大处产生，因此是随机分布的一个个孤立的坑洞。很多实例证明，不管是传统的纯沥青混凝土，还是新型的沥青混凝土，在大量行车作用下，都会产生沥青利落现象和水损坏。

3）发生表面层坑槽的路段，经常是表层与中层之间有严重的层间污染，存在两层皮似的脱开现象。层间污染对路面的寿命有直接影响，界面上的泥在遇水后成为泥浆，界面条件就由设计时假定连续变为半连续，甚至滑动，严重影响疲劳寿命。有相当一部分的表面坑槽，是因为某个地方先进水，成为滑动的界面条件，在表面层独立的承受交通荷载的作用下，表面层底就出现大的弯拉应力，从而在短期内损坏。

自上而下的水损害即使出现表面型坑槽，也容易修补，但是如果不及时维修，损坏面积的扩散也很快。所以要尽快维修，以尽量减少对路面的损坏。

（2）自下而上的水损坏

当半刚性基层沥青路面的沥青层较薄时，沥青路面的水损坏经常是自下而上发展的。

水是水损坏的主要原因，水进入沥青路面几乎是不可避免的。但是，由于半刚性基层本身的强度较高，细料含量又多，本身非常致密，它基本上是一种不透水或者渗水性很差的材料。

基层不能排水，并不等于水就不进入沥青层，沥青混合料即使是空隙率很小的密级配，也不是完全不进水，水从各种途径进入路面并到达基层后，不能迅速排走，只能沿沥青层和基层的界面扩散、积聚。

水通过多种形式途径进入路面，例如：

1）降雨。有的地方梅雨季节能持续数月之多。时间越长，进入路面的水越多。相比之下，暴雨形成的积水反而能很快从表面排走。

2）雪水。冬季下雪后融化需要很长的时间，路面一直处于水泡的状态下。有时为了融雪还需要向路面洒盐水或撒融雪剂。

3）夏季为便于路面降温也经常洒水。为了防止车辙，在高温季节的中午和下午洒几次水，不失为降低路面温度的好办法，但如果沥青层的孔隙较大，洒水的同时也会有水不断渗入路面，路面混合料在有水的情况下，车辙变形可能会更严重。

4）中央分隔带的绿化浇水，以及从中央分隔带渗入路面的水（尽管大部分是渗入路基）。

5）挖方路段的裂隙水。现在普遍是挖方路段的水损害破坏比填方路段严重，其中很重要的一个原因是挖方破坏了山体的水文地质平衡，使路基下方出现水压力，而向上涌水，有泉水的地方更加严重。目前，挖方路段的边沟几乎全部都是浆砌片石的。这种边沟将路堤内的水彻底地封闭住，使路基冒上来的水没有出路。如果山区挖方路段没有排水层，涌水无处可走，水损坏将不可避免。

6）冬季由于冰冻引起的水分积聚。我国北方地区是典型的季节性冰冻地区，入冬以后，温度降低，地层由上而下封冻，并开始结冰，下方的水分逐渐向上积聚，至超过饱和含水量。如果在冬季挖开路面，可以清楚地发现路面沥青层下方基层上面有一层厚薄不均的冰层。待到春天升温冰雪融化时，情况恰好相反，基层还没有化开，上方的冰层先融化。这种情况是最典型的由界面连续变为滑动的状态。

7）有些道路在沥青层铺筑过程中采用水冲洗方法处理层间污染，污水大量储存在下卧层的缝隙中（同时进入的泥土危害更大）。反复的冲洗必然使污物和水同时下渗进路面，从而造成隐患。

因此在沥青路面内部，水的存在几乎是不可避免的，只不过程度不同而已。而沥青层的水是易进不易出，在不能及时排走的情况下，危害性就更大。

这种类型的水损坏基本过程如下：

①表面雨水从裂缝和较大孔隙的裂隙中进入路面，当沥青路面存在薄弱环节，如由于离析造成上下有连通的孔隙，水在这些地方比其他地方更容易进入路面内部，并很快进入基层表面。

②由于半刚性基层过分致密，不能迅速将水排除，水滞留在沥青层和基层的界面上。

③在汽车荷载的作用下，下面层沥青混合料的粗集料对基层造成损伤，并形成灰浆，如果基层表面存在薄弱环节，如铺筑沥青层前就有浮灰、修补的薄层等，遇水很快就成为灰浆。

④与此同时，沥青层和基层的界面条件恶化，可能很快转变为滑动的界面条件，沥青层底部承受很大的拉应力，反复荷载的疲劳作用同时发生，拉应力超过极限而开裂。

⑤下面层的公称最大粒径较大，离析也比较严重，并存在一些孔隙较大的部位，水在孔隙中承受很大的高速汽车荷载的抽吸作用，孔隙率较大的下面层将很快出现沥青从集料表面剥离，沥青膜逐渐被水乳化面丧失，导致集料松散。这种情况逐渐向上发展，最后顶破及面，成为坑槽。

总结以上情况，第二类水损坏有以下特点：

水损坏发生在雨季或梅雨季节、季节性冰冻地区的春融季节，有时一场持续几天的大雨就导致严重破坏；行车道破坏严重，超车道一般没有破坏，显然与重车、超载有关；水损坏之初一般都先有小块的网裂、冒白浆（唧浆），然后松散成坑槽；发生水损坏的地方一般是透水较严重且排水又不畅的部位，如挖开可见下面有积水或浮浆。

（3）沥青路面水损坏的破坏形式与维修措施

1）麻面与集料外露

对于轻微的麻面和集料外露，且数量较小的路段，可薄刷一层沥青，撒石屑或粗砂扫平压实。当沥青面层不贫油时，可在高温季节撒适当的细料，并用扫帚扫匀，使集料填充到路面的空隙中。大面积麻面应喷洒稠度较高的沥青，并撒适当粒径的石屑或粗砂，应使麻面部分中部的集料稍厚，周围与原路面接口要稍薄，定型要整齐，并碾压成型。

对于麻面和集料外露严重，或有松散且数量较大的路段，可在气温 10℃以上时，清扫干净，重做沥青封层，也可铺筑 10~15mm 厚的沥青砂罩面。如在低温季节，也可用稀浆封层。高速公路宜采用超薄磨耗层或改性沥青薄层罩面。

2）松散

因沥青用量偏少或因施工气温较低造成的沥青面层松散，其处置方法是：先将路面上已松动了的矿料收集起来，待气温升至 15℃以上时，喷洒沥青，再均匀撒上 3~6 mm 的石屑或粗砂，用轻型压路机压实。

对于因油温过高、沥青老化失去黏结性造成的松散，应将松散部分全部挖除后，重做面层。

因沥青与酸性石料间的黏附性不良而造成的路面松散，应将松散部分全部挖除后，重做面层。重做面层的矿料不应使用酸性石料，在缺乏碱性石料的地区应在沥青中掺入抗剥落剂、增黏剂或使用干燥的生石灰、消石灰、水泥等表面活性物质作为填料的一部分，或采取用石灰浆处理粗集料等抗剥落措施，以提高沥青与矿料的黏附力，并增加混合料的水稳性。由于基层或土基软化变形造成的路面松散，应先处理好基层后，再重做面层。

3）坑槽

坑槽修补可分为永久性修补、半永久性修补和临时性修补。永久性修补用于条件尚好、设计寿命较长的道路，包括挖除破损处材料、置换新的沥青混合料等；半永久性修补用于防止较小的坑槽向更大损坏变化，修补方法与永久性修补相同，但不必将坑槽切割成矩形；临时性修补可用于需立即修补的已经影响车辆行驶的坑槽，也可用于严重影响行车的道路或已计划进行罩面或重建的道路。

六、沥青路面加铺维修技术

（一）沥青路面加铺方案

1. 路面状况判定

对现有路面的使用情况进行调查和判定的目的是了解现有路面的物理或结构状况，评定它对当前和今后使用要求（结构和功能）的适应程度，以便确定需采取修复措施的路段和方案，选择合适的修复对策，并为加铺层设计提供依据和参数。

2. 加铺层结构方案

对沥青路面进行加铺层设计可以分为两种类型，旧沥青路面上的沥青加铺层和旧沥青路面上的水泥混凝土加铺层。

在原沥青路面开裂不太严重的情况下，可以在对原路面的病害进行修补后，直接在原沥青路面上铺设沥青加铺层，其中包括最下面的整平层。

在原沥青路面开裂较严重的情况下，可以在对原路面的病害进行修补后，在原沥青面层与加铺层之间增加一个粒料层，以减少原沥青层或半刚性基层的裂缝对加铺层的反射作用。或者，对损坏严重，无法修补（经济上不合算）的原沥青层予以铲除或就地进行再生利用。

（二）旧沥青路面处治技术

1. 加铺前预处理

在对现有沥青路面的损坏状况进行调查、检测和评定的基础上，对原路面存在的病害提出相应的处治措施：

（1）面层出现中等或严重程度的龟裂时，进行全深度修补。

（2）面层出现纵向裂缝时，按裂缝深度进行部分深度（疲劳裂缝）或全深度（施工接缝）修补。

（3）面层出现横向裂缝时，进行全深度修补或采取其他控制反射裂缝的措施。

（4）面层出现沥青老化和由此引起的裂缝时，采用冷磨措施铣刨表层。

（5）面层出现轻度或中度车辙或者纵向不平衡时，采用冷磨措施铣刨表层；出现严重车辙或纵向不平衡时，进行整层更换。

（6）沥青层出现严重沥青剥落时，采用冷磨措施铣刨该层。

（7）半刚性基层出现严重碎裂，粒料层被细粒土渗入和污染或者路基湿软沉降变形过大时，不应在旧面层上直接采用加铺层措施，而应对整个路面结构进行重建设计。

对路面的维修措施进行选择的过程如下：

如果路面整段存在结构上的不足，则需采取单层或双层补强措施；

如果路面整段存在功能上的不足，可采取如下措施中的一种或几种措施的组合恢复路面的表面功能：铣刨、罩面、微表处热就地再生；

根据路面的病害情况，分别针对不同类型的病害和严重程度选择可行的处治措施；

如果存在排水不良问题，选择采取铺设盲沟或重设排水边沟等措施。

2. 反射裂缝防治

反射裂缝产生是由于应力集中造成的，在荷载和温度收缩的作用下，产生弯曲或剪切应力。荷载产生的应力集中与加铺层厚度、材料劲度以及路面结构整体强度有关，温度收缩产生的应力集中与温度的日（季）变化、材料温度胀缩系数有关。加铺前的预处理，如裂缝修补或灌缝有助于减少反射裂缝产生，同时采取一些反射裂缝防止措施则更有利。常用的措施有以下几种：

（1）应力吸收层。在控制轻度或中等程度的龟裂裂缝反射方面，应力吸收层被证明是有效的，同时，在控制温度收缩裂缝的反射裂缝方面也是有效的，和灌缝一起使用效果更好，但一般不能延缓由显著的水平和竖向位移产生的裂缝反射。

（2）集中应力释放层：7.5cm 以上厚度的裂缝集中应力释放层在控制大位移产生的反射裂缝方面是有效的，这类材料一般是低沥青含量的升级配粗集料组成的沥青混合料。

（3）锯缝与填缝。在直裂缝的对应位置，对 AC 加铺层进行锯缝处理，并用适当的材料填缝，这种措施对于控制反射裂缝的损坏是很有效的。

（4）增加加铺层厚度。这种方式可有效降低荷载作用下的弯曲和剪切位移，也可减少路面内的温度变化，在延缓反射裂缝和其他损坏的反射方面最为有效，但缺点是费用较高。

反射裂缝对加铺层的寿命影响很大，一旦出现反射裂缝，应及时封缝或采取其他措施处理。

（三）沥青路面加铺薄层水泥路面

1. 白色罩面技术

在旧沥青路面上加铺水泥混凝土面层，也称白色罩面（whitetopping），由于所加水泥混凝土层薄（5~10 cm），也称超薄水泥混凝土路面（Ultra Thin White topping，简称 UTW）。

通过路的修筑与观测表明，UTW 路面是一种经济、快速、有效、简便、修复后可维持较长时间的旧沥青路面修复技术。这种做法开始是一种尝试，也是一种突破。按照传统的刚性路面设计方法，这样的面层很快就会被破坏，而实际情况并非如此。

2.UTW 的施工要求

（1）基础准备

UTW 是在旧的沥青路面上铺筑的，要求旧沥青路面有一定的厚度，通常在表面凿毛处理后，厚度应大于 8 cm，若小于该厚度，则不宜使用 UTW，在施工前，一般要钻芯取样以测定沥青层的厚度并了解底基层的情况。旧沥青路面一般要凿毛，并用气喷或水喷法保持凿毛面清洁，以提高与罩面层的黏结力。施工前，沥青层表面应干燥，天气较热时，可以喷洒水雾以降低沥青表面温度，以防水泥混凝土中水分的蒸发，但表面不得带有自由水分，以确保面层和沥青层黏结在一起，形成复合路面结构。

（2）混凝土配合比

配合比是根据面层的厚度、交通状况和路面开放交通的时间限制来确定的，同时还要考虑地方材料情况。美国的 UTW 项目，混凝土配合比中普遍采用减水剂和超塑化剂，以提高班工和易性，有时还掺入引气剂，对路面交通开放时间较紧的工程通常采用较高的水泥用量配合比的另一个特点是普遍采用纤维增强技术，UTW 中使用的纤维有很多种，如钢纤维、聚丙烯纤维、聚烯烃纤维尼龙纤维等，其中以聚丙烯纤维应用最广。

（3）接缝切割与处理

切缝必须在路面内具有一定张度但产生开裂之前进行，一般当路面可以上人时，即可开始切缝。

（4）养护

由于 UTW 厚度很薄，其表面与体积比较大，养护时要使用养护剂。

七、沥青路面再生技术

随着我国道路养护工程的不断发展，对于沥青路面养护维修工作的改革创新也给予了高度的重视，为了最大化地减少施工中所产生的资源消耗现象及环境污染问题等，就要对循环型道路养护方式和技术工艺等加大研究力度。其中，尤以多种道路废旧材料的再生利用技术的应用效果最为显著，不仅可以大大提升沥青路面养护维修质量，也实现了对环境的全面保护，提高了各类施工资源的利用率。因此，对沥青路面再生技术的有效应用进行深入探究很有必要。

（一）现场再生技术的应用

1. 现场热再生技术

该沥青路面再生技术指采用相应的加热设备对原有旧路面面层进行加热，直至达到一定深度后再对路面进行破碎处理，进而根据沥青老化程度，将适量的还原剂或再生剂与破碎路面进行充分拌匀，再借助碾压和摊铺设备的力量对路面进行铺筑和整平。根据施工工艺的不同，该技术一般可分为三种技术形式，即重铺再生法、复拌再生法及加热翻松再生法，这些现场热再生技术不仅可以大大提高路面养护工程的施工效率，对现场产生的废旧沥青混合料加以合理利用，而且不会对道路正常运营造成影响，可以分车道进行施工，并且可以全面确保旧沥青路面的养护质量，进而使其柔韧性、抗渗性、抗承载能力等都能得到进一步的提升。

在实际应用时，加热翻松再生法的工作要点应先利用加热设备对旧沥青混合料路面进行加热，使其温度达到 110℃ ~150℃后，再根据实际情况采取复拌机对路面进行翻松，并且还要将翻松材料与适量的再生剂或还原剂充分融合在一起，最后再对路面进行碾压摊铺。通常，该再生技术一般适用于路面破损不严重且面积小、无反射裂缝的沥青路面养护工程中，可以大大提升路面摩擦系数和平整度。重铺再生法则是在加热翻松均匀拌和材料并对路面进行整平后，再在其上利用新的沥青混合料铺摊铺一层新的路面结构，在这一过程中所采取的施工工艺技术主要包括加热整形压入碎石工艺和加热整形加罩面工艺，可以很好地提升沥青路面抗滑能力及平整度、力学性能等，通常，该再生技术适用于那些破损较严重的路面和道路升级改造工程中。复拌再生法是指在路面加热到一定温度后，再利用复拌机将翻松材料与新的沥青混合料进行充分搅拌，随后还要将拌和好的混合料摊铺到路面上并碾压成型，完成路面修复。一般情况下，该再生技术较适用于路面破坏不太严重且无反射裂缝，路基力学性能满足要求的沥青路面养护改造工程中。

2. 现场冷再生技术

该沥青路面再生技术可以省去对原有路面加热工序，在不加热的状态下直接对旧路面进行破碎和翻松处理，并将翻松材料与适量外加剂和乳化沥青进行均匀拌和，在实际应用过程中，主要采取以下两种施工工艺：第一，利用专门的再生设备对拌和好的路面材料进行除碾压以外的各道工序后，再采用压路机对路面进行整体压实；第二，利用再生剂对旧沥青路面的活性进行激活，待其表层被完全氧化后就会自动在旧路面上形成封层，从而进一步延长路面使用寿命，提升其应用功能。目前，现场冷再生技术虽然有着较低的施工成本和简便的施工操作步骤，但由于很难全面控制路面养护施工质量，所以一般将其应用于低等级沥青路面养护工程中或路面基层施工中。

3. 技术应用缺陷

从整体现场再生技术的应用现状来看，其在高速公路路面养护及改造项目中的应用率十分有限，究其原因，主要是因为该技术存在以下几方面的应用缺陷所致：首先，该再生技术仅限于修复沥青路面的表面缺陷，如车辙、平整度、路拱、泛油、麻面等缺陷问题，相反，对于反射裂缝、路基强度较低以及下面层破损严重等路面缺陷的处理很难保证最终养护维修效果；其次，该再生技术在实际应用过程中，由于添加的新料较少，甚至不添加，所以就会导致混合料配合比能力降低，很难达到沥青路面养护施工所规定的级配要求；最后，现场再生技术的应用空间相对狭窄，针对表层路面缺陷的修复和处理，有着十分显著的应用效果，但是对于水损害、反射裂缝和路基强度等结构性破坏问题的处理很难确保最终的养护修复效果，因此，还需要对该技术进行不断地创新研究，才能满足沥青路面养护工程的实际需求。

（二）厂拌再生技术的应用

1. 厂拌热再生技术

该沥青路面再生技术是指采用铣刨的方式对旧沥青路面废料进行合理调整，使其在加热拌和后能够形成符合规范要求的混合料，然后再采用普通沥青路面施工技术对混合料进行铺筑摊平。为了确保最终的养护施工效果，相关技术人员必须在混合料拌和前，对旧沥青混合料中的沥青含量和老化程度以及破碎后的筛分结果以及各项指标参数等进行获取和分析，以便以此为依据，科学确定新集料的级配，使其油石比能够达到相应的设计标准要求，实现对老化沥青性能的有效改善。从应用优势来看，厂拌热再生技术已具备较为完善的再生沥青混合料实用技术体系，在沥青路面养护工程中，只要旧料配合比设计质量以及相应修复施工环节的质量符合要求，该再生技术就能切实保证沥青路面的持久性和路用性，进而使其与普通沥青路面的质量等级持平。

2. 厂拌冷再生技术

该沥青路面再生技术是指将乳化沥青、常温废旧沥青混合料以及集配调整后的新集料进行充分融合，使其形成新的再生混合料，进而通过运输、摊铺、碾压成型等工序，来改善原有沥青路面的整体运行性能。相关实践证明，厂拌冷再生技术不仅可以大大提升沥青废料及混合料的利用率，更进一步强化旧路面的路用性能，而且在施工过程中，还可以很好地控制混合料的应用性能及相关施工工艺，进而在无须加热、降低能耗的基础上，促使沥青路面达到理想的养护修复效果。此外，该再生技术的环境适应性以及可循环性较强，适用于各等级公路旧沥青路面养护施工中，能够将形成的混合料作为路面基层和底基层施工材料来使用。同时，还能利用旧料替代胶凝材料与稳定剂混合制成可用于铺筑于基层或底基层的稳定土，进而更好地提高路面结构的稳定性和抗承载能力。鉴于此，在当前大力发展绿色交通与资源循环型道路养护方式的背景下，要想进一步减少道路改造及路面养护施工中所产生的废料及环境污染问题等，就要对厂拌冷再生技术的推广和应用给予高度的重视。

在传统沥青路面养护工程中，不仅容易产生大量对环境具有一定影响的废料，而且在实际施工时，还会出现较多施工资源被浪费的情况，这在某种程度上就会与打造绿色交通、发展循环经济的政策背道而驰。因此，要想改善现状，就要对沥青路面再生技术的开发和应用加大重视度，立足于项目实际情况对其进行合理选择，并充分掌握各环节的施工要点和操作要求，确保旧沥青路面的路用性能达到最大化，使其整体使用寿命得到有效的延长。

第四节　混凝土路面施工

一、概述

水泥混凝土路面主要有小型机具、三辊轴、轨道摊铺机、碾压混凝土和滑模摊铺机铺筑五种施工方法。

无论采用何种施工方式，施工前都要做好准备工作。准备工作是保证施工顺利进行和施工质量的前提，具体工作有以下几个方面：

编制好施工组织设计，建立、健全全面质量管理体系；

做好现场清理和水电供应、施工道路、拌和站建设、办公生活用房等辅助设施建设；

进行原材料的准备和性能检验，以及混凝土配合比检验、调整；

对基层的平整度、压实度高程、横坡等指标进行检查和处理、修整，并洒水湿润；

严格按要求安装模板。

1. 小型机具施工

由于我国经济水平的限制和施工的需要，虽然小型机具施工慢，人为影响较严重，但由于其施工操作简易，维修方便，故目前仍然得到了广泛应用，在二级以下公路建设中仍占很大比例。

2. 三辊轴施工

三辊轴机组是介于小型机具和滑模摊铺机之间的一种中型施工设备，比滑模摊铺机成本低，适应性强，操作简单、方便，能达到较高的平整度。自20世纪90年代以来，其在我国得到了广泛应用。其施工工艺流程与小型机具施工接近，不同之处有两点：一是使用排式振捣机代替手持式振捣棒，二是将振捣梁与滚杠两步工序合为三辊轴整平机一步。三辊轴施工时，推荐使用真空脱水工艺和硬刻槽来保证表面的耐磨性和抗滑性。

3. 轨道摊铺机施工

轨道摊铺机施工是指在基层上铺设两条轨道板，作为路面侧向支撑和路型定位模板，顶部作为路面表面基准，施工机械在轨道上进行布料，之后振动密实、成型、修整、拉毛、养生的水泥混凝土路面施工方法。轨道摊铺机是由摊铺机、整面机、修光机等组成的摊铺列车。轨道既是列车的行驶轨道，又是水泥混凝土的模板。摊铺机上装有摊铺器（布料器），用来将倾卸在路面基层上的水泥混凝土按一定厚度均匀摊铺在基层上，在此过程中轨道是固定不动的。

轨道摊铺机的优点是可以倒车反复做路面；缺点是轨模过重，轨模安装劳动强度大。

从国内外水泥混凝土路面大型机械化施工技术的发展角度来看，轨道摊铺机铺筑方式有被滑模摊铺机取代的明显趋势，凡是可使用轨道摊铺机的场合，均可使用滑模摊铺机。现行《公路水泥混凝土路面施工技术细则》（JTG/T F30—2014）中已取消了轨道摊铺机施工方法。

4. 碾压混凝土施工

碾压混凝土路面是指水泥和水的质量较普通混凝土显著减少的水泥混凝土拌合物经摊铺、碾压后成型的路面。碾压混凝土路面施工技术是利用沥青混凝土摊铺机铺筑碾压混凝土的施工方法。

为保证高等级公路水泥混凝土路面的施工质量，必须从拌和、运输、摊铺直至养生成型均采用机械化施工与现代化的质量检测手段。在高等级公路水泥混凝土路面的各种施工方法中，滑模摊铺机施工是最常用的施工方式，下面重点介绍该施工方法。

二、滑模摊铺机施工

滑模摊铺技术具有施工质量最高，施工速度最快，装备现代化高新成熟技术的特点，是我国高速公路、一级公路水泥混凝土路面施工的首选方法。滑模摊铺机施工不需要轨道板，依靠四个液压缸支承腿控制的履带行走机构行走。整个摊铺机支承在四个液压缸上，它可以控制机构上、下移动，调整摊铺层厚度。在摊铺机的两侧设置有随机移动的固定滑模板。这种摊铺机一次通过就可以完成摊铺、捣实、整平等多道工序。首先由螺旋摊铺器把堆积在基层上的水泥混凝土向左右铺开，刮平器进行初步刮平，然后振捣器进行捣实，刮平器进行振捣后整平，形成密实而平整的表面，再利用搓动式振捣板对混凝土层进行振实和整平，最后用光面带饰面。滑模摊铺机的整面工作与轨道摊铺机基本相同，只是工作时工作装置均由电子液压操作机械来控制。

1. 机械选型与配套设备

（1）机械选型

高速公路、一级公路施工时宜选配能一次摊铺 2~3 个车道宽度（7.5~12.5m）的滑模摊铺机，二级及二级以下公路的最小摊铺宽度应小于单车道设计宽度。硬路肩的摊铺宜选配中、小型多功能滑模摊铺机，并宜连体一次摊铺路缘石。

（2）布料设备选择

滑模摊铺路面时，可配备 1 台挖掘机或装载机辅助布料。采用前置钢筋支架法设置缩缝传力杆的路面、钢筋混凝土路面、桥面和桥头搭板时，应选择下列适宜的布料机械：侧向上料的布料机、侧向上料的供料机、带侧向上料机构的滑模摊铺机、挖掘机加料斗侧向供料、吊车加短便桥钢凳、车辆直接卸料、吊车加料斗起吊布料。

（3）抗滑构造机械

为提高路面的抗滑性，路面必须具有一定的粗糙度，即具有抗滑构造。抗滑构造施工可采用拉毛养生机或人工软拉槽制作抗滑沟槽。工程规模大、日摊铺进度快时，宜采用拉毛养生机。高速公路、一级公路宜采用刻槽机进行硬刻槽。其刻槽作业宽度不宜小于500mm，所配备的硬刻槽机数量及刻槽能力应与滑模摊铺进度相匹配。

（4）切缝机械

滑模摊铺混凝土路面的切缝，可使用软锯缝机、支架式硬锯缝机和普通锯缝机。配备的锯缝机数量及切缝能力应与滑模摊铺进度相匹配。

（5）滑模摊铺系统机械配套

无论是哪种设备，首先必须满足施工路面、路肩、路缘石和护栏等的基本施工要求；其次，摊铺机的工作配件要齐全，滑模摊铺机应配备螺旋或刮板布料器、松方高度控制板、振动排气仓、足够的振捣棒、夯实杆或振动搓平梁、自动抹平板、可提升边模板、侧向及中部打拉杆装置，必要时还可配备自动传力杆插入装置。

滑模摊铺现场配套设备分为重型设备和轻型设备。重型设备配置有布料机、摊铺机和拉毛养生机。其优点是施工钢筋混凝土路面和桥面时很便捷；缺点是设备多，出故障的概率高。轻型设备配置有1台摊铺机。其缺点是人工辅助工作量大，且需要其他设备辅助施工钢筋混凝土桥面。但实际经验证明，轻型设备也能施工优质混凝土路面，国内滑模施工最快的日进度和最高的平整度均在轻型设备上实现。

施工单位应根据工程特点，选择配备布料机、滑模摊铺机和拉毛养生机3台设备联合施工方式，也可只配备1台滑模摊铺机，其他的由人工辅助施工完成。滑模连续摊铺规模较大的钢筋混凝土路面、桥面、桥头搭板时，宜配备侧向上料的布料机或自带侧向上料机构的滑模摊铺机。

2. 基准线设置

（1）基准线形式

滑模摊铺混凝土路面施工应设置基准线。基准线的设置形式视施工需要可采用单向坡双线式、单向坡单线式和双向坡双线式三种。

1）单向坡双线式。所摊铺的混凝土面板横向坡度为单向坡，而拉线位于摊铺机两侧（双线），这种拉线形式称为单向坡双线式。拉线间距反映路面横坡宽度，顺直段平面上的两条拉线长度相等并平行。

2）单向坡单线式。所摊铺的混凝土面板横向坡度为单向坡，而拉线仅位于摊铺机其中一侧（单线），已铺筑好的一侧不拉线，这种拉线形式称为单向坡单线式。该种拉线形式在路面分两幅以上摊铺的情况下，于后幅摊铺时采用。此时，修筑好的路面、边沟或路缘石可作为摊铺机不拉线一侧的平面参考系。

3）双向坡双线式。所摊铺的混凝土面板横向坡度为双向坡，而拉线位于摊铺机两侧（双线），这种拉线形式称为双向坡双线式。顺直段上的两条拉线完全平行，且对应高程相等，拉线上设置有横坡。

（2）基准线宽度

基准线宽度除应保证摊铺宽度外，还应满足两侧 650~1000mm 横向间距的要求。

直线段基准线桩的纵向间距不应大于 10m，竖曲线、平曲线路段视曲线半径大小应加密布置，最小间距为 2.5m。

（3）线桩的固定

线桩固定时，基层顶面到夹线臂的高度宜为 450~750mm。基准线桩夹线臂夹口到桩的水平距离宜为 300mm，基准线桩必须钉设牢固。

（4）基准线长度

单根基准线的长度不宜大于 450m。

（5）基准线拉力

基准线拉力不应小于 1000N。

3. 摊铺现场准备

（1）机具设备

所有施工机具均应处于良好状态，试运转正常并全部就位。

（2）表面清理

基层、封层表面及腹带行走部位应清扫干净。摊铺面板位置应洒水湿润，但不得积水。热天高温条件下，在旧有沥青或老路面加铺时，可喷撒白色石灰膏降温。基层上的降温和保温措施是为了使面板硬化，提供设计所需要的弯拉强度。

（3）纵缝处理

横向连接摊铺时，前次摊铺路面的纵缝溜肩胀宽部位应切割顺直。侧边拉杆应校直，缺少的拉杆应钻孔锚固植入。纵向施工缝的上半部缝壁应涂满沥青，以保证纵缝顺直及防止水进入。

（4）板厚检查

板厚控制必须在摊铺前的拉线上进行，并要求场站监督，否则摊铺后不合格很难弥补。施工中要随时注意检查和控制板厚。当板厚偏小时，铣刨基层的效果并不好，因为：一是基层表面损伤有缝且基层厚度不足；二是基层部位与平整基层对面板的摩阻力相差过大，会造成路面运行前两年内断板数量大大增加。因此，必须严格控制基层标高；同时，在面板标高误差范围内，可适当调整面板（拉线）高程，但应在 30m 以上长度内调整。

4. 摊铺作业技术要领

在摊铺过程中，滑模摊铺机与其他工艺不同的是必须一遍铺成，以达到振动密实、排气充分、挤压平整、外观规则的目标。因此，不可倒车重铺。要实现此目标，既不能漏振、欠振，造成麻面或拉裂，又不得过振、提浆过厚，形成塌边或溜肩现象。因此，振捣频率必须与速度、混合料稠度达到最优匹配。

（1）摊铺速度

滑模摊铺机操作应缓慢、匀速、连续不间断地进行。摊铺速度应根据拌合物稠度和设备性能控制为0.5~3.0m/min，一般宜为1m/min左右。当混合料的稠度发生变化时，应首先调整振捣频率，然后改变摊铺速度，不得在混合料多时提高摊铺速度，然后随意停机等待、间歇摊铺。

（2）布料作业

1）布料高度。无论采用哪种布料方式，滑模摊铺机前的料线高度都应控制在螺旋布料片最高点以下，并不得缺料。卸料、布料应与摊铺速度相协调。混凝土运到路面铺筑处卸下时，可以采用直接卸在基层上和用卸料机械卸到摊铺机内两种方法。直接将混凝土卸到基层上时，为防止混凝土离析，便于刮板摊铺，应尽可能卸成2~3堆。

2）松铺高度。滑模摊铺机摊铺过程中，操作机手应随时调整松方高度以控制板进料位置，开始应略设高些，以保证进料。正常状态下，应保持振捣仓内的砂浆料位高于振捣棒100mm左右，料位高低波动宜控制在 ±30mm以内。为防止因挤压力忽大忽小而影响平整度，挤压底板的料与振动仓内的混凝土之间应始终维持相互间压力的均衡。

（3）振捣频率

滑模摊铺机以正常速度施工时，振捣频率可在6000~11000r/min之间调整，宜采用9000r/min左右。应注意防止混凝土过振、漏振、欠振，操作机手应根据混凝土稠度的大小随时调整摊铺速度和振捣频率。当混凝土稠度较小时，应适当降低振捣频率，提高摊铺速度，但最高不得超过3m/min，最小振捣频率不得小于6000r/min；当混凝土稠度较大时，应提高振捣频率，但最大不得大于11000r/min，并降低摊铺速度，最小速度宜控制为0.5~1.0m/min。滑模摊铺机起步时，应先开启振捣棒振捣2~3min，再行推进。摊铺机脱离混凝土后，应立即关闭振捣棒。

（4）纵坡施工

滑模摊铺机满负荷时可铺筑的路面最大纵坡坡度：上坡为5%，下坡为6%。上坡时，挤压底板前倾角宜适当调小，并适当调小抹平板压力；下坡时，前倾角宜适当调大，并适当调大抹平板压力。

（5）弯道和渐变段路面施工

滑模摊铺机施工的弯道半径不宜小于50m，最大超高横坡坡度不宜大于7%。滑模摊铺机摊铺弯道和渐变段路面时，在单向横坡处，滑模摊铺机应跟线摊铺，随时调整抹平板内外侧的抹面距离，防止压垮边缘。在双向路拱处，应向计算机中输入弯道和渐变段边缘及路拱的几何参数，计算机会自动形成路拱。进出渐变段时，应保证路拱的生成和消失，以及弯道渐变段路面几何尺寸的正确性。

（6）拉杆安装

单车道摊铺时，应视路面设计要求配置一侧或双侧打纵缝拉杆的机械装置。侧向拉杆打入装置的正确插入位置应在挤压底板的中下部或偏后部。拉杆打入方式分手推、液压、气压等几种方式，应力应满足一次打（推）到位的要求，不允许多次打入或人工后打。滑模摊铺没有固定模板的快速施工方式，在毫无支撑的软混凝土路面边侧或中间打拉杆时容易造成塌边或破坏，要采取措施进行补救。

同时摊铺两个以上的车道时，除侧向打拉杆的装置外，还应在假纵缝位置中间配置 1 个以上中间拉杆自动插入装置。该装置有前插和后插两种配置。前插时，应保证拉杆的设置位置；后插时，要消除插入上部混凝土的破损缺陷。有振动搓平梁和振动修复板的滑模摊铺机应选择机后插入方式，其他滑模摊铺机可采用机前插入方式。打入的拉杆必须处于路面板厚中间，中间和侧向拉杆打入的高低均不得大于 ±20mm，前后误差不得大于 ±30mm。

（7）砂浆表面厚度

操作机手应随时密切观察所摊铺路面的情况，注意调整和控制摊铺速度、振捣频率，以及夯实杆、振动搓平梁和抹平板的位置、速度和频率。软拉抗滑构造表面砂浆层厚度宜控制为 4mm，硬刻槽路面的砂浆表层厚度宜控制在 2mm 左右。

（8）连接摊铺

连接摊铺时，摊铺机一侧履带驶上前次路面的时间应控制在路面养护 7d 以后，最短不得少于 5d。同时，钢履带底部应铺橡胶垫或使用有挂胶履带的滑模摊铺机。纵向连接摊铺路面时，连接纵缝部位应进行人工整修，连接纵缝的横向平整度应符合相应规定的要求。用钢丝刷刷干净黏附在前幅路面上的砂浆，并刷出粗、细抗滑构造。高速公路、一级公路路面抗滑沟深平均值不应大于 3mm，极值不应大于 5mm；二、三级公路路面抗滑沟深平均值不应大于 5mm，极值不应大于 7mm。

5. 混凝土的养生

混凝土路面在铺筑完成或抗滑构造制作完毕后应立即开始养生。机械摊铺的各种混凝土路面、桥面及搭板宜采用喷洒养生剂，同时保湿覆盖的方式养生。在雨天或养生用水充足的情况下，也可采用覆盖保湿膜、土工毡、土工布麻袋、草袋、草帘等洒水湿养生方式，不宜使用围水养生方式。养生时间应根据混凝土弯拉强度的增长情况而定，不宜小于设计弯拉强度的 80%。应特别注重前 7d 的保湿（温）养生，一般养生天数宜为 14~21d，高温天不宜少于 14d，低温天不宜少于 21d。混凝土板养生初期，严禁人、畜、车辆通行，在达到设计强度 40% 后，行人可通行。在路面养生期间，平交道口应搭建临时便桥。面板达到设计弯拉强度后，方可开放交通。

第五节　路面工程施工质量监督

路面工程直接承受行车荷载，且暴露在大气之中，受风吹、日晒、雨淋和冻融等诸多自然条件的影响较大，强化路面施工质量管理是保证工程优质的最重要环节。只有强化施工过程中的质量管理，尤其是重点质量监控点的施工控制，才能更好地保证工程质量。

一、路面工程施工质量重点监控点

（一）路面基层（底基层）施工质量重点监控点

1. 搅拌法施工时，路面基层（底基层）应着重监控以下要点

①原材料的松铺厚度和摊铺的均匀程度。原材料包括土、碎石以及水泥、石灰、粉煤灰等结合料剂量的控制方法，保证配合比准确性的措施，EDTA 滴定试验。②原材料的含水量检验。③拌和深度的控制方法，防止出现夹层的措施，拌和均匀性的检查。④高程与横坡度的施工控制。⑤压实机械的组合形式、碾压方法、碾压遍数和压实度的质量检验。⑥接头部位的处理，保证前后施工段的平整。⑦保湿养生。⑧水泥稳定类延迟时间的控制。⑨未成型基层的交通管制。

2. 厂拌法施工时，路面基层（底基层）应着重监控以下要点

①原材料质量，料场硬化，不同规格的石料隔离措施。②拌和机配合比的准确性，尤其是防止易结块的粉状料堵塞喂料斗的筛孔。③各种原材料的含水量检测和拌和加水量的调整，使混合料处于最佳含水量范围。④装运和卸料、摊铺过程中防止混合料离析。⑤摊铺过程中平整度控制，纵横向接缝的施工方法，联机摊铺时的相互配合。⑥碾压与养生。⑦施工便道畅通，保护未成型路段。

（二）沥青类路面施工质量重点监控点

①沥青的标号和质量指标及其适用的环境，乳化沥青的质量指标和其基质沥青的质量状况。②石料的强度，石料与沥青的黏附性，粗集料的颗粒形状、耐磨性能、压碎值等。③拌和机的结构与性能，与工程要求的适应程度。④配合比的检查与监控，沥青用量的检测。⑤温度监控包括沥青加热温度、石料加热温度、混合料出厂温度、摊铺温度、初压和终压温度的监控。⑥防止混合料离析的措施。⑦摊铺机与自卸汽车的配合，保证摊铺机均匀不间断地摊铺。⑧厚度的施工控制。⑨纵横向接缝的处理。⑩未冷却路面禁止通行，沥青灌入式或沥青表处的交通管制。

（三）水泥类路面施工质量重点监控点

①水泥、石料、砂的质量指标满足要求。②搅拌机的性能，包括产量、搅拌均匀性、配合比的准确性满足要求。③配合比的准确性检查、和易性检查，试件制作和强度试验。④摊铺、振捣、饰面等的控制，拉杆、传力杆的设置。⑤防止和避免混凝土离析的措施。⑥模板架设的顺直度、相邻模板的高差，模板架设的牢固程度，拆模时对路面板的保护。⑦胀缝制作。⑧切缝方法、切缝时间和填缝。⑨养生和交通管制。

二、安全施工

路面工程材料用量大，动用机械多，需要多个施工现场，且用水、用电、用油，安全生产存在的隐患点比较多，必须高度重视安全生产。

（一）料场、拌和场安全生产要点

①料场、拌和场的生产区和生活区要分开，整个场地有排污和排水设施。②电力线路要规范，临时用电线路应使用电缆线，并按规定架设或埋设。③油库、仓库应符合消防要求，配备必要的消防设施。④办公区如使用煤炉取暖，应有防止煤气中毒的措施。⑤施工管理人员应戴安全帽，吊臂下、传送带下禁止站人、禁止有人作业。⑥建立夜间值班制度，防火防盗。⑦进出口道路和场内运输设备运行线路减少相互干扰。⑧拌和设备检修或清理，必要时（如清理搅拌仓等）应切断电源。

（二）施工现场安全要点

①根据工程具体情况，设立施工标志、限速标志或禁行标志。②遵守机械操作规程，合理安排机械作业运行线路。③定期对设备进行保养和小修，保持机械的良好状态。④自卸卡车向前进的摊铺机械倒料时，应专人指挥、密切配合，禁止撞击摊铺机，运行过程中应轻踩自卸卡车的刹车，防止卡车滑溜。⑤热铺沥青混合料或洒布沥青时，操作人员配备必要的防护用品，防止烫伤。⑥消解和摊铺石灰、摊铺水泥，配备防护眼镜。大风天气，禁止摊铺石灰、水泥等易扬尘易污染环境的粉状物。⑦运输车辆应避免在陡坡停止、调头，运输车辆禁止急转弯、急刹车。

（三）消解石灰安全要点

消解石灰时，石灰体积膨胀 2 倍以上，并且散发大量热量，遇大风天气，尘粒飞扬，对周边环境和操作人员有较大影响。消解石灰时应注意以下几点：①生石灰不应堆得太高，宜保持在 1.0m 左右的局年度。②尽可能使用石灰粉碎消解机进行消解。③人工消解时，操作人员应配备防护眼镜、防护手套、防护靴等。④操作人员应处在上风口，边翻拌边加水，尽可能使用挖掘机或装载机翻拌，人工翻拌，劳动强度大且易出现烫伤和眼角膜炎症。

⑤加水量宜略大于化学反应计算所需水量的1.3~1.8倍，以消解充分、保持水分和防止扬尘。

（四）沥青洒布作业安全施工要点

①检查洒布车辆、洒布装置、防护、防火设施是否齐全有效。②沥青罐如果装运过乳化沥青，再次装运热沥青时，应缓慢小心加注，防止沥青泡沫对人身造成伤害。③使用加热喷灯、加热管线和沥青泵前，应首先封闭吸油管和进料口。④洒布车应中速行驶，弯道应提前减速，行驶时禁止使用加热系统。⑤喷洒作业前，应对路缘石、桥栏杆等进行遮挡，避免污染其他构筑物。⑥操作人员需配备安全防护设施，施工中注意自身安全。⑦质量检测和施工监理人员应站在上风口，喷洒方向10 m以内不得有人停留。

（五）沥青拌和站操作安全要点

①沥青拌和站应在燃料（燃油、煤）储存处设置必需的消防器材和消防设施，如灭火器、砂、铁锹等。

②用泵抽送热沥青进出油罐时，操作人员应远离，无关人员应避让，注入沥青的总数量应和油罐的设计容量相对应，不得超量注入。

③使用导热油加热时，加热炉应在加热前进行耐压试验，水压力不低于额定工作压力的2倍，导热油加热系统的泵、阀门系统和安全附件应符合安全要求，超压、超温报警系统应灵敏可靠。

④拌和站的各种设备，在运转前均应由机电和电脑操作人员仔细检查，确认正常后，开始按顺序启动。

⑤点火后，观察除尘器是否工作正常，必须保证烘干滚筒在正常负压下燃烧。

⑥拌和站启动后，各岗位操作人员要随时检查监督各部位运转情况，发现异常，及时报告机长，并及时排除故障。

⑦料斗下禁止站人，从料斗下经过或检修料斗时，必须将保险链挂好。

⑧滚筒或拌和仓清理检修时，必须切断电源，且在筒（仓）外始终有人监护。

⑨停机前，应首先停止进料，等各部位卸料完毕后才可以停机，再次启动时，不得带荷启动。

⑩紧急停车按钮，只能在涉及人员安全的紧急情况下使用，使用后再次启动时，注意启动顺序。

第五章　公路附属工程施工技术

公路路基与路面施工完成之后，开始进行附属工程的施工。附属工程主要包括路缘石的施工、人行道的施工、交通安全设施的施工以及其他附属设施的施工。公路附属工程完善了公路的各项功能，维护了交通秩序，在一定程度上减少了交通事故的发生。

第一节　路缘石施工技术

路缘石是设在路面边缘的界石，也称为道牙或缘石。它在路面上是区分车行道、人行道、绿地、隔离带和道路其他部分的界线，起到保障行人、车辆交通安全和保证路面边缘齐整的作用，有助于路面排水，提高公路的使用寿命。

路缘石主要有立缘石（侧石）、平缘石（平石）、专用路缘石（包括弯道路缘石、隔离带路缘石、反光路缘石、减速路缘石）等。路缘石宜用石材或混凝土制作。

一、路缘石的种类

路缘石可根据使用要求和条件选用水泥混凝土预制块、条石、砖等材料，最常用的是工厂化生产的水泥预制块。

水泥预制块平石为矩形，长30~100cm，宽7~15cm；侧石大多为矩形，长30~100cm，高30~35cm，厚8~13cm；只有小半径曲线用特制弧形块。道路边缘石采用立式，缘石宜高出路面边缘10~20cm明隧道内、重要桥梁、道路线形弯曲路段或陡峭路段等处的缘石可高出25~40cm，并应有足够的埋深，以保证稳定和行车安全。斜式缘石便于儿童车、轮椅及残疾人通行，而在分隔带端头或交叉口的小半径处，缘石宜做成曲线式。另外，考虑无障碍设计，道路上人行道出入口多采用牛腿式出入口，平石沿人行道边向前延伸，侧石向下降至1~2cm，或侧石向出入口转弯。

总之，使人行道的路面要连续无障碍、无高低，便于老、幼行走和童车滚动。在道路宽度日益增加、车速加快的情况下，国外常将沿街建筑的门牌号码写在道路侧石上，开车人极易识别，减少了许多车辆追尾事故。

二、路缘石施工

（一）施工材料

1. 水泥

水泥应选用强度等级不低于 42.5 级的硅酸盐水泥、矿渣水泥，并应有出厂合格证。散装水泥及袋装水泥出厂日期不明或已超过 3 个月，应经复验合格后方能使用。已受潮或结块的水泥不得使用。

散装水泥应按牌号、批号分仓储存；袋装水泥应按牌号、批号架高堆存离地至少 30cm，并苫盖，以免混杂和受潮。使用时按出厂口期择先使用。如掺用外加剂，应经试验合格后方能使用。

2. 沙（细集粗）

细集科应清洁、坚硬，不得含有团块、片状颗粒，上及云母等有害物质，含量不超过总干重的 5%；必要时应过筛清洗。

粗沙平均粒径不得小于 0.5mm，中沙平均粒径应为 0.35~0.5mm。

3. 石料（瓶集料）

石料中不得含有煤、煤渣、石灰、碎砖或其他杂物；如料堆中的粗颗粒呈分离状态时，必须重新混合以符合要求的级配；粗集科最大尺寸不得超过 25mm，最好不大于 20mm。

4. 拌和水

拌和水时一般可饮用的水均可使用。如使用其他水，pH 值应大于 4，硫酸盐含量不大于 1%。

（二）施工工艺

1. 测量放线

柔性路面侧、缘石应在路面基层完成后，未铺筑沥青面层前施工；水泥混凝土路面，应在路面完成后施工。

侧、缘石可以在铺筑路面基层后，沿路面边线刨槽、打基础安装；也可在修建路面基层时，在基础部位加宽路面基层作为基础；也可利用路面基层施工中基层两侧自然宽出的多余部分作为基础，基础厚度及标高应符合设计要求。

路面中线校核后，在路面边缘与侧石交界处放出侧缘石线，直线部位 10m 一个桩；曲线部位 5~10m 一个桩；路口及分隔带、安全岛等圆弧处 1~5m 一个桩，也可用皮尺画圆并在桩上标明侧、缘石顶面标高。

2. 刨槽与处理

人工刨槽：按桩的位置拉小线或打白灰纹，以纹为准，按要求宽度向外刨槽，一般为一平锍宽（约 30cm）。靠近路面一侧，比线位宽出少许（水泥混凝土路面刨至路面边缘），一般不大于 5cm，不要太宽以免回填夯实不好，造成路边塌陷。刨槽深度可比设计加深 1~2cm，以保证基础厚度，槽底要修理平整。

机械刨槽：使用侧、缘石刨槽机，刀具宽度应较侧、缘石宽出 1~2cm，按线准确开槽，深度可比设计加深 1~2cm，以保证基础厚度，槽底应修理平整。

如在路面基层加宽部分安装侧、缘石，贝将基层平整即可，免去刨槽工序。铺筑石灰土基层侧、缘石下石灰土基础通常在修建路面基层加宽基层时一起完成。

如不能一起完成而需另外刨槽修筑石灰土基础的，必须用 3：7（体积比）的石灰土铺筑夯实，厚度至少 15cm，压实度要求不大于或等于 95%（轻型击实）。

3. 侧石的选用和施工

侧石在直线段中采用长 80~100crn；曲线半径大于 15m 时采用长度为 100cm 或 60cm 的侧石；曲率半径小于 15m 或圆角部分，可视半径大小采用长度为 60cm 或 30cm 的侧石。

侧石施工应根据施工图确定的平面位置和顶面标高所放出的样线执行，但对于人行道斜坡处的侧石，一般放低至比平石高出约 2~3cm，两端接头（与正常侧石衔接处）则应做成斜坡连接。

4. 安装侧缘石

安装侧石前应按侧石顶面宽度误差的分类分段铺砌，以达到美观的效果 C 安装时先拌制 1 ：3（体积比）石灰砂浆铺底，沙浆厚度 1~2cm，缘石可不用石灰沙浆铺底，可用松散过筛的石灰土代替找平基础。

按桩撅线及侧、缘石顶面测量标高拉线绷紧（水泥混凝土路面侧石，可靠板边安装，必要处适当调整），按线码砌侧缘石。需事先算好路口间的侧石块数，切忌中间用断侧石加楔。曲线处侧、缘石应注意，外形圆滑的相邻侧石间缝隙用 0.8cm 厚木条或塑料条掌握。缘石不留缝，侧石铺砌长度不能用整数侧石除尽时，剩余部分可用调峰宽的力、法解决，但缝宽应不大于 1cm。不得已必须断侧石时，应将断头磨平。

侧田要安正，切忌前倾后仰，侧石顶线应顺直圆滑平顺，无四进凸出、前后高低错牙现象。缘石线要求顺直圆滑、顶面平整，符合标高要求。

5. 回填石灰土

（1）侧石

在侧田安装前要按照侧石宽度误差的分类分段砌筑，使顶面宽度统一美观。安装后，按线调整顺直圆滑，侧石里侧用长木板大铁撅背紧，外侧后背用体积比为 2 ：8 的石灰土，也可以利用修建路面基层时剩余石灰土，回填夯实里侧缝用体积比为 2 ：8 的石灰土夯填。

侧、缘石两侧同时分层回填，在回填夯实过程中，要不断调整侧、缘石纹，使之达到顺直圆滑和平整的要求。夯实后拆除两面铁撅及木板。夯实灰土，外侧宽度不小于30cm，里侧与路面基层接上。

夯实工具可采用小型夯实机具夯实，每层厚度不大于15cm。若侧石里侧缝隙太小，可用铺底沙浆填实。如果侧石埋入路面基层太浅，夯填后背时易使侧石倾斜，此时靠路一侧可用体积比为1 ：3的石灰炉渣，加水拌和拍实成三角形，使侧石临时稳固。设计采用混凝土后，要按照设计要求的强度等级、现场浇筑捣实，要求表面平整。

（2）平缘石

在平缘石安装后，人工刨槽的槽外一侧沟槽用体积比为2 ：8石灰土分层填实，宽度≥30cm，层厚近15cm，也可利用路面基层剩余的路拌石灰土填实。外侧经夯实后与路石顶面齐平，内侧用上述同样材料分层夯实，夯实后要比缘石顶面低一个路面层厚度，待油面铺筑后与缘石顶面齐平。

可以使用洋镐头、铁扁夯等工具进行夯实作业。灰土含水量不足时，要加水夯实。在夯实两侧石灰土过程中，要不断调整绿石线形，保证顺直圆滑。机械刨槽时，两侧用过筛体积比为2 ：8石灰土夯实或石灰土灌浆填密实。

6. 勾缝

路面完工后，安排侧石勾缝。勾缝前必须进行挂线，调整侧石至顺直、圆滑、平整，方可进行勾缝。先把侧石缝内的土及杂物剔除干净，并用水润湿，然后用体积比为1 ：25的水泥沙浆灌缝填实勾平，用弯面压子压成凹形，并不得在路面上拌制砂浆。沙浆初凝后，用软扫帚扫除多余灰浆，并应适当泼水养护，养护时间不少于3d，最后达到整齐美观。

第二节　人行道施工技术

人行道为道路两侧、公园等地供人行走的设施，如有机动车横过地段或机动车停放地段，应做加固处理。道路两侧人行道为道路的组成部分，人行道与绿化带或土路肩相邻时，应按设计要求埋设缘石、水泥步砖或大理石砖等。

人行道按材料分为沥青混凝土、水泥混凝土和各类预制步砖等品种，其中水泥混凝土人行道有一般预制块、连锁砌块和现场浇筑三种，工业废渣压制的锚口步砖、地砖现已基本上取代了混凝土预制块。建筑材料贴面有大理石贴面、瓷砖陶土地面砖（古代所谓的“金砖铺地”，就是指陶土地砖）贴面等。

一、人行道施工准备

（一）材料要求

沥青混凝土人行道应采用细粒或微粒式沥青混凝土。沥青混凝土铺装层厚不应小于3cm，沥青石屑、沥青砂铺装层厚不应小于2cm。压实度不应小于95%。表面应平整，无明显轮迹。

现浇混凝土人行道，混凝土的抗折强度应不低于设计要求，如设计未规定时，不宜低于3.5MPa。粗骨料尺寸不得大于厚度的1/2。

一般的水泥抗折强度应不低于3.5MPa，同时，抗压强度不低于规范规定；无设计时，不宜低于30MPa。表面制花纹分格，以利排水和防滑，其规格、尺寸按设计要求确定，步砖要求大小均匀、颜色一致，无蜂窝、露石、脱皮、裂缝等现象。无缺边掉角，顶面均匀细密，其尺寸允许偏差要符合检验规范要求。现在的水泥步砖，多用细粒干硬混凝土压制，表面为有色水泥沙浆。

水泥混凝土预制砌块必须整齐统一，抗压强度应符合设计规定；设计未规定时，不宜低于30MPa，要求各面平整，无缺边掉角，表面光泽一致，无蜂窝麻面；利用多种异形表面在铺砌时相互连锁的要求稳定。

建筑材料贴面，尺寸形状按设计要求确定，做到表面平整、色泽一致，无缺边掉角。料石、预制砌块宜由预制厂生产，并提供强度、耐磨性能试验报告及产品合格证。进场后应检验合格后方可使用。料石应表面平整、粗糙，色泽、规格、尺寸应符合设计要求，其抗压强度不宜小于80MPa。

（二）作业条件

地面下的暗管、沟槽和附属构筑物等工程已验收合格，场地已平整；原材料经见证取样检验合格；方案已获监理工程师批准；根据现场与周边环境条件、交通状况，与道路交通管理部门研究制定交通疏导或导行方案，并实施完毕。

施工中影响或阻断既有人行交通时，在施工前应采取措施，保障人行交通畅通、安全。设置排水沟、集水坑，及时将路基里的积水或地下水排走，确保路基上无积水。

施工用水、用电已经接通。根据工程规模、环境条件，修筑临时施工道路。临时施工道路应满足施工和机械调运和车辆通行安全要求，且不得妨碍施工。

对作业层队伍进行全面技术、安全、质量、环保内容的交底。

无雨、雪天气。采用干铺时，环境温度不应低于0℃。采用掺有水泥的沙浆铺设时，环境温度不应低于5℃。

（三）人行道施工准备注意事项

1. 地下管线的保护

在基槽开挖之前，应全面掌握人行道下的管线种类、结构、水平位置、埋深等情况。在地下管线埋深较浅处，采用人工开挖基槽，人工或小机具夯实，以免损伤地下管线。

2. 相邻构筑物的协调

人行道上常有树穴、绿带、各种检查井、电杆穴等构筑物，因此，在人行道施工时，必须与有关部门互相协作配合，避免在工序上发生冲突，并应保护好测量标志，保证人行道的标高和横坡。

3. 环境保护

在喷洒乳化沥青或涂沥青漆和摊铺沥青混凝土时，侧石及相邻构筑物应用旧报纸、牛皮纸等加以覆盖，以防止污染。

4. 盲道设置

按设计及规范规定设置施工步骤与施工工艺，行进盲道砌块与提示盲道砌块不得混用，盲道避开树池、检查井、杆线等障碍物，路口处盲道应设为无障碍。

铺砌面层完成后，必须封闭交通，并应湿润养护。当水泥沙浆达到设计强度后，方可开放交通。

二、人行道施工

（一）基槽施工

基槽施工要点如下：

按设计图样实地测高程桩与放线，人行道直线段，一般 10m 一桩，曲线段适当加密，并在桩上标出面层设计标高，或放在建筑物上画线表明设计标高。若人行道外侧已按标高安装站石时，则以站石顶面标高为准，按设计横坡放样。

新建道路，可将土路床施工至人行道基槽标高，不必反开挖；路垫开挖接近基槽标高时，适当停留厚度，找平碾压达到设计压实度后再进行检查平整，草地软土应换填或用石灰稳定处理。开挖基槽前要对地下管网进行了全面检查，并采取相应的保护措施。雨、冬期施工，必须做好相应的排水、防冻措施。

（二）基层施工

人行道基层有石灰土基层、石灰水泥稳定石屑基层、水泥稳定碎石基层、素混凝土基层等。

沥青混凝土面层人行道一般采用石灰水泥稳定石屑、水泥稳定碎石等半刚性基层材料，以减少反射裂缝；水泥混凝土人行道多采用石灰土基层、石灰水泥稳定石屑、水泥稳定碎石等基层材料；建筑材料贴面的人行道一般采用素混凝土基层。

（三）面层施工

1. 沥青混凝土面层施工

（1）铺筑面层

检查到达工地的沥青混凝土种类、温度及拌和质量等，冬季运输沥青混凝土必须注意保温。人工摊铺时要计算用量，分段卸料，卸料要卸在钢板上，松铺系数为 1.2~1.3。上料时要注意扣锨操作，摊铺时不要踩在新铺混合料上，注意轻拉慢推，搂平时注意粗细均匀，不使大料集中。

（2）碾压

用平碾纵向错半轴碾压，随时用 3m 直尺检查平整度，不平处及粗麻处要及时修整或筛补，趁热压实。碾压不到处要用热夯或热烙铁拍平，或用振动夯板夯实。

（3）接槎

采用立槎涂油热料温边方法。低温施工应适当采取喷油措施，并铺热沙措施，以保护人行道面层，防止掉渣。要求表面坚实，无松散、裂纹、掉渣、积水、粗细料集中等，接槎紧密平顺，与其他构筑物应接顺。

2. 现浇水泥混凝土面屋施工

（1）摊铺面层

现浇水泥混凝土人行道面层铺筑厚度应不小于 IOcmo 水泥混凝土拌合物应摊铺均匀。布料的松铺系数取 1.10~1.25 之间。摊铺后表面应大致平整，不得有明显的凹陷。块混凝土板应一次连续摊铺完毕。

（2）振捣

当混凝土摊铺长度大于 10m 时，可以开始使用平板振捣器进行振捣作业，振动时间不宜少于 30s，应重登 10~20cm，振捣器行进速度应均匀一致。振捣速度宜匀速缓慢，振捣应连续不间断地进行，其作业速度以水泥混凝土拌合物表面不露粗集料，泛出水泥浆为准。

（3）收面

透水水泥混凝土振捣后，宜使用抹平机对水泥混凝土面层进行收面，收面时必须保持模板顶面整洁，接缝处板面平整。抹面不宜少于 4 次，先找平抹平，待混凝土表面无泌水时再抹面，并依据水泥品种与气温来控制抹面间隔时间。

（4）切缝

根据环境温度在泥混凝土面层成活后 250℃ /h，按设计要求间距采用切缝法施工横向缩缝。缩缝应垂直板面，宽度宜为 4~6mm，设传力杆时，不应小于面层厚的 1/3。切缝完成后，立即用高压水枪将残余砂浆冲洗干净。待缩缝T燥后，按设计要求进行填缝处理。

3. 路面砖铺砌面层毡工

（1）复测标高

按照设计图纸复核放线，用测量仪器打方格，并以对角线检验方正，然后在桩撖上标注该点面层设计标高。

（2）水泥砖装卸

预制块方砖的规格为200×200×180（单位：mm），装运花砖时要注意强度和外观质量，要求颜色一致、无裂缝、不缺棱角，要轻装轻卸以免损坏。卸车前应先确定卸车地点和数量，尽量减少小搬运。砖间缝隙为2mm，用经纬仪和钢尺测量放线，打方格时要把缝宽计算在内。

（3）拌制沙浆

采用13石灰沙浆或1 ∶ 3水泥沙浆，石灰粗沙要过筛，配合比要准确，沙架的和易性要好。

（4）修整基层

挂线或用测量仪器检查基层竣工高程，对小于等于$2m^2$的凹凸不平处当低处小于等于1cm时，可填实，可填1 ∶ 3石灰沙浆或1 ∶ 3水泥沙浆；当低处大于1cm时，将基层刨5cm，用基层的同样混合料填平拍实，填补前应把坑槽修理平整干净，表面适当湿润，高处应铲平，但如铲后厚度低于设计厚度的90%时，应进行反修。

（5）铺筑沙浆

在清理干净的基层上洒一遍水使之湿润，然后铺筑沙浆，厚度为2cm，用刮板找平。铺沙浆应随砌砖同时进行。

（6）铺砌水泥砖

铺砖时，按控制桩高程，在方格内由第一行砖纵横挂线，根据标线按标准缝宽铺筑第一行样砖，然后纵线不动，横线平移，依次按照样砖铺砌。

铺步砖缝的直线要通，曲线要顺。扇形平面上铺步砖，要用电锯切割异形步陡与之相配，也可按直线顺延铺筑，然后用与预制步砖颜色相同的水泥沙浆补齐并刻缝。

砌筑时，步砖要轻拿轻放，用木槌或橡胶锤轻捶击实砌稳，如砌不平，应将步砖拿起，用砂调整重新铺筑，不准在砖底塞灰或用硬料支垫，必须使步砖平铺在密实的沙浆上并稳定无动摇、无空隙。

（7）灌缝

灌缝一般采用1 ∶ 3水泥细沙干浆，先在步砖表面均匀撒铺一层沙浆，然后用扫帚或板刷将砂浆扫入缝中，然后可用小型振动碾压机振实或浇水灌实。灌缝要反复进行几道，直至缝隙饱满为止。施工完毕后，面上的沙浆要清扫干净，用扫帚扫出步砖本色。

灌缝完毕后应及时泗水养护，在铺砌过程中，质检员应跟踪检查，发现不符合检验规范要求的部位，及时督促修整。

4. 其他形式的人行道面层施工

（1）彩色板（砖）和触感板（传）人行道的施工

彩色人行道方砖要采用刚性或半刚性基层及干拌水泥沙浆黏结层。基层和黏结层的材料、厚度、强度应符合设计要求。基层的施工可按照规程的有关规定执行。

彩色道板（砖）在铺砌之前要浇水湿润。将彩色道板（砖）按照定位线逐块坐实于黏结层上，使其结成整体。相邻板块贴紧，表面平整，线形顺直，铺砌后应浇水湿润养生。艺术花样和触感板的导向、停步块材铺砌时，要按照设计图形进行施工。

（2）水泥混凝土连锁砌块铺装

由于连锁砌块条块狭小，因而平整度的要求更高，块与块的连接必须连锁紧密、齐平，不得有错落现象。铺砌不留缝，垫层用粗沙，使用专用的振平板振实，灌缝用细沙，其余操作均同铺水泥砖。完工后需要表面平整光洁、图案排列整齐、颜色一致，无麻面或者掉面、缺边现象，纵横坡度要符合设计要求。

（3）曲线段人行道板（砖）的施工

曲线段人行道的道面铺砌，可采用直铺法或扇形铺法进行铺砌，其中彩色人行道板（传）应采用直铺法进行施工。铺板（砖）后所形成的楔形空缺和边、角空缺可采用同标号水泥混合料就地浇筑，彩色人行道板（语）应按所需形状切割后拼砌，与预制道板（砖）面平，并进行养护。

（四）特殊部位的施工

1. 各种井的周边施工

按设计标高、纵坡、横坡，调整井圈高程；对已破坏或跳动的井盖、井圈进行更换；检查井周围，不得使用锯割的步砖嵌砌，步砖与井周空缺应及时用细石混凝土填补好；建筑材料贴面可使用切割后材料与检查井接顺。

2. 树穴施工

按设计要求间隔和尺寸留出树穴；树穴与路缘石或站石要方正衔接；树穴边缘按设计要求用水泥混凝土预制件、水泥混凝土缘石或大理石等围成，尺寸、高程按设计要求确定；人行横道线、公共汽车站处不设树穴。

3. 无路缘石部位施工

对人行道、广场等无路缘石人行道边缘，应采用混凝土止挡法或步砖沙浆黏结法固定。

4. 与建筑物所接处毡工

人行道面层高于建筑物地面时，应调整人行道横坡接平，或将建筑通行范围降低接顺；当建筑物地面与人行道高差较大时，应设置踏步或挡土墙。

（五）人行道的保养与修理

1. **人行道保持**

应经常保持人行道整洁，及时清除人行道上的尘土污泥和杂物；两侧建筑物的管道排水，不得浸流人行道上；禁止机动车辆在人行道上行驶或停放；经常保持块料铺装人行道块体的稳定，发现松动及时补充嵌缝材料，填充稳固；若垫层不平引起人行道砌块松动，应将砌块挖出，整修垫层重新铺筑；应保养好整体铺装人行道的伸缩缝和施工缝及人行道同检查井口的接缝，发现损坏应及时修补；侧石及平石的接缝要定期清缝及勾缝；对损坏及歪斜的侧石及平石，应及时调整或更换；因树根挤坏人行道及侧石而影响行人及排水时，应同有关部门联系解决。

2. **人行道修理**

人行道的修理，应针对破损原因（如排水不良、路面树根部的发育、集中堆放重型物资或机动车辆驶入等）采取相应措施进行修补。修补时应符合下列规定。

处理部分要比损坏边扩大 10cm 以上，开挖前应清理尘土、杂物；要按照修理时画出的轮廓开挖，边缘应垂直整齐。如果修理砌块面层，则应按砌块接缝线前 10cm 进行画线开挖；人行道路面损坏需要修整并更换侧石和平石，必须在更换侧石和平石后再修整路面；结构组合应按原人行道结构恢复，回填土及基层压实度应符合规定要求；修理部分要将四周边缘结合至密实平整，检查井的周围要细致地修复，黑色混合料铺筑的人行道结构，槽壁要涂黏结剂浇沥青，水泥混凝土人行道按原规格、原花纹恢复；新开人行道根据道路口宽度、侧石设置、转弯半径等采用不同形式，并要考虑行人行走方便。

第三节　交通安全设施施工技术

交通安全设施工程是现代交通运输中不可缺少的安全保障措施，每个公民都必须遵守交通规则。交通工程主要包括护栏工程、标志工程、标线工程、中间带等。

一、护栏工程施工

（一）护栏的种类

1. 按护栏构造形式划分

根据造型不同，护栏可以分为半刚性护栏、刚性护栏和柔性护栏。

（1）半刚性护栏

半刚性护栏是一种连续的梁柱结构。它是通过车辆与护栏间的摩擦，车辆与地面间的摩擦及车辆、土基和护栏本身产生一定量的弹、塑性变形（以护栏系统的变形为主）来吸收碰撞能量，延长碰撞过程的作用时间来降低车辆速度，并迫使失控车辆改变行驶方向，恢复到正常的行驶方向，从而确保乘员安全，减少车辆损坏。半刚性护栏主要设置在需要着重保护乘员安全的路段。

（2）刚性护栏

刚性护栏是一种基本不变形的护栏结构。对于刚性护栏来说，是通过车轮转动角的改变，车体变位、变形和车辆与护栏、车辆与地面的摩擦来吸收碰撞能量。在碰撞过程中，车辆变形程度取决于自身的刚度、碰撞能量和碰撞作用时间，当车辆的碰撞角度较大时，往往造成比较严重的后果。刚性护栏主要设置在需严格阻止车辆越出路外，以免引起二次事故的路段。

（3）柔性护栏

柔性护栏是一种具有较大缓冲能力的韧性护栏结构。缆索护栏是柔性护栏的主要代表形式，它是一种以数根施加初张力的缆索固定于立柱上而组成的结构，完全依靠缆索的拉应力来抵抗车辆的碰撞，吸收能量。

2. 按护栏设置的设置划分

根据设置位置的不同，护栏可以分为路侧护栏、中央分隔带护栏、桥梁护栏、过渡段护栏、端部护栏以及防撞垫等。

（1）路侧护栏

路侧护栏主要用以防止失控车辆越出路外或碰撞路侧构造物和其他设施。决定是否设置路侧护栏的关键因素是路堤高度和边坡坡度。

路侧护栏防撞等级的选取需综合考虑以下因素：车辆驶出路外可能造成的交通事故等级、路侧安全等级、路堤高度、公路线形、交通量以及车辆构成。

（2）中央分隔带护栏

中央分隔带护栏是指设置于道路中间带内的护栏，目的是防止失控车辆穿越分隔带闯入对向车道，并保护分隔带内的构造物和其他设施。

当整体式断面中间带宽度小于 12m 时，必须设置中央分隔带护栏；大于 12m 时，应分路段确定是否设置中央分隔带护栏。

作为干线公路的一级、二级公路桥梁必须设置路侧护栏，作为干一线公路的公路桥梁必须设置中央分隔带护栏。作为集散公路的一级、一级公路桥梁应设置路侧护栏，作为集散公路的一级公路桥梁宜设置中央分隔带护栏。

（3）桥梁护栏

为了避免机动车辆碰撞行人和机动车辆的严重事故发生，对于高速公路、汽车专用一级公路上的特大桥、大桥、中桥梁，必须根据其防撞等级在人行道与行车道间设置桥梁护栏。

一般公路的特大桥、大桥、中桥梁在条件许可的情况下也应设置护栏。在有人行道的桥梁上，应按实际需要在人行道和行车道分界处设置汽车、行人分隔护栏。

桥梁护栏形式的选择，首先要根据防撞等级要求，避免在相应设计条件下失控车辆跃过。同时，还应综合考虑公路等级、桥梁护栏外侧危险物的特征、美观、经济以及养护维修等因素。例如，在有美观要求的情况下或积雪严重的地区，宜采用梁柱式护栏组合结构。钢桥为了减轻恒载，宜采用金属制成的护栏。组合式护栏兼有钢筋混凝土堵式护栏的坚固和金属制梁柱式护栏美观的优点，在我国高速公路的桥梁上普遍被采用。它的优点是：当汽车车轮与之相撞且碰撞角小于 10° 时，能校正汽车运行轨迹，而不会出现较大的损伤。

（4）其他护栏形式

除了以上三种护栏之外，还有过渡段护栏、端部护栏以及防撞垫。过渡段护栏是指在不同护栏断面结构形式之间平滑连接并进行刚度过渡的结构段；端部护栏是指在护栏开始端或结束端所设置的专门结构；防撞垫是通过吸能系统使正面、侧面碰撞的车辆平稳地停住或改变行驶方向，一般设置在互通立交出口三角区、未保护的桥墩、结构支撑柱和护栏端头。

（二）安全护栏的功能

公路上的安全护栏，需要进行正确的设计才有可能实现以下功能。

绊阻车辆，防止车辆越出路外，保护路外建筑物的安全，确保行人不致受到重大伤害，确保与其相交道路、铁路的安全，阻止失控车辆穿越中央分隔带闯入对向车道。

能使车辆回复到正常行驶方向。车辆碰撞护栏的运动轨迹应能圆滑过渡，以较小的驶离角和较小的回弹量停留在不影响车辆正常行驶的地方，不致发生二次事故。

一旦失控车辆与护栏发生碰撞时，为使驾驶人和乘客的损伤降到最小，要求护栏具有良好的吸收碰撞能量的功能。

能诱导驾驶人的视线，能清晰地看到道路的轮廓及前进方的线形，增加行车的安全性，使道路更加美观。

（三）护栏的施工工艺

1. 立柱位置放样

立柱放样应以道路固定设施，如桥梁、通道、涵洞、隧道、中央分隔带开口、紧急电话开门、路线交叉等为主要控制点（控制立柱的位置）。应在两控制点之间量距，如出现零头数，可通过合适的调整段调整。立柱间距可能有不大于 25cm 的间距零头数，可通过分配法将其调整至多根立柱间距中。为准确放样和保证护栏的线形，在条件允许时可使用全站仪、经纬仪、水准仪等测量仪器。放样后，应确认立柱施工不会造成对地下设施的损坏，否则应调整立柱的位置。

2. 立柱安装

立柱安装应与设计文件相符，并与公路线形相协调。位于土基中的立柱，可采用打入法、挖埋法或钻孔法施工。立柱标高应符合设计要求，不得损坏立柱端部。采用打入法打入过深时，不得将立柱部分拔出加以矫正，必须将其全部拔出，将基础压实后再重新打入。

采用挖埋法施工时，回填土应采用良好的材料并分层夯实，回填土的压实度不应小于设计规定值。填石路基中的柱坑，应用粒料回填并夯实。采用钻孔法施工时，立柱定位后应用与路基相同的材料回填，并分层夯填密实。

在铺有路面的路段设置立柱时，柱坑从路基至面层以下 5cm 处应采用与路基相同的材料回填并分层夯实，余下部分应采用与路面相同的材料回填并压实；位于石方区的立柱，应根据设计文件的要求设置混凝土基础；位于小桥、通道、明涵等混凝土基础中的立柱，可设置在预埋的套筒内，通过灌注沙浆或混凝土固定，或通过脚螺栓与桥梁护轮带基础相连。立柱安装就位后，其水平方向和竖直方向应形成平顺的纹形。护栏渐变段及端部的立柱，应按设计规定的立柱进行安装。

3. 波形梁安装

波形梁通过拼接螺栓相互拼接，并由连接螺栓固定于立柱或横梁上。波形梁的搭接方向是安装的关键，搭接方向应与行车方向一致。如果搭接方向与行车方向相反，即使是轻微的擦碰，也会造成较大的损失。波形梁在安装过程中要不断进行调整，不应过早拧紧其连接螺栓和拼接螺栓，否则将无法发挥板上长圆孔的调节作用。

4. 防阻块及端头的安装

防阻块能防止立柱阻绊车轮，避免护栏局部受力、减小碰撞时车辆的冲击。托架适用于路肩较窄或护栏设置防阻块受限的情况。在安装时，应保证使其准确就位。在调整好立柱后，即可安装防阻块，最后安装波形梁板并进行统一调整。防撞等级为 SA、SAm 和 SS 的波形梁护栏在安装防阻块时，应根据设计文件要求，同时安装上层立柱。

设有横隔梁的护栏，把梁与横隔梁连为一体成为组合型护栏。横隔梁应平行于路面（垂直于立柱）安装。在安装波形梁板之前不应拧紧横隔梁与立柱的连接螺栓，否则不易进行总体调节。

中央分隔带护栏的端头梁与两侧梁相连，端头附近的立柱应按设计文件的要求进行加强处理。路侧护栏的端部结构由端柱、端头梁、混凝土基础等组成。在端部基础混凝土达到设计强度 70% 后，方可安装端部结构。如因土基压实度不足等原因需要对端部结构进一步加强时，经论证，可根据设计文件的要求在端头梁附近设置钢丝绳锚固件。

（四）施工质量要求

护栏立柱的埋深、基础规格、土基压实度、端部和过渡段处理应符合设计规范和设计文件的规定；立柱位置、立柱中距、垂直度、横梁中心高度应符合设计要求；所有构件不应因运输、施工造成防腐层的损伤；直线段护栏不得有明显的凹凸、起伏现象；曲线段护栏应圆滑顺畅，与线形协调一致；中央分隔带开口端头护栏的线形应与设计文件相符；波形梁板搭接应方向正确、搭接平顺、垫圈齐备、螺栓紧固；防阻块、架、横隔梁、端头的安装应与设计文件相符，安装到位，不得有明显变形、扭转、倾斜；波形梁板和立柱不得现场焊割和钻立柱及柱帽安装牢固，其顶部应无明显塌边、变形、开裂等缺陷。

（五）施工验收

护栏立柱的埋深、基础规格、土基压实度、端部和过渡段处理应符合设计规范和设计文件的规定；立柱的位置、中距、垂直度和横梁中心高度均应符合设计要求，这是护栏发挥功能的基本保证。横梁中心高度是指从路面到波形梁横梁中心点的垂直距离。

二、交通标志、标线的施工

（一）交通标志

道路交通标志是用图形符号、颜色和文字向交通参与者传递特定信息，用于交通运行管理的设施。一般设在路旁或悬挂在道路上方，使交通参与者获得确切的道路交通信息，从而达到保障运行安全和高效的目的。交通标志应使交通参与者在很短的时间内就能看到、认识并完全明白它的含义，从而采取正确的措施。因此，交通标志必须具有较高的显示性、良好的易读性和广泛的公认性。

1. 交通标志三要素

不同颜色具有不同光学特性，从心理学角度讲会产生不同的心理感受和联想形状。研究表明，交通标志的视认性、显示性与标志形状有重要关系，面积相同时不同形状标志的易识别程度大小的顺序为：三角形、棱形、正方形、正五边形、圆形等。符号表达标志具体含义，应简单明了，易为公众理解，力求易认直观。

2. 交通标志的分类

（1）按功能划分

根据 GB5768—2009《道路交通标志和标线》，交通标志按功能可分为主标志和辅助标志两大类。

①主标志

警告标志：警告车辆行人注意危险地点的标志。

禁令标志：禁止或限制车辆、行人交通行为的标志。

指示标志：指示车辆、行人行进的标志。

指路标志：传递道路方向、地点、距离信息的标志。

旅游区标志：提供旅游景点方向、距离的标志。

道路施工安全标志：通告道路施工区通行的标志。

②辅助标志

辅助标志指设在主标志下，起辅助说明作用的标志。

（2）按支撑方式分

柱式标志：以立柱支持在路侧、交通岛或中央分隔带等处；单柱式：标志牌安装在一根立柱上；双柱式：标志牌安装在两根立柱上；悬臂式标志：标志牌安装在悬臂支架结构上方；门架式标志：标志牌安装在门式支架结构上方；附着式标志：标志牌安装在上跨桥和附近构造物上。

（3）按反光方式分

不反光标志：无定向反射功能的一般油漆标志、搪瓷标志等；反光标志：标志面采用反光材料制作的标志。

照明标志：利用照明设备使标志面发亮的标志。

内部照明标志：标志面板内装照明装置，采用半透明材料制作标志面板，有单面显示和两面显示两种；外部照明标志：外部光源照明标志板面的方式；自发光标志：白天吸收太阳光，晚上发亮的标志。

（二）交通标线

路面标线是标画于路面上的各种线条、箭头、文字、立面标记、突起路标和路边轮廓标等所组成的交通安全设施。它的作用是确保车流分道行驶，导流交通行驶方向，加强车辆行驶纪律和秩序，增加公路通行能力，更好地组织交通，引导用路者视线，管制用路者驾驶行为的重要手段，可以有效地指引车辆在汇合或分流前进入合适的车道。

道路交通标线按设置方式可分为以下三类。纵向标线：沿道路行车方向设置的标线；横向标线：与道路行车方向成角度设置的标线；其他标线：字符标记或其他形式标线。

道路交通标线按功能可分为以下三类。指示标线：指示车行道、行车方向、路面边缘、人行道等设施的标线；禁止标线：告示道路交通的遵行、禁止、限制等特殊规定，车辆驾驶人及行人需严格遵守的标志；警告标线：促使车辆驾驶员及行人了解道路上的特殊情况，提高警觉，准备防范应变措施的标线。

道路交通标线按功能可分为四类。线条：标画于路面、石或立面上的实线或虚线；字符标记：标画于路面上的文字、数字及各种图形符号；突起路标：安装于路面上用于标示车道分界、边缘、分合流、弯道、危险路段、路宽变化、路面障碍物的反光或不反光体；路边线轮廓标：安装于道路两侧，用以指示道路的方向、车行道边界轮廓的反光柱（或片）。

（三）交通标志、标线的施工

1. 交通标志的施工

标志在厂家加工，现场安装。标志板材料采用挤压成型异型铝材制作，标志板与滑动槽钢采用铝合金彻钉连接，板面上的钾钉头应打磨平整。标志板边缘应做角钢加固处理。立柱、抱箍、底衬、柱帽等均应进行热镀锌处理。所有金属构件除特殊说明外均采用Q235 钢制作。为防止雨水渗入，立柱顶部应力口柱帽。标志板与横梁采用抱箍连接。

标志板的反光膜均采用超强级反光膜标识，安装采用汽车吊配合人工进行，标志板施工需要注意：施工的全过程应顺序作业，标识外观顺直、流线、平滑、垂直；标识朝向、角度与设计一致；标识的防锈层不得破坏；电缆线接头牢固可靠，防水绝缘，不易暴露；标识平面位置准确；吊装时注意交通行人、行车的安全；标识在吊装时，一定要系溜绳，控制起重物的姿态稳定；吊装时要设置警示标志。

在施工过程中，所有标志基础应严格按照设计图纸位置施工，若遇树木、路灯等路上或地下构筑物与设计标志基础相矛盾的，经与现场监理协商可依据现场实际情况将标志基础沿道路中线纵向平移 0~2m；所有标志基础长边均应平行相应道路中心线，标志板面长边垂直相应道路中心线；施工中需与使用方（交警设施处、科技处等）加强联系，紧密配合，必要时应通知使用方人员到场。

2. 交通标线的施工

（1）路面标线

路面应清洁干燥，不得存在松散颗粒、灰尘、沥青渣、油污或其他有害材料。车行道边缘线的宽度应为 15~20cm，车行道分界线的宽度应为 10~15cm，路面中心线的宽度应为10~15cm，位于中央分隔带或路侧安全净区内未加护栏防护的桥墩、隧道洞口、交通标志立柱等构造物应设置立面标记，颜色为黄黑相间，线宽及间距均为 15cm。立面标记应向车行道方向以 45° 角倾斜。立面标记宜设置为 120cm 高。二级及以下等级的公路上设置减速丘设施时，应在距其两侧各 30m 的范围内设置减速丘预告标线。正式施画前应进行试划，以检验画线车的行驶速度、线宽、标线厚度、玻璃珠撒布量等能否满足要求。调试合格后才能开始正式施工。施工时，应按设计文件要求留出排水孔，位于禁止超车线处的突起路标应空出其位置。新铺沥青混凝土路面的交通标线施工，可在路面施工完成一周后开始；新建水泥混凝土路面的交通标线施工，应在混凝土养护膜老化起皮并清除后开始。对施工中存在的缺陷，应及时修整。成型标线带和防滑彩色路面标线的施工应符合产品使用说明书的规定。

（2）突起路标

隧道的车行道分界线上宜设置突起路标，突起路标可单独设置成车行道边缘线和车行道分界线，突起路标的壳体颜色、设置位置、间距应符合现行 GB5768—2009《道路交通标志和标线）的规定。根据设计文件的要求确定突起路标的设置位置，反射体应面向行车方向。路面和突起路标底部应清洁干燥并涂黏结剂。突起路标就位后，应在其顶部施加压力，排除空气，调整就位。

3. 质量控制要点

（1）标志质量控制要点

标，志板安装后应平整，夜间在车灯照射下，标志板底色和字符应清明亮，颜色均匀，不应出现明暗不均的现象，不能影响标志的认读。在粘贴底膜时，横向不宜有拼接。竖向拼接时，上膜须压下膜，压接宽度不应小于 5mm。

（2）标线质量控制要点

标线线形应流畅，与道路线形相协调，曲线圆滑，不允许出现折线。

三、中间带

（一）中间带概述

1. 中间带的作用

公路中的高速公路、一级公路，道路中的双幅路和四幅路均应设置中间带。中间带由两条左侧路缘带和中央分隔带组成，其作用如下。

第一，将上、下行和车流分开，既可防止因快车驶入对向行车道造成车祸，又能减少公路中心线附近的交通阻力，提高通行能力。

第二，作为设置交通标志牌及其他交通管理设施的场地。

第三，种植花草灌木绿化或设置防眩网，可防止对向车辆灯光炫目，还可起到美化环境的作用。

第四，设于分隔带两侧的路缘带，由于有一定宽度且颜色醒目，既引导驾驶员视线，又增加行车所必需的侧向余宽，从而提高行车的安全性和舒适性。

2. 中间段的组成

中间带由中央分隔带和路缘带组成。分隔带以路缘石线等设施分界，在构造上起到分隔往返交通的作用。在分隔带的两侧设置路缘带，既引导驾驶员的视线，促进行车安全，还能保证行车所必需的余宽，提高行车车道的使用效率。

3. 中间带的宽度

中间带宽度规定有一般值和最小值。正常情况下采用一般值，当遇有特殊情况时可采用最小值。中间带的宽度一般情况下应保持等宽，并不得频繁变更宽度。当中间带宽度因地形条件或其他特殊情况限制而减窄或增宽时，应设置过渡段。过渡段以设在回旋线范围内为宜，其长度与回旋线长度相等。宽度大于规定或大于 4.5m 的中间带的过渡段，以设置在半径较大的平曲线路段为宜。整体式断面分离为分离式断面后和分离式断面汇合为整体式断面前的一段距离内，当分离式断面两相邻路基边缘之间的中间距离小于中间带宽度时，应设置不同宽度的中间带。

4. 中间带开

为了便于养护作业和某些车辆在必要时驶向对向车道，中间带应按一定距离设置开口。公路上开口一般情况下以每 2km 以上的间距设置为宜，太密将会造成交通的紊乱。道路开口（断口）最小间距大于 300~400m，通常要考虑横向交通（车辆和行人）的需要。中间带的开口应设置在通视条件良好的路段，若在曲线上开口，其曲线半径宜大于 700m。在互通式立体交叉、隧道、特大桥、服务区等设施的前后必须设置开口。

开口端部的形状，常用的有两种：半圆形和弹头形。对于窄的分隔带（M<3.0m）可用半圆形，宽的（M ≥ 3.0m）可用弹头形。

（二）中间带的施工

1. 埋设横向塑料排水管

路基施工完成后即可进行施工；沟槽开挖：开挖的位置、深度、宽度应符合设计要求沟槽应保持直线并与线路中线垂直，沟槽底部坡度与路面横坡一致；可采用开沟机或人工开挖；铺设垫层：采用粒径小的石料铺设，厚度保持均匀，并具有与路面相同的横坡；埋设塑料排水管：一端插入中央分隔带纵向盲沟范围内，另一端伸出路基边坡外进出口用土工布包裹，防止被碎石堵塞；塑料排水管采用套接时，管口要对齐并靠紧，用短套管套紧两根管，并在套管两端用不透水材料扎紧。

2. 中央分隔带开挖

路面基层施工完成后即可施工；先挖集水槽，再挖纵向盲沟；一般采用人工开挖；挖开的土不得堆在施工完成的基层上防止污染基层；沟槽的深度、宽度及沟底纵坡应符合设计要求；沟底必须平整密实，不得有杂物。

3. 防水层施工

喷涂双层防渗沥青时，要求喷涂厚度均匀，无漏喷，喷涂范围为中央分隔带范围内的路基和路面结构层;采用PVC防水板时,防水板的两端应拉紧、无褶皱,防水板纵横向搭接,并用铁钉固定。

4. 纵向碎石盲沟

碎石盲沟要填充密实、表面平整，并在顶面设置反滤层；反滤层可以采用砂石材料或土工合成材料，目前，高等级公路中多采用土工布；土工布的铺设应平整、无褶皱、无重卷，并且要避免过量拉伸而发生破坏；施工现场若发现土工布破损，应进行修补，并且必须能够达到原性能时方可使用；土工布采用平行搭接，搭接长度不小于 30cm。

5. 缘石安装

缘石安装应在路面面层铺设前安装完成，可以现场浇筑或预制安装；采用预制安装时应铺设在不小于 2cm 厚的砂垫层上，砌筑的沙浆的水泥与沙的体积比应为 1 ： 2；缘石的安装要稳固、线条直顺、曲线圆滑、顶面平整、缝宽均匀、勾缝密实；基底和后背填料须夯打密实。

四、安全隔离设施施工

第一，材料表面处理检验。隔离设施的所有金属件原则上都应进行表面处理，一般应采用热浸镀锌处理。其他表面处理方法，如油漆、涂塑、紧固件的粉镀锌技术等，对其耐久性、经济性、美观及施工条件的全面分析并经认可后，也可采用。

第二，检查其柱孔深度、基底清理，坑底混凝土质量。放入立柱后，检查其垂直度、立柱的埋设，应分段进行。先埋两端，然后拉线埋放中间立柱。注意立柱纵向线形，柱顶的平整。

第三，有框架的隔离网宜在工厂集中制作。检查其外框架焊接，钢板网的切割及放入，钢板网的拉紧，与外、框的焊接及除锈、去油污等工序。

第四，立柱要保证安装牢固和垂直度的要求，基础不得有松动，立柱纵向应在一线上，不得出现参差不齐的现象。柱顶应平顺，不得出现高低不平的情况。立柱基础强度达到设计强度的 70% 后方可安装隔离栅网片。

第五，编织网隔离栅最好纵向连续铺设，边铺边拉紧，并尽可能在立柱挂钩上扣牢。编织网要求卷网自如，弯勾时保证不变形。隔离栅安装完毕后，纵向高程不应有很大的起伏变化，网面要平整，在任何方向均不得有明显的倾斜。各类隔离栅网片安装完毕后，立柱基础均应进行压实处理。

第六，刺钢丝安装时要求从端头立柱开始。刺钢丝之间要求平行、平直；绷紧后用 11 号钢丝与立柱上铁钩绑扎固定，横向与斜向刺钢丝相交处用 11 号钢丝绑扎。

第七，钢板网安装要求网面平整，无明显凹凸现象，框架与立柱应连接牢固，整体连接平顺。

第六章　道路排水设计

第一节　概述

为防止地面水和地下水对公路的损害，确保公路排水畅通、结构稳定、行车安全，所采用的各种拦截、汇集、输送、排放地表水或地下水的排水设施和构造物组成的总体称为公路排水系统。公路排水设计是公路设计的重要内容之一。根据需要防排水对象的不同，公路排水系统分为路基排水系统和路面排水系统。

（一）水的来源与危害

1. 水的来源

根据水源的不同，影响道路的水流可分为地面水和地下水两类。

（1）地面水包括大气降水及海、河、湖、水渠、池塘水。地面水对道路的危害包括：导致沥青路面材料强度的降低，在水泥混凝土路面的接缝处和路肩处造成唧泥；在冻胀地区，融冰季节水会引起路面承载能力的普遍下降；对路基的冲刷和渗透，冲刷可能导致路基整体稳定性受损害，形成水毁现象，渗入路基土体的水分，使土体过海而降低路基强度。

（2）地下水包括上层滞水、潜水、层间水等，它们对路基的危害程度因条件不同而异。轻者能使路基湿软，降低路基强度；重者会引起路基冻胀、翻浆或边坡滑塌，甚至使整个路基沿倾斜基底滑动。地下水还可能造成掺有膨胀土的路基工程毁灭性的破坏。

2. 水的危害

道路的各种病害和变形的产生，如路基沉陷、坍塌、翻浆，沥青路面松散、剥落、龟裂，水泥混凝土路面唧泥、错台、断裂等，无不与道路上水的浸湿和冲刷等破坏作用有关。

水的作用加剧了路基和路面结构的损坏，加快了路基、路面使用性能的下降，缩短了它们的使用寿命。因此，道路排水系统是道路工程的重要组成部分，在路基路面设计、施工和养护中，必须十分用视路基路面排水工程，这对保证道路的使用性能和使用寿命具有十分重要的作用。

道路排水设计的任务是将道路结构范围内的湿度降低到一定的范围内，使其常年处于干燥和中湿状态，确保道路结构具有足够的强度和稳定性，以避免积水特别是路面积水，延长和确保其正常使用寿命，避免道路结构受水的危害。

（二）排水设计的一般原则

（1）排水设计要因地制宜、全面规划、因势利导、综合整治、讲究实效、注意经济，充分利用有利地形和自然水系。一般情况下，地面和地下设置的排水沟渠宜短不宜长，以使水流不致过于汇集，做到及时疏散，就近分流。

（2）各种路基排水沟渠的设置，应注意与农田水利相配合，必要时可适当增设涵管或加大涵管孔径，以防农业用水影响路基的稳定性，并做到路基排水有利于农田灌溉。路基边沟一般不用作农田灌溉渠道，两者必须合并使用时，边沟的断面应加大，以防止水流危害路基。

（3）设计前必须进行调查研究，查明水源与地质条件，重点路段要进行排水系统的全面规划，考虑路基排水与桥涵布置相配合、地面排水与地下排水相配合、各种排水沟渠的平面布置与竖向布置相配合，做到综合整治，分期修建。排水困难和地质不良的路段应和路基防护与加固工程相配合，并进行特殊设计。

（4）路基排水要注意防止附近山坡的水土流失，尽量不破坏天然水系，不轻易合并自然沟渠和改变水流性质，尽量选择有利地质条件布设人工沟渠，减少排水沟渠的防护与加固工程。对于重点路段的重要排水设施及土质松软和纵坡较陡地段的排水沟渠，应进行必要的防护与加固。

（5）路基排水要结合当地水文条件和道路等级等具体情况，应就地取材，以防为主，既要稳固适用，又必须讲究经济效益。

（6）为了减少水对路面的破坏作用，应尽量阻止水进入路面结构，并提供良好的排水设施，以便迅速排除路面结构内的水，也可以修筑能够承载荷载和雨水共同作用的路面结构。

第二节　路基排水设计

根据水源的不同，影响道路路基的水流可以分为地面水和地下水两大类。其排水工程分为地面排水和地下排水两类。

（一）地面排水设施

常用的地面排水设施包括边沟、截水沟、排水沟、跌水与急流槽等，必要时还有渡槽、倒虹吸等。这些排水设施分别设在路基的不同部位，各实施的排水功能、布置要求或构造形式，均有所差异。

1. 边沟

边沟设置在挖方路基的路肩外侧或低路堤的坡脚外侧，多与路中线平行，用以汇集和排除路基范围内和流向路基的少量地面水。平坦地面填方路段的路旁取土坑，常与路基排水设计综合考虑，使之起到边沟的排水作用。边沟的排水量不大，一般不需要进行水文和水力计算，选用标准横断面形式。边沟不宜过长尽量使沟内水流就近排至路旁自然水沟或低洼地带，必要时设置涵洞，将边沟水横穿路基，从路基另一侧排除。

由于边沟泄出水流流向路堤坡脚处，两者高差大，因此必须因地制宜，根据地形与地质等具体条件，将出水口延伸至坡脚以外，以免边沟水冲刷填方坡脚。

边沟出水口的间距，一般地区不宜超过 500m，多雨地区不宜超过 300m，纵坡应与路线保持一致，最小纵坡为 0.25%，沟壁铺砌后可为 0.12%，纵坡大于 3% 时需进行加固和防护。

（1）梯形边沟。内侧沟壁坡度为 1 ∶ 1~1 ∶ 1.5，外侧边沟坡度与挖方边坡相同。边沟底宽与深度为 0.4~0.6m，水流少的地区线路段，取低限或更小，但不宜小于 0.3m 降水量集中或地势低洼的路段，取高限或更大值，长度一般小于 500m。梯形边沟的特点是排水量大，边坡稳定性好，适用于土质或软弱石质边沟。

（2）矩形边沟。矩形边沟沟壁边坡直立或稍有倾斜。底宽与深度为 0.4~0.6m，干旱或水流较小的地区取低限，但不能少于 0.3m，降水量大的地区或低洼路段取上限或者更大值。矩形边沟占地少，施工方便，适用于石质或铺砌的边沟。

（3）流线形边沟。曲线半径 R 多采用 30cm，深度为 0.4~0.6m，降水量集少或者地势低洼路段取高限或者更大值。

流线形的边沟美观大方，与环境相协调，适用于沙漠或积雪覆盖地区的路基。

（4）三角形边沟。沟壁边坡坡度为 1 ∶ 2~1 ∶ 3，深度为 0.4~0.6m，在水流量较大时沟深宜适当加大，长度不宜超过 200m。采用三角形边沟便于机械化施工，在矮路堤或少雨浅挖路段土质三角形边沟较为常用。

2. 截水沟

截水沟一般设置在挖方路基边坡坡顶以外，或山坡路堤上方的适当地点，用以拦截并排除路基上方流向路基的地面径流，减轻边沟的水流负担，保证挖方边坡和填方坡脚不受流水冲刷，又称为天沟。它适用于降水量较多且暴雨频率较高、山坡覆盖层比较松软、坡面较高、水土流失比较严市的地段，必要时可设置两道或多道截水沟。降水量少、冲刷不大的路段可以不设置假水沟。

截水沟的位置，应尽量与绝大多数地而水流方向垂直，以提高截水效能和缩短沟的长度。截水沟应保证水流畅通，就近引入自然沟内排出，必要时配以急流槽或涵洞等泄水结构物将水流引入指定地点。截水沟水流不应引入边沟，当必须引入时，应增大边沟横断面，并进行防护。沟底应具有 0.5% 以上的纵坡，沟底和沟壁要求平整密实、不滞流、不渗水，必要时予以加固和铺砌。截水沟的长度以 200~500mm 为宜。

截水沟的横断面形式，一般为梯形，沟的边坡坡度，因岩土条件而定，一般采用 1 ： 1.0~1 ： 1.5。沟底宽度的 b 不小于 0.5m；沟深力按设计流量而定，也不应小于 0.5m。

山坡填方路段可能遭到上方水流的破坏作用，此时必须设截水沟，以拦截山坡水流保护路堤。截水沟与坡脚之间，要有不小于 2.0m 的间距，并做成 2% 的向沟倾斜的横坡，确保路堤不受水害。

3. 排水沟

排水沟主要用于排除路基范围内边沟、截水沟或其他水源的水流，并将水流引至桥涵或路基范围以外的指定地点。当路线受到多段沟渠或水道影响时，为保护路基不受水害，可以设置排水沟或改移渠道，以调节水流，整治水道。

排水沟的布置，可以根据需要并结合当地地形等条件而定：离路基尽可能远些，距路基坡脚不宜小于 2.0m，平面上应力求直接，需要转弯时也应尽量圆顺，做成弧形，其半径不宜小于 10~20m。连续长度宜短，一般不超过 500m，排水沟应具有合适的纵坡，以保证水流畅通，不致流速太大而产生冲刷，亦不可流速太小而形成淤积，为此宜通过水文水力计算而择优选定。一般情况下，可以取 0.5%~1.0%，不宜小于 0.3%，也不宜大于 3%。

排水沟的横断面一般采用梯形，尺寸大小应经过水力、水文计算选定。用于边沟、截水沟及取土坑出水口的排水沟，横断面尺寸根据设计流量确定，底宽与深度不宜小于 0.5m，土沟的边坡坡度为 1 ： 1~1 ： 1.5，石质排水沟或加固排水沟，可采用矩形断面形式。

排水沟水流注入其他沟渠或水道时，应使原水道不产生冲刷或淤积。通常，应使排水沟与原水道两者成锐角相交，排水沟水流注入其他沟渠或水道时，应使原水道不产生冲刷或淤积。通常，应使排水沟与原水道两者成锐角相交，且交角不大于 45°，如有条件可以用半径 R=106s 为沟顶宽）的圆曲线朝下游与其他水道相接。必要时对排水沟渠应予以加固，以防止水流对沟渠的冲刷与渗漏。

4. 跌水与急流槽

跌水与急流槽是人工排水沟渠的特殊形式，用于陡坡地段，沟底纵坡可达 100%，是山区公路的常见排水构造物。由于纵坡陡，水流速度快，冲刷力大，要求跌水与急流槽的结构必须稳固耐久，通常，应采用浆砌块石或水泥混凝土预制块砌筑，并具有相应的防护加固措施。

急流槽是使坡度较陡路段的水流不离开沟底的一种排水构造物。急流槽多用于路堤和路堑，或者边坡平台上从坡顶向下竖向排水流入涵洞，或者天然水道以及在特殊情况下用于拦截水流流入沟渠的场合，是山区公路回头展线，沟通上下线路基排水及沟渠出水口的一种常见的排水设施。

急流槽的纵坡比跌水的平均纵坡更陡。急流槽主体部分的纵坡依地形而定，一般可以达到 1 ： 1.5，如果地质条件良好，需要时还可以更陡，但结构要求更严，造价也相应提高，设计时应通过比较确定。按照水力计算特点，由内进口、主槽（槽身）和出口三部分组成。急流槽的进出 L1 主槽连接处，因沟槽横断面不同，为了能平顺衔接，可以设置过渡段。出口部分设有消力池。进水口与沟渠泄水口之间做成喇叭口式连接，变宽段有至少 15cm 的下凹，并做成砌铺防护。急流槽多用砌石（抹面）和水泥混凝土结构，也可以利用岩石坡面挖槽。如临时急需时，可就近取材，采用竹木结构。急流槽的基础必须稳固，端部及槽身间隔为 2~5m，在槽底设耳墙埋入地面以下。槽身较长时，宜分段砌筑，每段长 5~10m，预留伸缩缝，并用防水材料填缝。

5. 倒虹吸与渡水槽

（1）倒虹吸构造与布置。当路基横跨原有沟渠，沟渠水位高于路基设计标高，且不宜设置涵洞，也不能架空时，通常采用倒虹吸。

倒虹吸是利用上下游沟渠水位差，利用势能使水流降落后再复升，经路基下部埋设的管道，水流流向路基另一侧。竖井式倒虹吸的水流在管道中多次垂直改变方向，水流条件较差，结构要求较高，管内易漏水和淤塞，也难以清理和修复，使用时必须合理设计，进行水力计算，同时要求保证施工质量，经常检查维修。

倒虹吸管道有箱形和圆形两种，以水泥混凝土和钢筋混凝土结构为主，有条件时可采用铸铁管。管道的孔径为 0.5~1.5m，管道附近的路基填土厚度一般不小于 1.0m，以免行车荷载压力过于集中，在严寒地区时，可赖以防冻。由于倒虹吸的泄水能力有限，管道不宜埋置过深，以填土高度不超过 3.0m 为宜。管道两端设竖井，井底标高低于管道，起沉淀泥沙与杂物作用；也可以改用斜管式或缓坡式，以代替竖井式升降管，此时，虽然改善了水流条件，但增加了路基用地宽度和管道长度。

倒虹吸管进出口处所设的沉沙池位于原沟渠与管道之间的过渡段，池底和池壁采用砌石抹面或混凝土抹面，厚度为 0.3~0.4m（砌石）或 0.25~0.30m（混凝土），池的容量以不溢水为度。水流经过沉沙池后，水中仍含有细粒泥沙或轻质漂浮物，可设网状拦泥栅子以清除，确保虹吸管道不致堵塞，但拦泥栅子本身容易被堵塞，需要经常清理，以保证水流畅通，避免沉沙池和沟渠溢水而危害路基。倒虹吸的出口也应设过渡段与下游沟渠平顺衔接，应对原有土质沟渠进行适当加固。

（2）渡水槽的构造和布置。渡水槽相当于渡水桥，是穿过农田地区路段常用的过水形式之一，是当水道与路基设计标高相差较大，且路基两侧地形有利时，设置的沟通路基两侧水流的排水构造物。渡水槽中由进出水口、槽身和下部支承三部分组成。渡水槽的受力特点与桥梁相似，所以其构造也与桥梁相似，渡水槽的主要作用是沟通水流，故除在结构上应具有足够强度外，在性能上还应满足排水的要求，以及防止冲刷和渗漏等。

为降低工程造价，槽身过水横断面一般均较两端的沟渠横断面小，槽中水流速度相应有所提高，因此，进出口段应注意防止冲刷和渗漏。进出水口处设置过渡段，根据土质情况，分别将槽身两端伸入路基两侧地面 2~5m，而且进出水口过波段宜长一些，以防淤积。

如果上槽较短，可以取槽身与沟渠的横断面相同，沟槽直接衔接，不设置过渡段。水流横断面不同时，过渡段的平面收缩角为 10°～15°，据此可以确定过波段的有关尺寸。对与槽身连接的土质沟渠，应予以防护加固，其长度至少是沟渠水深的 4 倍。

（二）地下排水设施

拦截、汇积和排除地下水，或降低地下水位，使路基免遭破坏的结构物，称为地下排水结构物。长构造一般比地面排水结构物复杂，且维修改建困难，投资也较大，故在施工中应加以高度重视，以免建成后因结构物失效而造成后患。公路上，常用的地下排水结构物有暗沟、渗沟和渗井等。

1. 暗沟

暗沟是引导地下水流的沟渠。其本身不起渗水、汇水作用，而是把路基范围内的泉眼或渗沟汇集的水流排到路基范围以外，使水不致在土基中扩散，危害路基。

暗沟的构造一般比较简单，在路基填土之前，或挖成之后，按照泉眼范围大小，剥除泉眼上层浮土，挖出泉井，砌筑井壁与沟壁，上盖混凝土（或石）盖板。井深应保证盖板顶的填土厚度不小 150cm。井宽按照泉眼的范围大小确定，一般为 20~30cm，高约为 20cm。如沟身两侧为石质，盖板可直接放在两侧石壁上。暗沟沟底纵坡一般不小于 1%，出口处沟底应高出边沟最高水位 20cm 以上，不允许出现倒灌现象。

为防止泥土或砂粒落入沟槽或泉眼，造成淤塞，在其周围可铺筑碎（砾）石反滤层。

2. 渗沟

渗沟是一种常见的地下排水沟渠。其作用是切断、拦截有害的含水层和降低地下水位，保证路基经常处于干燥状态。

渗沟分为填石渗沟、洞式渗沟和管式渗沟三种形式。填石渗沟也称盲沟，一般用于流域不大、渗沟不长的路段，是公路上常用的一种渗沟，盲沟深度不超过 3m，宽度一般为 0.7~1.0m。管式渗沟设置于地下引水较长的地段。但渗沟过长时，应加设横向泄水管，将纵向渗沟内的水流，分段迅速排除。沟底最小纵坡为 0.5%，以免淤塞。当地下水流量较大，或缺乏水管时，可以采用洞式渗沟，洞孔大小依设计流量而定。沟底纵坡最小为 0.5%。

3. 渗井

渗井属于水平方向的地下排水设备。当地下存在多层含水层，其中影响路基的上部含水 层较薄，排水量不大，且平式渗沟难以布置时，采用立式（竖向）排水，设置渗井，穿过不 透水层，将路基范围内的上层地下水，引入更深的含水层中去，以降低上层的地下水位或全 部广以排除。鉴于渗井施工不易，单位渗水面积的造价高于渗沟，一般尽量少用。

第三节　路面排水设计

（一）路面排水设计原则与要求

由降雨形成的路面水若不能及时排除，形成的路面水膜会使车轮产生液面滑移，使高速行驶的车辆在车尾形成水雾影响后面车辆驾驶员的视线而引起交通事故。下渗到路面基层中的水分会造成基层软化，最终导致路面面层的过小破坏，因此，路面排水在路面设计中被作为三大要素（交通量、强度、排水）之一。实践证明，某些公路由于路面排水系统不够完善而导致路面出现种种病害甚至破坏，给建设单位造成巨大的经济损失，同时，也给养护工作造成很大困难。要延长路面的使用寿命，改善路面结构使用性能，就必须完善路面的排水设施，将积滞在路面上的水分迅速排除到路面和路基以外。

1. 路面排水的设计原则

（1）降落在路面上的雨水，应通过路面横向坡度向两侧排流，避免行车道路面范围内出现积水。

（2）在路线纵坡平缓、汇水量不大、路堤较低且边坡坡而不会受到冲刷的情况下，应采用在路堤边坡上横向漫流的方式排除路面表面水。

（3）在路堤较高、边坡坡面未做防护而易遭受路面表面水流冲刷，或者坡面虽已采取防护措施但仍有可能受到冲刷时，应沿路肩外侧边缘设置拦水带，汇集路面表面水，然后通过泄水口和急流槽排离路堤。

（4）当设置拦水带汇集路面表面水时，拦水带过水断而内的水面，在高速公路及一级公路上不得浸过右侧车道外边缘，在二级及二级以下公路上不得漫过右侧车道中心线。

2. 路面排水的设计要求

（1）高等级公路中，沥青混凝土路面横坡一般应为 2% 左右，当为软土路基，路基完工后沉降较大，采用过渡路面时，路面横坡应适当加大到 3%。当为纵坡小或超高缓和段的扭曲路面时，最小合成坡度不小于 0.5%。

（2）在设有中央分隔带的高等级公路，为了排水需要，平面线形应优先考虑采用不设超高的平曲线半径。

（3）在公路交叉路口排水困难地段，路面排水设计应满足行驶动力学和排水技术要求，在交叉路口前应设置泄水口。停车广场、收费站处的排水工程应适当考虑美观，主车道和附属行车道路面之间可以设置相同的排水纵坡和横坡。

（4）对于纵坡较大的地段，弯道内侧车道、竖曲线的凹部、高路堤的桥端部等特殊部位，为防止过大集中水流对路肩、边坡冲刷，可局部设置挡水缘石。

（5）除能满足排水要求外，所有排水设施的设置均应满足有利于今后养护、维修、管理的作业需要。

（6）为减少地表水和地下水对面层、基层、路基的侵蚀破坏，迅速排除路面结构内部的层间水，通常，可以将路面表面排水与路面结构内部排水系统综合考虑。

（二）路面表面排水

二级及二级以下的公路路面排水，一般只有路表排水，排水设施由路拱横坡、路肩横坡、拦水带或边沟组成；高速公路和一级公路路面排水，一般由路表排水和中央分隔带排水两部分组成，路表排水设施由路拱及路肩横坡、拦水带、三角形集水槽、泄水口和急流槽等组成；中央分隔带排水设施由纵向排水沟（明沟、暗沟）、渗沟、雨水井、集水井、横向排水管等组成。

1. 分散漫流式路表排水

分散漫流式路表排水主要依靠路面及路肩的横坡及时将降水排出路面。这种排水方式一般适用于路线纵坡平缓、汇水量不大、路堤较低且边坡坡面不会受到冲刷的路段，主要用于等级较低的公路上。

2. 集中截流式路表排水

集中截流式路表排水是在硬路肩外侧边缘设置拦水带，将路而水拦在硬路肩范围内，通过一定距离设置的泄水口和路肩急流槽排入边沟。这种排水方式一般适用于路堤较高、边坡坡面未做防护而易遭受路面表面水流冲刷，或虽已采取防护措施但仍有可能受到冲刷的地段，这主要应用在等级较高的公路上。

（1）拦水带。拦水带是设置在沿路肩外侧边缘，用以拦截路而表面水，并与路肩和部分路面构成的浅三角形过水断面，间隔一定的距离设置一个泄水口，将水汇入边坡急流槽，再排到路基坡脚以外的边沟或排水沟中。拦水带可以由沥青混凝土现场浇筑，或者由水泥混凝土预制块铺砌而成。采用水泥混凝土预制块拦水带时，应避免预制块影响路面内部水的排泄。拦水带的顶面应略高于过水断面的设计水面高。

（2）泄水口。拦水带的泄水口可设置成开口（喇叭口）式。在纵坡坡段上，泄水口宜做成不对称的喇叭口，并在硬路肩边缘的外侧设置逐渐变宽的低凹区，低凹区的铺面类型与路肩相同，在平坡或缓坡上，泄水口可做成对称式。泄水口的泄水量以及各项尺寸（开口长度、低凹区宽度、下陷深度）可以按照现行《公路排水设计规范》（JTG/TD33—2012）中所述方法计算得到。

泄水口的间距以保证降雨时路面积水迅速排走，汇水不能进入行车道为原则，一般为20~50m，干旱少雨地区可达100m。泄水口长度一般为2~4m，泄水口宜设在凹曲线的底部、道路交叉口、匝道口、与桥梁等构造物连接处、超高路段与一般路段的横坡转换处。在凹形竖曲线底部，除在最低点设置泄水口外，还应在其前后相距3~5m处各增设一个泄水口，以防止雨水积聚在凹形竖曲线底部，影响路基稳定。

（3）路肩急流槽。排除路肩积水用的急流槽，其纵坡应与所在的路基边坡坡度一致，槽身的横断面为槽形，多由水泥混凝土预制构件拼装砌筑而成。进水口为喇叭口式的簸箕形，出水口应设置消能设施，下端与路基下边坡的排水沟相接要顺适，防止水流冲出排水沟。

（4）路肩排水沟。在路肩宽度较窄或爬车道占用了路肩过水断面，而路面的汇水宽度或汇水量都较大，当拦水带的流水断面不足时，可以在土路肩上设置由 U 形水泥混凝土预制件铺筑的路肩排水沟，沟底纵坡同路肩纵坡，并不小于 0.3%。

3. 中央分隔带排水

中央分隔带排水是高速公路及一级公路路面排水的重要内容，超高路段一侧的路面水以及中央分隔带内的表面水均由中央分隔带排水设施排除。中央分隔带的常用形式有凸形、凹形、封闭形等，当中央分隔带无封面，经常有雨水侵入时，应视当地降雨量大小考虑设计中央分隔带地下排水系统；若中央分隔带有薄层现浇水泥混凝土或铺设预制水泥方砖封层，雨水难以下渗时，可以不设置地下排水系统。中央分隔带排水设施的选用应从当地气候、降水量、土石性质、排水条件、工程造价、施工和维护等方面综合考虑，采用适合本地区的排水形式，确保路基、路面稳定和行车安全。

（1）直线段中央分隔带排水

1）凸形中央分隔带。直线段路基，当中央分隔带用现浇薄层水泥混凝土或预制混凝土小块封面或用其他材料封面时，可以不设置中央分隔带地下排水系统，只需在分隔带铺面上采用向两面外倾的横坡，坡度与路面横坡相同，将降落在分隔带的表面水排向两侧行车道，流入路面表面排水设施。若中央分隔带采用植草或灌木时，视降雨量大小应设置地下排水系统。

常用的凸形中央分隔带地下排水设施有填石渗沟和管式渗沟两种。填石渗沟式中央分隔带排水应防渗型排水，由具有一定级配的砂砾与碎石材料分层铺筑而成，渗沟两侧及沟底设置沥青或土工织物之类的防渗隔离层，并间隔 30~50m 设置横向排水管，将渗沟中的水排出路基。当纵坡较小时，长时间使用后，孔隙易被堵塞，因此，填石渗沟仅适用于纵坡大于 1% 的场合。

管式渗沟式中央分隔带排水层可以克服填石渗沟的上述缺点，保证渗流水的及时排除，在单向纵坡的情况下，横向采用直径为 20cm 的排水管，设置间距可增大到 300~400m，比填石渗沟经济。

凸形中央分隔带地下排水设施在施工过程中尤其要注意以下三个方面：

①边沟开挖后应做好防渗处理。开挖的边沟如果表面粗糙，沥青不易粘结牢固，就难以形成均匀、无破损的防渗层；土工布的接缝如处理不好，同样不能形成整体，达到完全不透水的程度。如果条件允许，地下渗沟宜设计成梯形或矩形的水泥混凝土渗沟。

②横向排水管的布设要适当、可靠。如果施工质量控制不好，横向排水管容易造成高

程误差或产生淤塞，从而使中央分隔带严重积水，长时间浸泡路基，影响了路基、路面强度。

③中央分隔带的地下排水设施在通道处应妥善处理。当排水设施从通道顶面通过时，应严格做好通道预防渗处理，防止积水渗入；当排水设施不能从通道顶面通过时，应在通道两端封闭，并加设横向排水管。

2）凹形中央分隔带。

①当凹形中央分隔带采用铺面封闭时，可采用浅碟式排水设施排除分隔带内积水；当凹形分隔带未采用铺面封闭时，可以采取以下两种方式排除分隔带内的积水：

a. 通过分隔带内倾的横向坡度使表面水流向分隔带中央低凹处，再利用路线纵坡排流到横向排水管的泄水口或横穿路界的桥涵水道中。分隔带横向坡度不得陡于 1 ∶ 6，纵向排水坡度应大于 0.25%，并应做好防止分隔带表面水向下渗漏的处理。当水流速度超过地面土的允许流速时，应在过水断面宽度内对地面土进行防冲刷处理，防冲刷层可与防渗层一同考虑。

b. 采用石灰或水泥稳定土，或采用浆砌片石铺砌，层厚一般为 10~15cm。当分隔带内的水流流域过大，超过分隔带低凹处汇水的允许范围时，应增设格栅式泄水口，并通过横向排水管排到桥涵或路界外。

②中央分隔带的泄水口通常采用格栅式。格栅盖一般为铸铁式或钢筋混凝土。格栅铁条平行于水流方向，孔口的净泄水面积应占格栅面积的一半以上。格栅可以同周围地面齐平，也可以适当降低，并在其周围一定范围内做成低凹区，以增加泄水能力。泄水口的泄水量、间距或格栅上面的水深，可按现行《公路排水设计规范》（JTG/TD33—2012）确定。

③采用分隔带地下排水设施排除分隔带内积水，方式同凸形中央分隔带排水。

3）封闭式中央分隔带。目前，有不少高速公路的中央分隔带设计成与路面平齐、表面封闭的形式。这种形式的中央分隔带排水设计与施工都比较简单，但中央分隔带绿化存在困难，国内某些高速公路，在封闭式的中央分隔带上再浇筑一个独立绿化平台的做法，值得借鉴。

（2）超高段中央分隔带排水。不论是凸形、凹形或封闭形中央分隔带，在超高路段，下半幅路的路面表面水自分隔带起流向路肩排出，而上半幅路面的表面水均需流向分隔带旁集中。沿分隔带旁集中的水流，视路面径流情况可以采用以下三种方式予以排除：

1）分隔带上设过水明槽。一般干旱少雨地区可在分隔带上设过水明槽，明槽可用水泥混凝土筑成，底宽 20~50cm，槽身的高与分隔带的高相同，每 10~20m 设置一道，明槽出入口槽底高程应与紧靠分隔带的路缘石处高程相同。

2）分隔带内设置纵向排水沟。在中央分隔带内设置纵向排水沟，用以拦截上半幅路面的表面水，并通过横向排水管排到桥涵或路界外。中央分隔带纵向排水沟常用的有扁平式和路拦式两种形式。扁平式排水沟横断面可采用碟形、三角形、U 形或矩形，路拦式排水沟多用圆形或侧沟形。排水沟的长度及横向排水管的间距通过流量计算确定，排水沟底纵坡按可与路面纵坡相同，可采用水泥混凝土预制件或浆砌片石砌筑，在过水断面无铺面时不得缓于 0.25%，有铺面时不得缓于 0.12%。

3）封闭式刚性护栏底部设置孔洞。在封闭式中央分隔带超高路段，如分隔带采用刚性护栏，可以在其底部设置半圆形的孔洞，以排除上半幅路面流入的雨水。孔洞半径应根据设计流量确定，一般为 10cm 左右，孔洞间隔为 50~100cm，大多在刚性护栏施工时同时完成孔洞的制作。

（三）道路路面排水

道路排水是城市排水系统的一个部分，也是道路的一个组成部分，道路排水一般采用暗管渠形式，道路上及其相邻地区的地面水依靠道路设计的纵横坡度，流向车行道两侧的街沟，然后顺街沟的纵坡流入沿街设置的雨水口，再由地下的连接支管通到干管。对于宽阔的道路，雨水管道可以安排两根。

城区道路排水一般采用管渠排水形式，其设计包括边沟（衔沟）、雨水口和连接管的布设。郊区道路排水与一般公路并无差异，其设计内容包括路拱排水、边沟、排水沟与涵洞等。设计流量可以按照当地水文公式计算。

城区道路雨水沿横坡从路面上和相邻的地面上流到行车道两侧的街沟，然后沿街沟的纵坡流进雨水口，再经雨水支管、干管排至天然水系。

（1）雨水管与道路平面关系。雨水管应平行于道路的中心线。雨水干管一般布置在街道一侧，不宜设置在中间。雨水管宜设置在快车道以外，如慢车道、绿化带、较宽的人行道下，但不宜埋设在种植树木的绿带下和灯杆线及侧石线下。在路面较窄的道路上，雨水管线不得不布置在车行道下时，应尽量避开车轮轨迹集中地带，以减少管线承受的军辆荷载，并防止车轮经常对窨井盖挤压而使其振动产生跳盖现象。在路面较宽的情况下，有时采用双线分置于道路两侧。

（2）路面排水、排水管道和道路纵坡设计关系。进行道路纵断而设计时要妥善处理地下管线对覆土的要求。排水管道的埋设深度对整个管道系统的造价和施工影响很大，管道越深则造价越高，施工也越困难。由于雨水、污水在管道内是靠它本身的重力流动，因此管道应以一定坡降由上游向下游倾斜，排水管的纵断面应尽量与街道地形相适应，即管道纵坡尽可能与街道纵坡取得一致。道路过陡则需要设置跌水井等特殊构筑物，相应就会增加基建费用。道路过于平坦，将增加埋设管道时开挖的上方。

（3）街沟。街沟是排水系统的一部分。街沟的侧面利用了行车道的侧石（缘石），底面利用了行车道养边的路面部分或沿路面边缘铺设的平石。缘石宜控制在 10~20cm 的高度。当道路的纵坡等于 0 或小于 0.2%~0.3%，纵向排水发生困难时，可以考虑将雨水口前后街沟都以大于最小排水纵坡的坡度斜向雨水口。如此连续起来，则街沟纵坡呈锯齿状，即俗称锯齿形街沟。

（4）雨水口的布置。雨水口是道路上的雨水进入雨水管的孔门，其设置位置应根据路面种类、道路纵坡、沿路建筑与排水情况以及汇水面积所形成的流量和进水口的泄水能力而定。雨水口门有平式、立式、联合式。计算道路雨水口流量时，街沟水深不宜大于缘石高度的2/3。道路汇水点、人行横街上游、沿街单位出入口上游和常有地面径流的街坊或庭院出水口等处均应设置雨水口。道路低洼和易积水地段应根据需要适当增加雨水口。雨水口的间距宜为25~50m。

雨水口是一个带有进水篦子（铁弹或水泥混凝土制品）的井，包括进水篦子、井筒和连接管三部分。断面大小按照泄水量确定。井的形状分圆形和方形两种。圆形井的直径为0.7~0.3m；矩形井的尺寸为0.6~0.9m。井筒可以用砖砌或用水泥混凝土筑成。雨水口的深度一般不大于1m。实践中多不设沉泥槽。雨水口底部用连接管与城市排水管线上的检查井相连，连接管最小管径为200mm，坡度宜大于或等于10%，长度不超过25m，覆土厚度大于或等于0.7m。串联的雨水口不宜超过三个，并应加大出口连接管管径。

（四）路面结构内部排水

路面工程的实践证明了路面内部排水的重要性。新建的刚性路面需要设置各种接缝，而路面在使用期间又会出现各种裂缝、松散、坑槽等病害。降落在路表的雨水，会通过路面接缝或裂缝、松散等病害处或者沥青路面面层孔隙下渗入路面结构内部。另外，道路两侧有滞水时，水分也可能侧向渗入路面结构内部。路面内部排水系统的设计通常满足三方面的要求：一是各种设施应具有足够的泄水能力，排除渗入路面结构内部的自由水；二是自由水在路面结构内的渗流时间不能太长，渗流路径不能太长；三是排水设施要有良好的耐久性。路面排水可以划分为路面表面排水和路面内部排水两部分。

1. 一般原则和要求

我国路面结构内部排水设计是在1998年3月1日实施的《公路排水设计规范》（JTJ01897）中正式提出的，以往的路面结构设计中，没有将此项内容纳入。但路面的许多病害，如水泥混凝土的唧泥、错台和断裂以及沥青路面的松散、龟裂、坑槽等都与浸入路面结构内水的不良作用有关。降落到路面表面的水，不论采用何种路基、路面排水设施，均会有部分水通过路面接缝、裂缝、松散、坑槽或面层孔隙下渗到路面结构内部中去。当路基为低透水性土时，排除由路表渗入的雨水将需要很长的时间，大量的自由水将滞积在路面结构内部而无法排走。尤其在凹形竖曲线底部、曲线超高断面内侧、沿低洼河谷等路段，由于地表径流或地下水汇集，进入结构内的自由水不仅数量大，而且停滞时间长，对路面结构的破坏十分严重。因此，设置路面结构内部排水系统，迅速排除内部积水，对改善路面的使用性能，提高其使用寿命非常重要。国外对一些试验路段的观察及对比分析结果表明，设置排水基层的路面，沥青混凝土路面使用寿命可以提高30%，水泥混凝土路面可以提高50%。

（1）《公路排水设计规范》（JTG/TD33—2012）明确规定，不是所有等级公路都必须设置内部排水系统，只有遇到以下几种情况才宜设置：

①年降水量在600mm以上的湿润和多雨地区，路基由透水性差的细粒土（渗透系数不大于101cm / s）组成的高速公路、一级或重要的二级公路；

②路基两侧有滞水，可能渗入路面结构内；

③严重冰冻地区，路基为由粉性土组成的潮湿、过湿路段；

④现有路面改建或改善工程，需要排除积滞在路面结构内的水分。

（2）路面结构内部排水系统的一般要求

在进行路面内部排水系统的设计时，通常从泄水能力、渗流时间、耐久性三方面来综合考虑，只有同时满足了这三方面的要求，才能真正起到迅速排水的作用。这三方面的要求如下所述：

①各种设施应具有足够的泄水能力，排除渗入路面结构内部的自由水。由于渗入量的估计和材料透水系数的测定精度较低，因此对设计泄水量通常采用以上的安全系数，才能保证排水设施具有足够的泄水能力。

②自由水在路面结构内的渗流时间不能太长，渗流路径不能太长。自由水滞留时间长，会使路面结构处于饱水状态时间变久，从而影响路面的使用寿命；在冰冻地区，滞留时间过长还会使水分在基层内结冰；从而损坏路面结构；并使排水受阻。渗入水在路面结构中的最大渗流时间，在冰冻地区不应超过1h，在其他地区时，重交通荷载等级不超过2h，轻交通时不超过4h，渗流水在路面结构内的渗流路径长度不宜超过45~60m。

③排水设施要具有良好的耐久性。路面结构内部排水设施很容易被从路面结构、路基或路肩中流水带来的细粒逐步堵塞，应考虑采取反滤措施以防止细粒随流水渗入。同时为保证排水功能的持久性，各项设施要便于经常性的检查、清扫、疏通。

2. 排水设施

渗入路面结构内的自由水可以通过水平（向两侧路肩）渗流方式与垂直（向下）渗流方式逐渐排除，因此，通常可以采用两类排水设施：一类是在路肩结构内设置可使路面结构内的自由水横向排流出路基的设施，称为路面边缘排水系统；另一类是在路面结构内设置由透水性材料组成的排水层，根据排水层设置位置的不同，又分为排水基层和排水垫层两种排水系统。

（1）路面边缘排水系统。路面边缘排水系统就是沿路面外侧边缘设置纵向集水沟和集水、出水管。渗入路面结构内的水分，先沿路面结构层的层间空隙或某一透水层次横向流入由透水性材料组成的纵向集水沟，并汇流入沟中的带孔集水管内，再由间隔一定距离的横向出水管排出路基。路多面层路面边缘排水系统可以将面层基层路肩界间滞留的自由水排离路面结构，常用于基层透水性小的水泥混凝土路面，特别适用于改善排水状况不良的旧水泥混凝土路面，因为边缘排水系统可以在不扰动原路面结构的情况下改善其排水状况，从而改善原路面的使用性能和延长其使用寿命。

路面边缘排水系统的集水沟、纵向排水管、横向出水管和过滤织物（土工布）等各组成部分在施工中的要求分述如下。

1）透水性填料集水沟。集水沟一般设置在路肩面层以下，纵向坡度应与路线纵坡保持一致，不得小于 0.25%。新建路面的集水沟底面与基层底面齐平，最小宽度不应小于 30cm；改建路面的沟底底面可低于基层顶面，其宽度不应小于 17cm，且纵向排水管两侧各有至少 5cm 宽的透水填料。集水沟的底部、外侧应以反滤织物（土工布）包围，以防止垫层、基层和路肩内的细粒侵入而堵塞透水性填料空隙或管孔。反滤织物可以选用由聚酯类、尼龙或聚丙烯材料制成的无纺织物，能透水但不允许细粒上通过。

透水性集水沟回填料由水泥处治开级配粗集料或未处治开级配粗集料组成，孔隙率为 15%~20%。粗集料最大粒径不大于 40mm，粒径 4.75mm 以下的细粒含量不应超过 16%，2.36mm 以下的细粒含量不超过 6%，水泥与集料的比例可在 1 ∶ 6~1 ∶ 10 范围内选取水胶比为 0.35~0.47。为避免带孔排水管被堵塞，透水性填料在通过率为 85% 时的粒径应比排水管槽口宽或孔口直径大 1.0~1.2 倍。水泥处治集料的配合比，应按照透水性要求和施工要：求试配确定。

2）纵向排水管。纵向排水管通常选用聚氯乙烯（PVC）或聚乙烯（PE）塑料管，以及水泥管或其他材料管。排水管设三排孔，沿管周边等间距（120° ）排列，每排孔沿管长方向等间距布置，一般每隔 2cm 设置一排孔，排水管的管径应按设计渗流量由水力计算确定，通常在 70~150mm 范围内选定。其埋设深度应保证不被车辆或施工机械压裂，通常新建路面的排水管管底应与基层底面齐平；改建路面的管中心应低于基层顶面，在冰冻地区，还应超过当地的冰冻深度。

3）横向出水管。横向出水管可以选用与纵向排水管相同的材料和管径，但不设置槽孔。横向出水管的间距和安设位置由水力计算并考虑附近地面高程和公路纵、横断面综合确定，一般在 50~100m 范围内选用。出水管的横向坡度不宜小于 5%。埋设出水管所开挖的沟须用低透水性材料回填。出水管的外露端头用镀锌钢丝网或格栅罩住。出水口下方应铺设水泥混凝土防冲刷垫板或对泄水道的坡面进行浆砌片石防护。出水水流应尽可能引至排水沟或涵洞内。

为保证水流畅通和便于疏通，中间段的出水管宜采用双管布置方案，出水管与纵向排水管之间采用半径不小于 30cm 的圆弧形承口管联结。

（2）排水基层的排水系统。排水基层的排水系统是直接在路面面层下设置透水性排水基层，渗入路面结构中的水分先通过竖向渗流进入透水层，然后横向渗流到路基边坡以外，或进入纵向集水沟和管，再由横向出水管排引出路基的。由于自由水进入排水基层的渗流路径短，在高透水性材料中渗流的速度快，排水效果好，因此在高速公路和一级公路新建路面时可以采用此方案。排水基层在实施时通常采用全宽式与组合式两种。

1）全宽式排水基层。排水基层可以修筑成全宽式渗入基层的水分横向直接排流到路基边坡坡面以外。这种形式便于施工，但存在一个主要缺点，排水层在坡面出口处易于生长杂草或被其他杂物堵塞，使用几年后排泄渗入水便出现困难，造成路面结构出现损坏。因此，使用这种形式的排水基层时必须克服上述缺点。

排水基层由水泥或沥青处治不含或含少量4.75mm以下粒径细集料的升级配碎石集料组成，或者由未经结合料处治的升级配碎石集料组成。厚度按照所需排水量和基层材料的渗透系数通过水力计算确定，通常在8~15cm范围内选用，最小厚度不得小于6cm（沥青处治碎石）或8cm（水泥处治碎石）。作为路面结构的基层，也可以按照承受荷载的需要：增加排水基层的厚度，但须对结构设计方案（增加其他结构层的强度还是增加排水基层的厚度）进行经济、技术比较确定。

排水基层下必须设置不透水垫层和反滤层。不透水垫层主要防止表面水下渗入垫层，浸湿垫层和路基；反滤层主要防止垫层或路基土中的细粒进入排水基层而造成堵塞。

根据经验，未经水泥或沥青处治的升级配碎石集料，在施工过程中易出现离析，碾小时不易稳定，在使用中易出现推移变形，并且难以承担重载作用，因此，在一般情况下不采用未经处治的碎石集料作为排水基层。对水泥混凝土路面，宜采用水泥处治升级配碎石集料；对沥青湿凝土路面，宜采用沥青处治碎石集料。集料的级配组成情况对基层的排水作用至关重要。目前，我国大多是借鉴国外一些排水基层的集科级配情况及相应的渗透系数。

2）组合式排水基层。为克服全宽式排水基层的缺点，可以设置组合式排水基层。此种方式的排水系统由排水基层、纵向集水沟和管及横向出水管等组成，是全宽式排水基层与路而边缘排水系统的组合，在新建道路中常采用；排水基层的设计、施工要求同全宽式排水基层。纵向集水沟和管以及横向出水管的要求同路面边缘排水系统。纵向集水沟中的填料采用与排水基层相同的透水性材料；集水沟的下部设置带槽口或圆孔的纵向排水管，并间隔适当距离设置不带槽孔的横向出水管。集水沟、纵向排水管和出水管的尺寸及布设要求可以按照边缘排水系统设置。

（3）排水垫层的排水系统。当路基存在地下水、临时滞水或泉水时，为防止这些水进入路面结构，或者迅速排除因负温差作用而积聚在路基上层的自由水，可以直接在路基顶面设置由开级配粒料组成的全宽式透水性排水垫层，并根据具体情况相应配置反滤层、纵向集水沟和管、横向出水管等组成排水系统。具体布置方案为：当路基为路堤时，水向路基坡面外侧排流；当路基为路堑或半路堑时，挖方坡脚处须设置纵向集水沟、排水管和横向排水管。

排水垫层选用开级配集料（砂或砂砾石），其级配应满足下列排水和反滤的要求：

1）排水垫层集料在通过率为15%时的粒径应不小于路基土在通过率为15%时的粒径的5倍；排水垫层集料在通过率为15%时的粒径应不大于路基土在通过率为85%时的粒径的5倍。

2）排水垫层集料在通过率为 50% 时的粒径应不大于路基土在通过率为 50% 时的粒径的 25 倍。

3）反滤要求为：排水垫层集料的不均匀系数（通过率为 60% 的粒径与通过率为 10% 的粒径的比值）不大于 20。

（五）综合排水系统设计

上述各类排水设备，均为针对某一水源，为满足某一方面的要求而设置。在实际工程中，由于自然条件、路线布置及其他人为因素的不同，情况往往比较复杂，对于某些重点路段需要进行路基、路面排水的综合设计，以提高排水效果，发挥各类排水设备的优点，降低工程费用。

综合设计的含义包括地面排水与地下排水设备的协调配合、路面排水设备与路基排水设备以及其他泄水结构物的合理布置、排水工程与防护加固工程的相互配合、路基排水与沿线农田水利规划及有关其他基本建设项目之间的联系等。但其主要目的是确保路基、路面的强度和稳定性，提高道路的使用效果。

路面表面水通过路拱横坡、路肩排水系统和中央分隔带排水系统，或排至路基边沟，或排至地下排水管道等地下排水系统，甚至直接排离路基。而路基边沟汇集的水和截水沟拦截的流向路基边坡的水或地下排水管道汇集的水等，通过排水沟、跌水及急流槽或排水管道排至桥涵处，或直接排至天然水系，形成一个完整的综合排水系统。

参考文献

[1] 尹志刚 . 浅谈公路工程施工中路基加固处理的工艺与技术 [J]. 中文科技期刊数据库 (全文版) 工程技术，2023(3):4.

[2] 卢日辉 . 软基加固技术在市政道路施工中的应用分析 [J]. 中文科技期刊数据库 (全文版) 工程技术，2023(2):4.

[3] 梅林 . 道路桥梁工程施工技术管理研究 [J]. 汽车周刊，2023(2):3.

[4] 潘秀学 . 道路施工中混凝土路面施工技术的应用分析 [J]. 中文科技期刊数据库 (全文版) 工程技术，2023(4):4.

[5] 邵壮 . 市政道路工程施工中路基问题与对策分析 [J]. 中文科技期刊数据库 (文摘版) 工程技术，2023(4):3.

[6] 潘晔 . 公路工程施工中路基加固处理的工艺与技术的研究 [J]. 中国科技期刊数据库 工业 A，2023(4):4.

[7] 李渭饶 . 试论市政道路工程建设中的进度控制 [J]. 中文科技期刊数据库 (全文版) 工程技术，2023(4):4.

[8] 谭名燕，马志，刘丽强，等 . 对市政道路建设管网施工技术的策略探究 [J]. 建筑技术开发，2023，50(4):4.

[9] 许术 . 交通道路桥梁的施工建设与加固技术研究 [J]. 中国科技期刊数据库 工业 A，2023(4):4.

[10] 唐宇俊 . 公路工程施工技术管理和控制研究 [J]. 信息系统工程，2023(3):3.

[11] 仇吉祥 . 道路桥梁工程的常见病害与施工处理技术分析 [J]. 汽车周刊，2023(4):3.

[12] 陈铭 . 绿色施工技术在建筑工程与道路桥梁施工中的应用研究 [J]. 汽车周刊，2023(4):3.

[13] 刘代强 . 桥头道路接顺工程中路基施工技术要点研讨 [J]. 居业，2023(1):3.

[14] 康玉鹏，康玉宅 . 简析道路桥梁钻孔灌注桩的施工技术与工程质量监督管理技术要点 [J]. 建筑与装饰，2023(6):3.

[15] 黄孜孜 . 市政道路与桥梁工程的常见病害与施工处理技术探讨 [J]. 中文科技期刊数据库 (全文版) 工程技术，2023(4):4.

[16] 李永前 . 浅议道路桥梁工程的常见病害与施工处理技术 [J]. 中文科技期刊数据库 (全文版) 工程技术，2023(4):4.

[17] 李悦超 . 道路与桥梁工程施工技术与管理探究 [J]. 中文科技期刊数据库 (全文版) 工程技术，2023(1):4.

[18] 王书达 . 道路桥梁工程的混凝土施工技术的要点分析 [J]. 中国科技期刊数据库 工业 A，2023(4):4.

[19] 阮挺 . 市政工程道路排水管道施工技术要点分析 [J]. 中文科技期刊数据库 (全文版) 工程技术，2023(4):4.

[20] 相文浩 . 混凝土施工技术在道路桥梁工程施工中的应用探索 [J]. 中文科技期刊数据库 (全文版) 工程技术，2023(4):4.

[21] 周志信，梁涛 . 市政道路工程沥青路面施工技术分析 [J]. 中文科技期刊数据库 (全文版) 工程技术，2023(4):4.

[22] 张金龙 . 道路桥梁工程施工技术分析 [J]. 中文科技期刊数据库 (文摘版) 工程技术，2023(4):3.

[23] 侯真，高平平 . 市政道路桥梁工程的常见病害与施工处理技术 [J]. 中国科技期刊数据库 工业 A，2023(4):3.

[24] 全胜国 . 道路桥梁工程的常见病害与施工处理技术 [J]. 地产，2023(5):4.

[25] 王耀波 . 道路工程建设中沥青道路施工技术研究 [J]. 中国科技期刊数据库 工业 A，2023(1):4.